VIKTORIA ARNOLD (HG.)

„ALS DAS LICHT KAM"

Damit es nicht verlorengeht ...

11

Herausgegeben von Michael Mitterauer

Viktoria Arnold (Hg.)

„Als das Licht kam"

Erinnerungen an die Elektrifizierung

Herausgegeben,
bearbeitet und mit einer Einleitung versehen
von Viktoria Arnold

1986

HERMANN BÖHLAUS NACHF. WIEN · KÖLN · GRAZ

CIP-Kurztitelaufnahme der Deutschen Bibliothek

„**Als das Licht kam**": Erinnerungen an die Elektrifizierung / hrsg., bearb. u. mit e. Einl. vers. von Viktoria Arnold. – Wien ; Köln ; Graz : Böhlau, 1986.

(Damit es nicht verlorengeht . . . ; 11)
ISBN 3-205-06161-6
NE: Arnold; Viktoria [Bearb.]; GT

ISBN 3-205-06161-6
Copyright © 1986 by Hermann Böhlaus
Nachf. Gesellschaft m.b.H., Graz · Wien
Datenerfassung: Peter Paul Kloß
Satz: Manz, Wien 5
Druck: Rötzer, Eisenstadt

Inhaltsverzeichnis

Vorwort

Dieses Buch stellt ein ungewöhnliches Experiment dar. Wir sind gewohnt, daß Geschichte von professionellen Historikern geschrieben wird. Wir sind gewohnt, daß sie über das Handeln jener berichtet, die im Rampenlicht der Öffentlichkeit stehen. Dieses Buch versucht einen anderen Zugang. Einer der wichtigsten Prozesse der Veränderung unserer Gesellschaft in der jüngeren Vergangenheit wird von Menschen dargestellt, die sich nicht von Berufs wegen mit der Überlieferung von Geschichte beschäftigen, von Menschen, die nicht in führender Position diesen Prozeß mitgestalten, sondern seine Auswirkungen miterlebt haben. Wenn sich jenes Anliegen realisieren läßt, das mit der so oft gestellten Forderung nach einer „Geschichte von unten" gemeint ist, dann unternimmt dieser Band einen neuen Ansatz dazu. Er kann als eine Einladung verstanden werden, darüber nachzudenken, ob in der Erarbeitung unseres Geschichtsbildes nicht verstärkt jene zu Wort kommen sollten, die von den historischen Veränderungen betroffen sind.

Eine Geschichte der Elektrifizierung läßt sich unter verschiedenen Aspekten schreiben – etwa im Kontext von Prozessen des Wirtschaftswachstums oder als technologische Neuerung von säkularer Bedeutung. Dies ist anderwärts zur Genüge geschehen. Hier geht es um den Wandel in den alltäglichen Lebensverhältnissen, vor allem um das subjektive Erleben von Menschen – die Veränderungen ihrer Wahrnehmungsformen, ihrer Einstellungen, ihrer Denkweisen. Für die alltagsgeschichtliche For-

1

schung gewinnen solche Themen zunehmend an Bedeutung. Dabei beschränkt sich der Band notwendig auf die kleinen überschaubaren Bereiche der primären Erlebenswelt. Eine Geschichte der Elektrifizierung als Modernisierungsprozeß muß sicher darüber hinausgehen, muß die Mikroebene gesamtwirtschaftlicher und gesamtgesellschaftlicher Bezüge verbinden, muß auch auf komplexe Bewirkungszusammenhänge eingehen, die zwischen Energiegewinnung und Eingriffen in die natürliche Umwelt des Menschen bestehen – etwa wenn sie versucht, aus historischer Perspektive Kosten und Nutzen von Modernisierungsprozessen abzuwägen. Solche umfassenden Zusammenhänge können freilich dort nicht im Vordergrund stehen, wo es um Spurensicherung für eine neue Alltagsgeschichte geht.

Dieser Band erscheint bereits als elfter Band einer Publikationsreihe, die eine Spurensicherung historischer Lebenswelten zum Ziel hat. Der Herausgeber ist allen jenen zu Dank verpflichtet, die zum Zustandekommen des Buches beigetragen haben. In erster Linie gilt dieser Dank den Autoren, die ihre lebensgeschichtlichen Aufzeichnungen zur Verfügung gestellt haben – für die Bereitschaft zu schreiben, für die vielfältigen Sachinformationen, für die Offenheit, mit der sie aus ihrem Leben berichtet haben. Die Fülle der angesprochenen Themen, für die sich die Elektrifizierung als relevant erweist, hat alle Erwartungen übertroffen. Die authentische Darstellungsweise macht es auch für diejenigen, die diese Zeit nicht miterlebt haben, lebendig und faßbar, wie die Welt aussah, bevor „das Licht" kam. In den Gesprächen und Reaktionen, die dieser Band sicher auslösen wird, kann den Autoren vielleicht ein wenig dafür zurückgegeben werden, was sie durch ihr Engagement eingebracht haben.

Zu danken ist auch der Bearbeiterin dieses Bandes, Viktoria Arnold. In ihrer Korrespondenz und in ihren Gesprächen mit den Autoren hat sie verbindende Gemeinsamkeit hergestellt – nicht nur im Inhaltlichen. Daß der zu Anfang des Jubiläumsjahres der Elektrifizierung begonnene Band noch vor dessen Ende vorgelegt werden kann, ist Verdienst ihres Einsatzes. Ebenso hat Peter Kloß in der Betreuung der Herstellung des Bandes vom Lektorat bis zum Satz wesentlich dazu beigetragen.

Besonderer Dank gilt auch der Österreichischen Elektrizitätswirtschaft, vor allem Herrn Helmut Dité, für die Bereitstellung von Förderungsmitteln für wissenschaftliche Forschungen auf dem Gebiet der Elektrifizierung, die aus Anlaß des Jubiläumsjahres erfolgte. Aus diesen Mitteln konnten der Sachaufwand für die Erstellung des Bandes sowie eine Aufwandsentschädigung für die wissenschaftliche Bearbeiterin bezahlt werden. Auf die Durchführung der Arbeit und den Inhalt des Bandes wurde in keinerlei Weise Einfluß genommen. Die Einladung zu schreiben erging an die Autoren seitens der Betreuer der Dokumentation lebensgeschichtlicher Aufzeichnungen am Institut für Wirtschafts- und Sozialgeschichte der Universität Wien. Mit dieser Gruppe waren die meisten der Verfasser durch frühere Kontakte vertraut. Für sie wurden die Berichte abgefaßt, in einer ersten Phase sogar ohne das Wissen um die Möglichkeit einer Publikation.

Manche Themen, die die Beiträge dieses Bandes ansprechen, betreffen Kontroverspunkte aktueller politischer Diskussion. Auch Gespräche darüber sind Ziel der Veröffentlichung. Vielleicht gelingt es, mit der Zugangsweise dieses Bandes zu zeigen, daß Wissen um den lebensgeschichtlichen Hintergrund des Gesprächspartners dazu beitragen kann, dessen Standpunkt besser zu verstehen.

Michael Mitterauer

Einleitung

Wie dieses Buch entstanden ist

Es war das Jubiläumsjahr „100 Jahre Strom in Österreich", das zur Idee dieses Bandes anregte. Diesem liegt das Vorhaben zugrunde, die alltagsgeschichtlichen Aspekte der Elektrifizierung anhand lebensgeschichtlicher Aufzeichnungen von Autoren, die den Übergang zum elektrischen Strom miterlebt haben, zu erläutern. Dies sollte im Rahmen einer wissenschaftlichen Arbeit geleistet werden; die Fülle der Einsendungen und ihre interessanten Inhalte gaben dann den Anstoß zur Publikation einer Auswahl solcher Texte.

Zu Anfang des Unternehmens stellte sich die Aufgabe, potentielle Autoren zu erreichen und sie zum Schreiben anzuregen. Seitens der Mitarbeiter der Dokumentation lebensgeschichtlicher Aufzeichnungen am Institut für Wirtschafts- und Sozialgeschichte wurden zwei Rundbriefe an die Autoren der Sammlung und an Personen, die mit der Dokumentation in Verbindung stehen, versandt – die Rundbriefe finden sich im Anhang abgedruckt. In die beiden im Abstand von zwei Monaten ausgeschickten Rundbriefe wurden – neben dem Aufruf zu schreiben – auch Stellen aus bereits in die Dokumentation aufgenommenen Aufzeichnungen, die sich mit Beleuchtung und Elektrizität auseinandersetzen, aufgenommen. Die Textbeispiele sollten die Adressaten an eigene Erlebnisse erinnern und zur Niederschrift anregen.

Das Schwergewicht der Themen im Zusammenhang mit Elektrizität wurde auf den Aspekt „Licht" gelegt.

Schon in jenen Aufzeichnungen, die in der Dokumentation bereits vorlagen und die von den Lebensumständen vor und nach der Elektrifizierung berichten, erschien das Licht als zentraler Faktor. Obwohl die Umstellung der Beleuchtung nur ein Element der Elektrifizierung darstellt, bedeutet sie für das Leben der Menschen die auffälligste und nachhaltigste Veränderung.

In der umgangssprachlichen Gewohnheit wird „Licht" geradezu als Synonym für „Strom" verwendet: So wird die Einleitung der elektrischen Energie oft als historische Zäsur verstanden und mit dem Stehsatz „Als wir das Licht bekommen haben ..." umschrieben. In den Aufzeichnungen der Autoren, die zu diesem Band beigetragen haben, steht denn auch der Übergang von den alten Beleuchtungsmethoden zum elektrischen Licht im Vordergrund der Berichte, gefolgt von der Mechanisierung im Haushalt – die Mehrzahl der Einsendungen stammt von Frauen – und dem Aufkommen des neuen Mediums Rundfunk.

Mit der Herausgabe dieses Bandes stand man vor einer neuen Situation. Bisher waren Publikationen von Aufzeichnungen aus der lebensgeschichtlichen Dokumentation entweder Einzelbiographien oder unmittelbar lebensgeschichtliche Themen betreffende Sammelbände. Nun wurde gebeten, zu einem eingegrenzten und spröde anmutenden Thema zu schreiben. Würde der Aufruf überhaupt auf Interesse stoßen?

Die Reaktion überstieg alle Erwartungen. Obwohl der Zeitraum, innerhalb dessen Beiträge berücksichtigt werden konnten, mit drei Monaten vom ersten Aufruf bis zum Einsendeschluß sehr kurz war, langten zahlreiche Einsendungen ein. Sie wurden alle in die Dokumentation am Institut für Wirtschafts- und Sozialgeschichte aufgenommen. Neunundfünfzig Einsendungen wurden nach dem Gesichtspunkt, ein möglichst breites Spektrum von Betrachtungen zum Thema „Licht und Elektrifizierung" abzudecken, für den vorliegenden Sammelband ausgewählt. Die Texte wurden dort, wo es um der Lesbarkeit willen notwendig schien, im Einverständnis mit den Autoren vorsichtig an grammatische und orthographische Regeln angepaßt, fallweise gekürzt, aber soweit wie möglich unverändert belassen.

Diese Kürzungen wurden aber nicht vorgenommen, um die Gedanken über „Licht" beziehungsweise „Elektrizität" gleichsam aus den Beiträgen zu destillieren. Auch Assoziationsketten, Gedankensprünge und Abschweifungen wurden beibehalten: Es kann nicht Aufgabe des Herausgebers popularer Autobiographik sein, solchen Texten nachträglich ein Konzept aufzuzwingen und sie nach diesem zurechtzutrimmen.

Aus demselben Grund wurden die vielfältigen „Wiederholungen" – die ja keine sind, denn jeder Text wurde unabhängig von den anderen geschrieben – in den Band aufgenommen. Durch sie wird erst klar, wie wichtig zum Beispiel das elektrische Bügeleisen für die Hausfrau wurde und wie lästig, manchmal sogar verhaßt das Petroleumlampenputzen für fast alle Menschen gewesen war, ehe eben „das Licht kam".

Achtundvierzig Beiträge wurden von Frauen, elf von Männern verfaßt – dieses Zahlenverhältnis entspricht in etwa der Geschlechterverteilung innerhalb der autobiographischen Dokumentation. Fast alle Autorinnen und Autoren stammen aus Österreich oder Ländern der Donaumonarchie, zwei aus dem benachbarten Ausland. Die Geburtsdaten fallen in einen Zeitraum zwischen 1899 und 1944; wenn man bedenkt, daß die Ältesten und die Jüngsten aus dem Autorenkreis die Elektrifizierung gleichermaßen selbst erlebt haben, zeigt sich, daß dieser Prozeß eine relativ lange Zeit in Anspruch nahm. Diese „Ungleichzeitigkeit des Gleichzeitigen" spiegelt sich in den Berichten wider.

Die Aufzeichnungen wurden so geordnet, daß zu Beginn eher die Berichte jener Autoren, die altertümliche Verhältnisse schildern, plaziert wurden. Ein weiteres Reihungskriterium war, dem Leser durch das bewußte Kontrastieren von Regionen und Lebensverhältnissen

Abwechslung zu bieten und die Vielfalt der Schauplätze und Erfahrungen zu unterstreichen.

Aus der Fülle der von den Autoren angesprochenen Gesichtspunkte, die in den Aufzeichnungen zutage treten, sollen jene, die immer wieder als zentrale Themen der Betrachtungen erscheinen, kurz aufgegriffen und erläutert werden.

Vom Kienspan zur Glühbirne – Lichtquellen im Wandel

„Das künstliche Licht hat seinen Ursprung im Feuer. [...] Die drei großen Kulturleistungen des Feuers für die frühe Menschheit sind das Kochen (später erweitert zu Metallurgie und Keramik), das Heizen und das Leuchten. Sie kommen ursprünglich aus dem einen ungeteilten Feuer, um das sich die Menschen nach Einbruch der Dunkelheit versammeln. In dieser Einheit des Urfeuers liegt die Magie begründet, die das Feuer in archaischen Kulturen und in der Mythologie besitzt."[1]

Aus dieser Funktionseinheit, die das Feuer bildete, wurde zuerst die Beleuchtung herausgelöst; eine tragbare Lichtquelle machte ihren Inhaber mobil. Der Holzspan als Beleuchtungskörper war lange in Gebrauch. Durchschnittlich an die sechzig Zentimeter lang und drei bis acht Zentimeter breit, spendete ein Span etwa zwanzig Minuten schwaches, unregelmäßiges Licht, wobei er jedoch den Raum verrußte und eine stete Brandgefahr darstellte.[2] Dennoch waren Kienspäne in manchen Gebieten bis ins 19. Jahrhundert die einzige Lichtquelle, und sie kamen erst nach der Elektrifizierung ganz außer Gebrauch. Wie das Leben beim Licht des Kienspans aussah, beschreibt Peter Rosegger:

Der Hausvater bringt von der Küche eine Fackel und steckt sie in den eisernen Spanhaken. Die Arbeiter haben das Tagwerk geschlossen; sie treten langsam in die Stube, setzen sich der Reihe nach auf die Bank, stopfen ein Pfeifchen und plaudern und lachen dabei . . . Die Kuhmagd hat nur noch die Milch zu besorgen, dann kommt auch sie und der Holzriegel wird vor die Hausthür geschoben. Und nun entfaltet sich die Welt der Häuslichkeit . . . Im Ofen wird die Gluth ange-schürt und ein neuer Leuchtspan in das Eisen gesteckt. Um denselben haben die Knechte ihre Bänke zurecht gerückt. Der Bauer sitzt noch am Tisch und blättert in der Heiligenlegende oder in einem anderen wohleingeräucherten Hausschatz, dabei läßt er sich vom kleinen Buben etwa die Schuhe auflösen. Die Bäuerin näht an einem kleinen Hemdchen und das übrige Weibervolk sitzt auf der Ofenbank und spinnt. Die Männer beginnen ihre Holzmesser zu schärfen und der Großknecht bringt von der Küche gebähte Kienscheiter herein, über welche die Knechte sogleich herfallen, um sie in dünne Leuchtspäne zu zerklieben. Es beginnt die Spanvesper. Die langen Abende der Winterzeit werden dazu verwendet, um den Vorrath an Kienspänen für das ganze Jahr zu liefern. Und der Spanvorrath muß ein sehr bedeutender sein, denn er ist die einzige Leuchte in den Nächten dieser Berge, wöchent-lich einmal nur flackert auf dem Tisch eine Kerze – am Sonnabend zum Gebet . . . Am Spanhaken sitzt der Halter und „leuchtet". Der brennende Span ist natürlich einer vom vorigen Jahre und es hängt an ihm manche Bedeutung. Brennt er rauchend oder macht er gar kleine pfeifende, zischende Flämmchen seitwärts und abwärts, so ist eine heimliche Liebschaft im Hause, und wenn sich die Kohle „zwieselt" (spaltet), so kommt gar Jemand in der Nacht und da muß man, will man boshaft sein, den „Zwiesel" geschwind ansalzen, daß dieser Jemand sich recht auf dem Rücken kratzen muß. – Der Halter muß die glühende Kohle des Spanes fleißig „räuspen", aber mit den bloßen Fingern – der Bauer hält was darauf. Gluth und Glück muß man angreifen lernen.[3])

Wachskerzen gab es wohl schon seit der Antike, aber sie waren für den täglichen Gebrauch zu teuer und wurden nur zu besonderen Anlässen – religiösen Feiern oder hohen Festlichkeiten – entzündet. Als kümmerlichen Ersatz gab es aus Abfallfetten hergestellte Talg- und

Unschlittkerzen, die schwaches, stark rußendes Licht
gaben. Das Licht einer großen, aus Bienenwachs und mit
gut gefertigtem Docht hergestellten Kerze war das hellst-
mögliche. Durch Summierung von Kerzen erhielt man
zwar größere Lichtfülle, aber keine gesteigerte Leuchtkraft.

Welchen Aufwandes es bedurfte, Lichtquellen herzustellen und zum Leuchten zu bringen, verdeutlicht der
Bericht von Maria Dorfmann (geboren 1831). Sie beschreibt in ihrer heimatlichen Mundart – eine Übertragung ins Hochdeutsche findet sich in den Anmerkungen –
das Feuer- und Lichtmachen, wie es auf Bauernhöfen in
der Gegend von Brixen in Südtirol im vorigen Jahrhundert üblich war:

*Jts will i Ihnen auch noch schreiben wie mann neu bei
mein gedenken hot gemiet Liecht oder Foir mochn.*

*Mei Mueter hot a kloas hölzers Trögl kot, nor hot sa
Leinendehudern af a gabel getun und übers Liecht lassen
aufbrinnen, nocher schnell ins trügele innen, nocher schnell
mitn lükl zuelukn, as Foir olist as hot nöt gonz getörft
verbrinnen, nocher hot sa an stoan und an eisn genumen unds
lükl wieder fa die gebrentn Hudrn fortgetun und mitn stoan
und den Eisn zomm gschlogn nocher hots gfoirt klona
flammlen af die hudrn nocher hot mann gemiet mit klona
schwöblkörzeln Foir auffangen – aseu hot monn den Zunter-
trügele mit die gebrantn hudern, und den Stoan und Eisen
Foir mochn miesen, – die Manderleit hobn a an stoan und
Eisn und an Zunter afn stoan drau glög und mitn Eisn drau
gschlogn, nor hot der Zunter Foir gfacht nor hobn sa den
brinnenden Zunter in der Tabagpfeife innen und kracht, –
der Zunter is fa Schwömme gemacht gewortn, i woas nöt wie
dö Schwömme sein fabrizrt geworn ja dös ist langsoms Liecht
mochn gewödn, onderst as wie jtz s Leiktrischa jo nor hot
man oft an Preatschtögl kot, dö Tögl sein gewödn wie a
groaser Löfl nor hot mann zochn drinn und a Schweinfett
oder anitzlt drau glög nor isch gonz schien gebrunnen, weu
klona Kinder sein gewödn oder a kronker Mensch as mann
olleweil a Liecht hot gebraucht do hat mann nor an söllan*

10

Preatschtögl glosn brinnen, as mann nöt olleweil hot müeßn erst Licht machn, und schon a sischt hot monn oft an söllan Preatscher brinnen glassn, dö Preatscher sein nöt von Blöch, und nöt von Glos gemocht dö sein von Loam gemocht, wie Schislen und die Hafn, man hot se bann Hofner – oder Töpfner gekaft, – ja und dös Zuntertrigele mit dö gebröntn Hudern hobn holseu a zwoa Wochn getun, nor hot mann wieder gemiet ondere Hudern brennen, jo jtz wur mir herschaugn wenn mann a seu Liecht machn und a sölla Liecht miet hobn, s schiensta Liecht ist holt a insltkörza, oder Rüpsöhl a stingkets oder a rachiges Leinöhl – die insltkörz hot mann selber gemacht – die Schwöblkörzn hot mann a selber gemacht – do hot mann nur Schwöbl gekaft und dön Schwöbl hot mann lauter gemacht – nocher a leines Gorn durchaus gezeugn – nocher isch förtig gewödn – nocher hot mann sa holt kürzer ogschnitn itz woas i holt wieder nicht mer; a seu hobn holt olla tien gemiet – itz wur oan schun gspassig deichn.[4])

Ende des 18. Jahrhunderts verbesserte der Franzose Argand das Prinzip der Öllampe durch einen verstellbaren Flachdocht und einen Glaszylinder. Diese Lampenart dominierte die Beleuchtungsmethoden des 19. Jahrhunderts und erfuhr mit der Entdeckung des Petroleums um 1860 einen Aufschwung.[5]) Die Petroleumlampe wurde geradezu zum Symbol der „guten alten Zeit". Obwohl ihre Wartung sehr umständlich war, blieb sie auch dann noch in Gebrauch, als in Industrieanlagen und auf öffentlichen Plätzen längst Gas- beziehungsweise Bogenlicht verwendet wurde.

Das elektrische Licht wurde zuerst im Zusammenhang mit Industrieanlagen verwendet. Es bedurfte ja eines Kraftwerks, um den Strom herzustellen. In der Anfangszeit war es privater Initiative überlassen, die Investition zur Errichtung eines Kleinkraftwerkes zu tätigen. Es gab Orte, in denen einige Gebäude schon lange elektrisches Licht hatten, ehe die Mehrzahl der Bewohner an eine Stromeinleitung denken konnte.

Zu den Charakteristika des elektrischen Lichts im

Vergleich zu anderen Beleuchtungsmethoden zählen seine leichte Handhabung – wenn das Licht einmal eingeleitet ist, genügt das Drehen beziehungsweise Knipsen des Schalters –, der gleichmäßige Schein, der Eindruck von Sauberkeit, aber auch die Abhängigkeit vom Funktionieren einer Zuleitung.

Ein weiterer Faktor ist auffällig: Mit dem elektrischen Strom kam es zu einer Wiedervereinigung von Funktionen. Waren für längere Zeit die Energiequellen getrennt gewesen – Herdfeuer zum Heizen, Petroleum zum Beleuchten, Dampf für Maschinen –, so ergab sich mit dem elektrischen Strom die Möglichkeit, eine einheitliche Energiequelle für verschiedene Funktionen heranzuziehen. Die Entwicklung der Elektrifizierung zeigt diesen Zusammenhang: War es zuerst das elektrische Licht, das eingeleitet wurde, folgten kurz darauf die Mechanisierung der Landwirtschaft – in manchen Gegenden, die durch die Elektrizität erst spät erschlossen wurden, kam die „moderne Zeit" fast von einem Tag auf den anderen – und die Mechanisierung des Haushalts; die Glühbirne kam als erstes, ihr folgten das elektrische Bügeleisen, der Radioapparat, die Waschmaschine, der Kühlschrank und die Elektroheizung bis hin zur unübersehbaren Vielfalt moderner Haushaltsgeräte.

„Eigener Herd, eigener Rauch . . ." –
Beleuchten und Heizen

Die schon angesprochene elementare Bedeutung des Feuers für Sachkultur und menschliches Zusammenleben läßt sich an der noch in unserer Zeit bekannten Einschätzung des Herdes – der Koch- und Heizstelle mit ursprünglich ganz oder teilweise offenem (und somit auch sichtbarem) Feuer – ablesen.

Sprichwörter wie „Eigener Herd ist Goldes wert", „Feuer und Rauch haben", „Seinen Herd gründen beziehungsweise verteidigen" weisen eine über die sachlichen

Funktionen als Kochplatz, Wärme- und Lichtquelle hinausgehende Aufgabe der Feuerstelle hin. Der Herd bildete lange Zeit nicht nur räumlich – er stand in der Mitte des Raumes und hatte einen offenen Abzug (ohne Rauchfang) durch Vorhaus und Dachstuhl –[6]) das Zentrum des Hauses, sondern auch rechtlich und kultisch einen Schwerpunkt des Hauswesens.

In vielen Rechtshandlungen stand der Herd geradezu als Synonym für das „Haus" als Gebäude wie auch als Gemeinschaft der darin lebenden Menschen. Nach den Herden wurden die abgabenpflichtigen Haushalte gezählt; der Besitzwandel eines Anwesens wurde durch Löschen und Wiederentzünden des Herdfeuers augenfällig vollzogen. Eine die Hausgemeinschaft selbst symbolisierende Stellung des Herdes zeigt sich in Bräuchen, die die Neuaufnahme von Menschen oder auch wertvollen Tieren in das Haus betreffen: So wurden mancherorts die heimgeführte Braut und ein neuer Dienstbote zuerst an oder um den Herd geführt, um sie heimisch zu machen, beziehungsweise ein Haustier über die Feuerstelle gehalten, damit es an den Hof gebunden werde.

Auch zu Weissagungen diente das Herdfeuer; Farbe und Gestalt der Flammen, Geräusche beim Verbrennen des Holzes, den Zug des Rauches oder die Formen von Asche und Ruß glaubte man im Hinblick auf wichtige Wendungen deuten zu können. So las man an diesen Erscheinungen Prognosen über Wetter, Ernte und Viehstand, Verheiratung und Kindersegen, Zwietracht und üble Nachrede, Krankheit und Tod ab.

Das Feuer diente auch noch der Austreibung von Krankheiten, sei es durch Ausbrennen und Ausräuchern als medizinische Methoden der Volksheilkunde, sei es durch stellvertretendes Verbrennen bedeutungsvoller Gegenstände in den magischen Varianten von Heilverfahren. Mit Räuchern, dem speziellen Verbrennen von Ingredienzien zu bestimmten Anlässen, hoffte man schädlichen Einfluß aller Art von Mensch, Tier und Gerät abzuwehren. Von diesen Bräuchen wurde der Umgang mit der

Räucherpfanne in den Rauhnächten zwischen Weihnachten und Dreikönigstag am längsten – zum Teil bis heute – beibehalten.

Die „Heiligkeit" des Feuers, das heißt der hohe Wert, der ihm aufgrund seiner nutzbringenden wie gefährlichen Wirkung zukommt, zeigt sich auch im Verbot, Unfug damit zu treiben. So wird einer, der ins Feuer spuckt, mit einem Mundgeschwür geschlagen. Noch heute versucht man, kindlichen Mißbrauch von Feuer zu verhüten, indem zündelnden Kindern angedroht wird, sie würden infolge ihres Tuns unausweichlich bettnässen. Die Aussicht auf diese Unannehmlichkeit sollte Unfug – und auch Brandschaden – verhindern.[7])

Das Erlöschen des Feuers wurde allemal als Unglück empfunden – nicht nur aus Furcht vor übler Vorbedeutung, sondern auch wegen des nicht geringen Aufwandes, den das Wiederentfachen des Herdfeuers erforderte. Ehe die Schwefel- und Phosphorhölzchen – beziehungsweise um die Mitte des 19. Jahrhunderts die Sicherheitszündhölzer – in Gebrauch kamen, wurde die offene Flamme für Herdfeuer und Licht hergestellt, indem man Stahl und Feuerstein so lange aneinanderschlug, bis ein „lebensfähiger" Funken den Zündschwamm zum Glimmen brachte; daran konnte dann ein Span entzündet und in den mit Brennmaterial versehenen Herd oder Ofen eingebracht werden. Die Mühsal dieser Arbeit, die gewöhnlich den Frauen zufiel, veranschaulicht ein Bericht aus den zwanziger Jahren des vorigen Jahrhunderts:

Licht machen! Ja, das war zur Zeit unserer Großmütter eine Kunst, die nur wenige verstanden – und wenn sie eine Magd mieteten, so war mit eine der ersten Fragen die: ob sie auch Licht machen könne? In jeder Küche stand damals meist auf einem Sims über dem Herd ein länglich viereckiges Kästchen von weißem Blech, dasselbe enthielt vier Gegenstände, die man haben mußte, um Licht zu machen: einen Stahl, ein Stück Feuerstein, Schwefelfaden und in einer nach unten mit Blech geschlossenen Abteilung eine braunschwarze trockne Masse, die man „Zunder" hieß. Dieselbe ward hergestellt meist aus – alten Strumpfsocken, welche man deshalb in jeder Haushaltung sorgfältig aufhob und die von der Hausfrau oder Köchin so weit gesengt oder gebrannt wurden, daß sie schwarzbraun aussahen und leicht auseinanderfielen. Da aber dieser Stoff den Funken nicht auffing, „nicht fing", wie man kurzweg sagte, wenn der Verbrennungsprozeß zu weit oder auch zu wenig vorgeschritten war, so gehörte eben so viel Geschick als Erfahrung dazu, das richtige Maß zu halten. Wollte man also Licht haben, so schlug man mit Stahl und Feuerstein zusammen über dies Zunderkästchen, bis einer der heraussprühenden Funken da hineinfiel und als glühendes Pünktchen sich so lange verhielt, bis es gelang, mit Hilfe des Atmens dem daran gehaltenen Schwefelfaden ein blaues Flämmchen zu entlocken und damit das bereitstehende Licht zu entzünden – pustend und hustend, denn der Schwefeldampf kam meist in die Kehle –, und so geschah es manchmal, daß ein unfreiwilliges Husten und Niesen das Licht wieder auslöschte und die Arbeit von neuem beginnen mußte.[8])

Erleichterungen in der Herdbenützung brachten die Erfindungen der Zündhölzer und des sogenannten „Sparherdes". Ursprünglich – und im bäuerlichen Wohnen bisweilen bis in unser Jahrhundert herauf bewahrt – waren die Funktionen des Kochens und Heizens auf zwei Vorrichtungen verteilt: Der offene Herd in der „Rauchkuchl" diente zum Sieden und Braten, der geschlossene Ofen zum Backen und zum Wärmen der Stube; er wurde von außen beschickt.[9])

Im Sparherd wurden all diese Funktionen vereinigt: Dieser gemauerte oder ganz aus Eisen gefertigte Herd stand in einer Ecke und verfügte über ein direkt an den Kamin angeschlossenes Abzugsrohr. Das Feuerloch lag seitlich, in der Richtung zum Kamin, darunter befanden sich der Feuerrost und die Aschenschublade. Neben dem Feuerloch war in einer Höhlung das Brat- und Backrohr eingefügt. Der Herd war mit einer eisernen Kochplatte aus gefügten Stücken bedeckt. In der Platte waren abhebbare Scheiben eingesetzt, die entfernt und durch verschieden breite Ringe ersetzt werden konnten; in diese so entstandenen Halterungen konnte man verschieden große Töpfe direkt ins Feuer hängen. Aufwendigere Herdmodelle verfügten über eine seitlich gelegene Wanne zum Wasserwärmen. Den Herd umrandeten Metallstangen, an denen Schürhaken und Geschirrtücher hingen.

„Das Kochen auf dem Herd und das Feueranzünden waren ziemlich langwierige Arbeiten, die gelernt sein wollten. Zuerst mußte das Feuerloch und die Aschenlade geleert und der Wasserkessel gefüllt werden. Zum Feueranzünden brauchte man fein gespaltenes Holz, altes Papier, Holzwolle, trockene Erdäpfelschalen und anderen trockenen Abfall. Die Späne und Holzscheite mußten so gelagert sein, daß ausreichender Luftzug gewährleistet wurde. Dann legte man das Herdloch zu und zündete das Feuer mit einem Span an; sobald es hell brannte, schüttete man Kohlen nach und legte ein Brikett für eine schnelle Hitze zum Kochen dazu. Das angefachte Feuer nun gleichmäßig in Gang zu halten und dabei noch Brennholz zu sparen, war schwierig."[10])

Zu der Mühe, das Herdfeuer in Gang zu halten, kam noch die Arbeit mit der Beschaffung und Aufbewahrung des Brennmaterials. Im „Mistkistl" neben dem Herd wurde der brennbare Abfall sorgfältig gesammelt, in der Kohlenkiste Kohle, Holz, Späne und Unterzündpapier aufbewahrt. Das Problem der Lagerung der sperrigen Brennstoffe gestaltete sich auf dem Land wegen der größeren Verfügbarkeit von Stauraum wohl etwas leichter als in der Stadt, wo der „Kohlenmann" häufiger nachliefern mußte. Die Treppen, über die das Brennmaterial in die Küchen getragen werden mußte, waren aber in Stadt und Land meistens steil.

Mit dem Herd wurden aber nicht nur Speisen bereitet, er heizte auch gleichzeitig den Raum – eine im Winter willkommene Kombination. Im Sommer behalf man sich, um Brennmaterial zu sparen und unerwünschte Hitzeentwicklung zu vermeiden, mit verschiedenen mit Gas oder

Spiritus betriebenen kleinen Brennern, sogenannten Rechauds.

Durch den Übergang auf neue Brennmethoden mit Gas und Elektrizität veränderte sich mit Gestalt und Handhabung von Herd und Ofen auch deren Bedeutung. Noch weiter „rückten sie an die Wand"; das einst den Raum dominierende Objekt „Feuerstelle" hängt jetzt als Zentralheizungsradiator unauffällig an den Fensterwänden, unsichtbar gespeist durch einen zentralen Brenner, der abseits der Wohnräume steht. Neben der sichtbaren Präsenz verlor der Ofen auch die fühlbare: Die Wärme strahlt nicht mehr von *einer* Quelle aus, sondern durchflutet alle Räumlichkeiten gleichmäßig. Es ist nicht länger nötig, sich gemeinsam in der Nähe eines warmen Ofens aufzuhalten. Der Küchenbereich konnte durch die Entkoppelung der Funktionen Kochen und Heizen – in den Wohngepflogenheiten der Oberschichten schon länger durchgeführt – nun allgemein vom Wohn- und Schlafbereich abgetrennt werden.

Mit dem Gewinn an Komfort scheint aber auch eine spezifische Wohnqualität verlorengegangen zu sein, die zunehmend wieder gesucht wird. Neben Mikrowellenherd und Zentralheizung setzt man Kachel- oder Eisenöfen – ein Versuch, Qualitäten wie Nähe, Schutz und Überschaubarkeit, die mit dem Bild des Herdes als wärmendem Zentrum des Hauses verbunden sind, in eine als nicht menschengerecht empfundene Lebenswelt zu installieren.

„Mit der Sonne aufstehen und schlafen gehen ..." –
Licht und Lebensrhythmus

Dieses Motto kann als einer der gewichtigsten Grundsätze traditioneller ländlicher Arbeitsorganisation gelten. Dieser Leitgedanke galt jedoch auch für alle anderen Arbeitsbereiche, solange man bei den täglichen Verrichtungen vom natürlichen Licht nicht unabhängig war.

Neue Beleuchtungstechniken – Gaslicht kurz nach 1800, das Bogenlicht um 1870 und schließlich das elektrische Licht mit Glühbirne an der Jahrhundertwende – setzten sich gemeinsam mit der industriellen Entwicklung durch.[11])

Der industrielle Arbeitsprozeß wird unter anderem dadurch charakterisiert, daß er, so weit wie irgend möglich von Außenfaktoren unabhängig, rationell, rasch und ohne Unterbrechungen ablaufen soll. Der industrielle Arbeitstag sollte weder durch die Ermüdung der Menschen – dagegen konnte man Schichtarbeit setzen – noch durch den natürlichen Tag-Nacht-Zyklus in seinem gleichmäßigen Fortgang behindert werden.

„Solange die zu beleuchtende Arbeit an den individuellen Handwerker gebunden war und lediglich die Morgen- und Abendstunden im Winter solcher Hilfsleistungen bedurften, reichte der Lichtschein der traditionellen Kerzen und Öllampen aus. Das änderte sich jedoch mit dem Aufkommen der industriellen Produktionsweise, die den Arbeitsvorgang vom Einzelarbeiter löste und zu einem ineinandergreifenden Gesamtprozeß machte. Für die neuen Fabrikhallen, die für diese Produktionsweise gebaut wurden, waren andere Lichtquellen erforderlich. Nicht nur größere Raumeinheiten mußten nun beleuchtet werden, auch die Dauer der künstlichen Beleuchtung nahm zu. Konsequenter als irgendwo sonst wurde in der Fabrik die Nacht zum Tage gemacht.“[12])

Der Übergang zu neuen Beleuchtungsmethoden vollzog sich zuerst in den Fabriken, in öffentlichen Gebäuden wie Bahnhofshallen und Kaufhäusern und auf den Straßen. Der Vorteil hellleuchtender Lampen, die die Spanne des Tages ausdehnen und so mehr Zeit für Tätigkeit gewährleisten konnten, war an diesen Orten einsichtig. Für Wohnungen wurde das Gaslicht wegen seiner unangenehmen Eigenschaften – Geruch, Giftigkeit und Explosivität – zumeist als nicht geeignet empfunden. Auch die Bogenleuchte lehnte man als Zimmerbeleuchtung ab; ihr vergleichsweise hartes und grelles Licht wurde als der

Gesundheit und der Behaglichkeit abträglich empfunden.[13])

Die elektrische Beleuchtung fand leichter Eingang. „Es war die Eigenschaft des elektrischen Stroms, reine, geruchslose und körperlose Energie zu sein, die ihn sofort salonfähig machte. Die Elektrizität war nicht nur nicht gesundheitsschädlich oder gar lebensgefährlich, sondern sie wurde im Gegenteil als ausgesprochen heilsam, fast als eine Art Vitamin betrachtet."[14]) Schon im 18. Jahrhundert hatte man große Hoffnungen in die Nutzung der neuentdeckten Phänomene Magnetismus und Elektrizität als Heilmittel gegen Krankheiten und zur allgemeinen Verbesserung der physischen und mentalen Kondition gesetzt.[15]) Von dieser euphorischen Bewertung als Energieträger und Lebensstoff schlechthin war der Elektrizität ein guter Ruf als saubere und unschädliche Energieform geblieben.

Ökonomisch-rationeller Nutzen, überzeugende Bequemlichkeit und der Nimbus des revolutionierend Fortschrittlichen sprachen für die Elektrifizierung. Sie begann von 1880 bis 1920 die großstädtische Zivilisation und im Gefolge auch die des Umlandes zu verändern.

Auf dem Land ließ der Übergang zur Elektrizität länger auf sich warten, einerseits wegen der Abgeschiedenheit und relativen Armut vieler ländlicher Regionen, andererseits wegen der spezifischen Bedingungen landwirtschaftlichen Produzierens, das mehr als alle anderen Wirtschaftsformen von natürlichen, schwer beherrschbaren Außenfaktoren abhängig ist.

Zum Bereich dieser natürlichen äußeren Bedingungen gehört – neben der Bodenbeschaffenheit – auch das Klima; dieses wird unter anderem durch die für ein Gebiet typische Lichteinstrahlung mitbestimmt. Die Zahl der Sonnentage und die Tagesdauer im Jahresablauf sind für Pflanzen- und Tierzucht bestimmend. Der Wechsel der Jahreszeiten, der sich nicht zuletzt durch die Licht- und Temperaturverhältnisse mitteilt, regelt über die natürliche

Umgebung Lebensrhythmus und Arbeitsablauf der Menschen.

Die landwirtschaftlichen Außenarbeiten richten sich zwangsläufig nach der Dauer des Tageslichts, das im Jahreskreis der nördlich gemäßigten Zone zwei Drittel des Tages im Sommer und ein Drittel im Winter einnimmt.[16]) Parallel dazu verlaufen die Arbeitsspitzen des bäuerlichen Jahres: Aussaat, Mahd, Ernte und Drusch in der warmen Jahreszeit; für den Winter bleiben im wesentlichen Verarbeitung von landwirtschaftlichen Produkten, Holzarbeit und Instandsetzungsarbeiten an Geräten und Gebäuden. Der Arbeitstag in der traditionellen Landwirtschaft ist, bedingt durch das Aufkommen an Außenarbeit, im Sommer länger als im Winter.

Der Jahresablauf wird weniger durch den objektivierten Ablauf gleichlanger Kalendertage bestimmt als durch Lostage und Arbeitsphasen strukturiert. Ebenso sind die Stunden des Tages nicht gleichrangig – nicht jede Tageszeit eignet sich für jede Arbeit. Viele Arbeitsabläufe richten sich dabei nach dem Licht – so wurde während der Heu- und Getreideernte so lange gemäht, wie das Licht ausreichte –, andere können sich nicht nach dem Licht richten: Die Stallarbeit zum Beispiel beginnt im Winter lange vor der Morgendämmerung.

Obwohl sich der landwirtschaftliche Arbeitsablauf in hohem Maße nach dem natürlichen Licht richten mußte, gab es dennoch Tätigkeiten, für die nach Einbruch der Dunkelheit Zeit war: das Herstellen und Ausbessern von Gerät und Kleidung vor allem und – in früherer Zeit – das Spinnen. Dazu genügte den Frauen auch der Schein des Herdfeuers oder eines Kienspans. Langes Aufbleiben bei Nacht war nur in Sonderfällen angebracht, etwa wenn eine Kuh kalbte oder wichtige Arbeiten fertigzustellen waren. Die Nacht galt schon allein aus technischen Gründen als eine für die meisten Arbeiten ungeeignete Zeit. Die vorelektrischen Beleuchtungsmethoden gaben entweder nur schwaches Licht oder waren aufwendig – und sämtlich brandgefährlich. Als abendliche Tätigkeiten bei offenem Licht galten in der Regel solche, bei denen man sich ohne raumgreifende Bewegungen an einem Ort – im begrenzten Lichtfeld – aufhielt, zum Beispiel Spinnen, Spänemachen und dergleichen.

Obwohl die Mehrzahl aller Arbeiten bei Tageslicht verrichtet wurde, beendeten die Menschen bei Einbruch der Dunkelheit nicht sofort ihr Tagewerk. Sie blieben noch eine Weile wach und tätig – allerdings in der nur partiell und schwach erhellten Dunkelheit. Möglichkeiten, die natürliche Dunkelheit mit künstlichen Mitteln gleichsam zum Tag zu machen, gab es nur sehr beschränkt. Die Finsternis „umfing" auch die – nur spärlich erleuchteten – Lichtinseln.

„Mit den Hühnern ins Bett und mit ihnen heraus" war die Regel. Die Gewohnheiten dieses tagaktiven Haustieres stellen das Vorbild für die im Sprichwort geforderte Arbeitseinstellung dar: Man soll die zur Arbeit geeigneten Arbeitsstunden nützen und die nächtliche Ruhezeit ausschöpfen, aber nicht ausdehnen. Mittlerweile wurde nicht nur der Lebensrhythmus der Menschen, sondern auch der der Hühner durch künstliches Licht verändert: In den Legebatterien der Hühnerfarmen werden die Tiere rund um die Uhr von Licht beschienen, um dem Organismus Tageslicht vorzuspiegeln und so die Legeleistung zu steigern.

Ob und wie sich die Überlagerung des natürlichen Lichtwechsels – bedingt durch den Tag-Nacht-Rhythmus, die Mondphasen, den Jahreszeitenablauf und die Wetterlage – durch die Überflutung mit taghellem künstlichem Licht auch auf Körperfunktionen und Gemütszustand des Menschen auswirkt, wurde verschiedentlich schon diskutiert; systematische Untersuchungen zu diesem Gesichtspunkt gibt es allerdings noch nicht.

„Messer, Gabel, Scher' und Licht ...“ –
Licht als Erziehungsfaktor

Diesen Kinderreim über gefährliche und daher verbotene Gegenstände hört man auch heute noch oft. Ist die Bedrohung durch Messer, Gabel und Schere nach wie vor gültig, so vermögen Kinder in unserer Zeit weniger leicht einzusehen, warum das Hantieren mit Licht in gleichem Maß gefährlich sein soll. Abgesehen von den Steckdosen für elektrischen Strom, die sich aber mit kindersicheren Vorrichtungen abriegeln lassen, birgt der Umgang mit Licht anhand von Schaltern keine Gefährdung mehr. Es zählt zu den Vergnügungen kleiner Kinder, Lichter auf- und abzudrehen, eine Unterhaltung, die höchstens aus Rücksicht auf die elektrische Anlage untersagt wird. Unmittelbare Gefahr liegt nicht vor.

Das Licht, das wir heute gewöhnlich verwenden, ist reguliert und isoliert. Obwohl es nach unserem Sprachgebrauch noch immer „brennt“, hat es mit der ursprünglichen Lichtquelle, dem Feuer, nicht mehr viel zu tun. Herrscht beim brennenden offenen Licht, das die Brennsubstanz verzehrt und sich flackernd bewegt, das Bild des Dynamischen und Expansiven vor, so vermittelt eine leuchtende Glühbirne den Eindruck eines kontrollierten und auf nützliche Funktion beschränkten Mediums. Gefahr liegt bei elektrischer Beleuchtung im Grunde auch vor – Schäden an Leitungen oder Gerät beziehungsweise falsche Handhabung können zu Brand oder Stromtod führen. Diese Bedrohungen sind aber schon allein durch die Erscheinungsform des – geschlossenen – Lichts und durch die Art der Bedienung elektrischer Geräte in den Hintergrund gerückt.

Gegenwärtig beschränkt sich der Umgang mit dem Licht auf das Auf- und Abdrehen von Schaltern, das Ein- und Ausstecken von Kabelanschlüssen. Zur Zeit des offenen Lichts erforderte der Umgang mit Beleuchtungskörpern viel Umsicht. Schon kleine Unachtsamkeiten konnten schweres Unglück hervorrufen. Es ist verständlich, daß man sich bemühte, Kinder so rasch und einprägsam wie möglich mit den Regeln für das Benützen von Licht vertraut zu machen. Der obige Kinderreim oder die Geschichte von Paulinchen aus dem „Struwwelpeter", die durch den verbotenen Gebrauch von Schwefelhölzchen zu einem Häufchen Asche verbrennt, sind Beispiele für anschauliche Belehrung.

Kinder mußten aber nicht nur lernen, sich von Zündhölzern, Kerzen und Lampen fernzuhalten, sondern – im Gegenteil – sie richtig zu benützen. Das Instandhalten von Beleuchtungskörpern – Späne schneiden, Lampen putzen, Petroleum holen – gehörte zu den typischen Arbeiten für Kinder im Schulalter; sie galten als alt genug, um die nötige Geschicklichkeit und Verständigkeit aufzuweisen.

Die regelmäßig wiederkehrende Arbeit des Lampenpflegens wurde als lästig empfunden und war für die Kinder noch dazu von der Furcht überschattet, den teuren Glaszylinder oder den Schirm der Petroleumlampe zu zerbrechen und bestraft zu werden. Die Lampe bildete so einen Anlaß für Unannehmlichkeiten und Befürchtungen.

Umgekehrt aber bedeutete die Kerze oder die Petroleumlampe auch Schutz – nicht nur vor realen Gefahren, wie in der Dunkelheit zu stolpern oder sich zu verirren, etwas zu verlieren oder verfolgt zu werden. Die Ängste vor dem Irrealen, Unsichtbaren steigern sich in der Dunkelheit sprunghaft – nicht nur bei Kindern, die noch weniger rationale Deutungsmuster erlernt haben, sondern auch bei Erwachsenen.

Die meisten Menschen sind für die „Nachtangst" anfällig. „Nach Einbruch der Dunkelheit herrschen andere Mächte als tagsüber. In der Symbolik und in den Mythen der meisten Völker ist die Nacht das Chaos, der Schauplatz der Träume, sie wimmelt von Gespenstern und Dämonen wie das Meer von Fischen und Seeungeheuern."[17]) Der Mensch ist in der Erfassung seiner Umwelt zuerst auf seine optische Wahrnehmung angewiesen. Je mehr es dunkelt, desto mehr wird dieses

Sensorium beeinträchtigt und schließlich außer Kraft gesetzt; die unbeleuchtete Welt wird unberechenbar.

Die Umgebung im Lichtkegel ist sichtbar und daher vertraut, in den Randzonen des Zwielichts erscheint vieles verfremdet, in der Dunkelheit lauert das Unbekannte. Das offene Licht von Kienspan und Kerze reicht nicht weit und flackert; die Lichtverhältnisse unterliegen ständigen Veränderungen, die Schatten bewegen sich, Entfernungen erscheinen verzerrt. Es verwundert nicht, daß unter diesen spezifischen Lichtverhältnissen dem Verzerrten und Unsichtbaren viel Raum blieb. Mit dem elektrischen Licht wurde eine Beleuchtungsart eingeführt, die eine weitreichende, gleichmäßige und konstante Helligkeit lieferte. Der dämmrige Interferenzraum zwischen Licht und Dunkelheit wurde verringert und mit ihm die Sphäre des Gespenstischen.

Die Dunkelheit hat nicht nur Raum für irrationale Ängste, sondern auch für sehr konkrete Befürchtungen. Man hielt sich bei Nacht bevorzugt im sicheren Haus auf. Wer auf der Straße blieb, konnte gefährliche Gründe dafür haben. Seit dem 17. Jahrhundert versuchte man, die Beleuchtung auf den Straßen, die bis dahin dem einzelnen Bürger nach seinen Interessen und Möglichkeiten überlassen war, verstärkt obrigkeitlich zu organisieren. Die öffentlichen Wege sollten mit Hilfe von Laternen kontrollierbar sein, Unfälle, Straßenräuberei und Zusammenrottungen im Dunkeln verhindert werden.[18])

Was im städtischen Bereich schon früh eingeführt und durch das elektrische Licht optimiert wurde, ist auf dem Land erst in unserem Jahrhundert üblich geworden. Der Zuwachs an Lichtquellen – zuerst die Lampe über dem Tisch im Wohnraum, dann die elektrischen „Laternen" im Hof und auf den Straßen – verschaffte den Menschen ein Gefühl größerer Sicherheit. Nächtliches Getier und „lichtscheues Gesindel" wurden abgehalten. Das Licht diente als Mittel zur Kontrolle der Umwelt.

Zu den Einstellungen und Verhaltensweisen, die Heranwachsende im Zusammenhang mit dem Licht erlernen mußten, zählte auch die Sparsamkeit. Entweder war das Material für Beleuchtungskörper teuer oder die Herstellung aufwendig. Mit dem Licht sollte also nicht nur wegen der Brandgefahr sorgsam umgegangen werden. Man versuchte, nur die notwendigste Anzahl von Beleuchtungskörpern in Betrieb zu halten. Wo es möglich war – und man versuchte, die Verrichtungen des Alltags so zu organisieren, daß es möglich wurde – bemühte man sich, ohne Licht auszukommen, um Verbrauch von Material und Brandgefahr zu verringern. Vieles ertastete und ergriff man nach oft geübten Abläufen, vorausgesetzt, die Abläufe der Dinge wurden von allen Benützern eingehalten. Die Stallarbeit bietet dafür ein gutes Beispiel: Wegen der Brandgefahr nahm man dazu ungern offenes Licht mit; die immer gleichen Arbeitsabläufe mit Geräten, die man „im Griff" hatte, ließen sich auch im Halbdunkel verrichten.

Das elektrische Licht wurde zuerst in die Wohnräume eingeleitet. Anfangs gab es, wie gehabt, oft nur die eine zentrale Lichtquelle über dem Tisch. Da sich aber die fix montierte elektrische Lampe nicht umhertragen ließ, ging man – nach einer Zeit des kombinierten Gebrauchs von Glühbirne und Petroleumlampe – doch dazu über, mehrere Lichtquellen zu installieren. Nun mußte man sich nicht mehr um ein Licht versammeln, sondern konnte verschiedene Räumlichkeiten unabhängig voneinander beleuchten. Das kostete mehr Strom und somit mehr Geld und führte zu Auseinandersetzungen zwischen „Sparern" und „Verschwendern". Die helle, gleichmäßig und ohne Bedienung leuchtende Lampe lud geradezu ein, nach den abendlichen Arbeiten noch aufzubleiben und von der Nachtruhe ein wenig Freizeit, vor allem zum Lesen, abzuzweigen. Die ältere Generation hatte oft wenig Verständnis für die ausgedehntere Nutzung des elektrischen Lichts durch die Jüngeren.

Es zeigt sich, daß sich mit dem Aufkommen des elektrischen Stroms nicht nur einfach die Beleuchtungsmethoden änderten, sondern daß auch die Lebensgewohnheiten sich wandelten. Die Übernahme der elektrischen Energie für die Lichterzeugung und den Betrieb von Geräten brachte deutliche Arbeitserleichterungen und mehr häusliche Bequemlichkeit. Die Vorteile des Fortschritts – vergegenständlicht in elektrischen Bügeleisen, Radioapparaten, Elektroherden, Waschmaschinen, Kühlschränken usw. – wollte man sich sichern, sobald sie nur einigermaßen erschwinglich waren. Die Vorbildwirkung gezielter Werbung trug dazu bei, das Bedürfnis nach Neuerung, Verbesserung und Komfort zu steigern.[19])

Traditionelle Auffassungen von Arbeitsorganisation – zum Beispiel Konzentration des Arbeitsaufkommens auf die Tagphase, um die tauglichste Beleuchtung auszunützen – und richtigem Umgang mit Materialressourcen hatten mit der Elektrifizierung vielfach ihre sachliche Grundlage eingebüßt. Neue Voraussetzungen, vor allem die Aussicht auf gleichsam unendliche Nutzbarkeit von Energie, traten an ihre Stelle.

Die neuen Auffassungen wurden Allgemeingut der „elektrifizierten Gesellschaft" und setzten neue Standards auch bezüglich der Sichtweise von Sparsamkeit versus Verschwendung. Die sich in den letzten Jahren wiederum wandelnde Einschätzung der natürlichen Voraussetzung von Energiegewinnung und -nutzung hat abermals Auffassungsänderungen bewirkt. „Energiesparen" aus Rücksicht auf die Umwelt wird verstärkt – auch ablesbar an den Aufzeichnungen mancher Autoren – als aktuelles Gebot verstanden.

„Das Ewige Licht" –
Licht als kultisches Symbol

Die Kerze hat gegenüber dem Kienspan den Vorteil, gleichmäßiges, ruhiges Licht zu spenden, sie rußt auch weniger. Der Brennstoff Bienenwachs war früher sehr teuer, so daß die Kerze als Beleuchtung bis zur Erfindung der billigen Paraffin- und Stearinkerzen nur für die Oberschichten erschwinglich war.

26

Gemessen an den Lebensgewohnheiten der Mehrheit der Bevölkerung, hatte die Kerze durch Jahrhunderte nicht die Funktion eines alltäglichen Beleuchtungskörpers, sondern eines kultischen Bedeutungsträgers. Spezifische Eigenschaften der Kerzenflamme legten vielerlei sinnbildliche Bedeutungen nahe: Sie brennt hell, fast rauchlos und verstrahlt konstanten Schein – ein Symbol für die menschliche Seele; die Flamme wirft einen relativ starken, beständigen Lichtkreis in der Dunkelheit – eine Schutzzone gegen negative Einflüsse. Die Brenndauer einer Kerze ist leicht abschätzbar, dies macht sie als Zeitmaß für rechtliche und kultische Handlungen geeignet. Trotz ihrer Gleichmäßigkeit ist die Kerzenflamme gegen Luftzug sehr empfindlich, ihr Flackern oder ihr Verlöschen bilden die Grundlage für vielerlei Prophezeiungen.

Im Sinn der christlichen Symbolik steht die helle Kerzenflamme für das Licht der Ewigkeit oder den Erlöser, zum Beispiel das „Lumen Christi" in der Osternacht. Der Volksglaube betont weniger den abstrakten Vorstellungsgehalt der Versinnbildlichung einer Glaubenswahrheit als vielmehr die Bewirkungskraft, die dem Kerzenlicht zugeschrieben wird. So wird verständlich, daß der ursprüngliche Anlaß des christlichen Festes „Purificatio Mariae Virginis et Praesentatio Domini Nostri Jesu" oder „Unserer Lieben Frau Lichtmesse" völlig hinter der Funktion der Kerzen- und Wachsweihe zu „Maria Lichtmeß" (2. Februar) zurücktrat. Die Lichtmeß- und Osterkerze dienten als Licht zur Begleitung religiöser Handlungen, als Wetterkerze und als Abwehr- und Schutzmittel.

Die hilfreichen Funktionen bestimmter Kerzen zu bestimmten Anlässen, ihre Anwendung und erhoffte Wirkung sind überaus vielfältig. Als Beispiel sei nur die „Blasiuskerze" erwähnt, die an dem auf Lichtmeß folgenden Tag des heiligen Blasius, des Schutzpatrons gegen Halskrankheiten, den Gläubigen vorgehalten oder aufgelegt wurde, damit sie gegen allerlei Übel schütze. Die

Kerzenbräuche waren nicht nur in katholischen Gebieten im Gefolge der Heiligenverehrung, sondern auch bei Protestanten sehr verbreitet. Die Vorstellungen von der Kraft des Lichtes sind sehr alt, weit verbreitet und beständig. Durchgängig wurde dem Kerzenlicht die Macht, das Böse auszutreiben und einen leuchtenden Schutzkreis zu bilden, zugeschrieben, ebenso die Eigenschaft, Zukünftiges anzuzeigen. So soll das zu Silvester immer noch beliebte Bleigießen ursprünglich ein Wachsgießen gewesen sein.

Immer noch üblich ist die Verwendung von Kerzen im Zusammenhang mit Bräuchen, die mit dem Tod zusammenhängen. Die Kerze steht hier nicht nur für die religiöse Verheißung des ewigen Lebens, sondern auch für das Lebenslicht. Die Seele stellte man sich gegenständlich als Licht vor, eine Anschauung, die in den Geschichten von den „Irrlichtern" noch erhalten ist. Auch eine Abwehrfunktion hat die Kerze in den Totenbräuchen – sie soll den „Nachspuk", die Wiederkehr von Verstorbenen, verhindern.[20]) Heute steht die Kerze als Symbol des Gedenkens im Vordergrund, wie man an der Lichterfülle auf den Friedhöfen zu Allerheiligen und Allerseelen überall sehen kann.

Trotz der Einführung des elektrischen Lichts hat die Kerze als einzige traditionelle Lichtquelle ihre Bedeutung behauptet. Nicht nur im sakralen Bereich – als Altar-, Tauf-, Kommunion- und Sterbekerze – hat sie ihre Funktion bewahrt; auch in den Bräuchen, etwa als Wetterkerze oder Lebenskerze auf Geburtstagstorten, konnte die Ausdrucksstärke dieses lebendigen Lichts durch keine noch so helle künstliche Beleuchtung ersetzt werden. Heute gilt die Kerze geradezu als Symbol für das „Romantische", für die Sehnsucht nach dem, was an vergangenen Lebensverhältnissen als friedlich, stilvoll und gemütlich empfunden wird.

Die Autoren, deren Aufzeichnungen diesen Band ausmachen, haben die Elektrifizierung in einem Zeitraum von fast fünfzig Jahren erlebt. In der ersten Hälfte unseres Jahrhunderts war die Elektrizität keine avantgardistische Technologie mehr, sondern bereits allgemein übliches und weit verbreitetes Charakteristikum der modernen Industriegesellschaft geworden. Damals gab es kaum jemanden, der dieser zivilisatorischen Errungenschaften nicht teilhaftig werden wollte.

Der Prozeß der Elektrifizierung vollzog sich aber an verschiedenen Orten zu ungleicher Zeit und in verschiedenem Tempo; in der Stadt begann er früh, auf dem Land spät und schlagartig. Überall war das elektrische Licht das erste Element aus dem Netz elektrotechnischer Versorgung, das in der Folge über das ganze Land gespannt wurde. Das Licht leuchtete die neue Zeit ein.

Der Wandel, der mit dem elektrischen Licht seinen Anfang nahm, war tief und nachhaltig. Die alltäglichen Gewohnheiten wurden umgestellt, Sichtweisen verändert. Für die Menschen, die diesen Wandel miterlebt haben, steht das Positive der Entwicklung im Vordergrund: Ihr Alltagsleben wurde in vieler Hinsicht erleichtert, neue Möglichkeiten der Information und Freizeitgestaltung kamen hinzu. Der Einfluß einer als bedrohlich verstandenen natürlichen Umwelt, erkennbar an Dunkelheit, Kälte und körperlicher Mühsal, war wiederum ein Stück weiter zurückgedrängt worden.

Der Gewinn an ökonomisch nützlicher Naturbeherrschung und privatem Komfort wurde auch bezahlt. Man nahm Umweltzerstörungen, gesteigertes Lebenstempo und den Verlust jener Geborgenheit, die der „guten alten Zeit" zugeschrieben wird, in Kauf. Der Schein des elektrischen Lichts hat so manchen dämmrigen Winkel der Phantasie ausgeleuchtet und zur fortschreitenden „Entzauberung der Welt" (Max Weber) beigetragen.

Anmerkungen

1 Schivelbusch, Wolfgang: Lichtblicke. Zur Geschichte der künstlichen Helligkeit im 19. Jahrhundert, München–Wien 1983, S. 12

2 Vgl. Hempel, Gudrun: Lampen–Leuchter–Licht. Katalog der Sonderausstellung aus der Sammlung Ladislaus Benesch im Österreichischen Museum für Volkskunde, Wien 1984, S. 13

3 Rosegger, Peter: Ein Winterabend. In: Das Volksleben in Steiermark in Charakter- und Sittenbildern. Wien–Pest–Leipzig 1885[3], S. 405–406

4 Maria Dorfmann hat ihre Lebenserinnerungen 1917, im Alter von 86 Jahren, für Hofrat Reinhold Zingerle aus Innsbruck niedergeschrieben. Ein Teil ihrer Aufzeichnungen erschien bereits in dem Band: Kreuztragen. Drei Frauenleben. Hg. v. Michael Mitterauer, Damit es nicht verlorengeht . . ., Bd. 2, Verlag Böhlau, Wien 1984

Übertragung des Textes:

Herr Hofrat, jetzt will ich Ihnen auch noch schreiben, wie man damals – nach meiner Erinnerung – Licht und Feuer hat machen müssen.
Meine Mutter hat ein kleines, hölzernes Tröglein gehabt. Da hat sie Leinenfetzen auf eine Gabel getan und über dem Licht Feuer fangen lassen; danach schnell in den Trog hinein und schnell mit dem Deckel zudecken. Das Feuer schließlich hat nicht ganz abbrennen dürfen. Dann hat sie einen Stein und ein Eisenstück genommen, den Deckel wieder von den angebrannten Leinenstücken weggegeben und mit dem Stein und dem Eisen aneinandergeschlagen. So wurden kleine Funken auf die Fetzen geworfen. Dann hat man mit kleinen Schwefelhölzchen das Feuer auffangen müssen. So hat man mit dem Zundertrühlein, den angebrannten Hadern, dem Stein und dem Eisen Feuer machen müssen. Die Männer haben auch einen Stein, ein Eisen und den Zunder draußen auf einen Stein gelegt und mit dem Eisen draufgeschlagen. Da hat der Zunder Feuer gefangen. Dann haben sie den brennenden Zunder in die Tabakpfeife hineingegeben – das hat gekracht. Der Zunder ist aus Schwämmen gemacht worden. Ich weiß nicht, wie die Schwämme fabriziert wurden. Ja, das ist ein langsames Lichtmachen gewesen, anders als jetzt das Elektrische. Ja, und dann hat man oft einen „Preatschtögl" gehabt. Die Tegel sind wie ein großer Löffel gewesen. Dann hat man „Zochn"(?) hineingegeben und Schweinefett oder dergleichen draufgelegt; das hat ganz schön gebrannt. Wo kleine Kinder waren oder ein kranker Mensch gewesen ist, so daß man immer Licht gebraucht hat, da hat man dann einen solchen „Preatschtögl" brennen gehört, damit man nicht immer erst hat Licht machen müssen. Auch sonst hat man oft einen solchen „Preatscher" brennen lassen. Die „Preatscher" sind nicht aus Blech oder Glas, sondern aus Lehm gemacht, wie Schüsseln oder Töpfe. Man hat sie beim Hafner oder Töpfer gekauft. Ja, und das Zundertrühlein mit

den angebrannten Fetzen hat es halt so zwei Wochen getan, dann hat man wieder andere Fetzen anbrennen müssen. Ja, jetzt würde man schauen, wenn man so Licht machen und ein solches Licht haben müßte! Das schönste Licht ist halt eine Unschlittkerze oder [ein Licht] mit stinkendem Rapsöl oder rauchigem Leinöl. Die Unschlittkerzen hat man selbst gemacht. Die Schwefelhölzer hat man auch selbst gemacht. Dazu hat man nur Schwefel gekauft und diesen dann flüssig gemacht, dann ein Leinengarn durchgezogen, dann war es fertig; dann hat man sie halt abgeschnitten. Jetzt weiß ich halt nicht mehr [darüber]. So haben es halt alle tun müssen. Jetzt würde es einem schon seltsam vorkommen.

5 Vgl. Schivelbusch, a. a. O., S. 155

6 Vgl. Dachler, Anton: Zur Geschichte der Heizung im Bauernhause. – Das Wort „Stube". In: Zeitschrift für österreichische Volkskunde, XVII. Jg., Wien 1911, S. 38

7 Vgl. Freudenthal, Herbert: Das Feuer im deutschen Glauben und Brauch, Wien – Leipzig 1931, S. 53 – 117

8 Weber-Kellermann, Ingeborg: Frauenleben im 19. Jahrhundert: Empire und Romantik, Biedermeier, Gründerzeit. München 1983, S. 67

9 Vgl. Dachler, a. a. O., S. 41

10 Papp, Magdalene: Wiener Arbeiterhaushalte um 1900. Studien zu Kultur und Lebensweise im privaten Reproduktionsbereich. Phil. Diss., Wien 1980, S. 235

11 Vgl. Schivelbusch, a. a. O., S. 31–70

12 Schivelbusch, a. a. O., S. 16

13 Vgl. Hirth, Georg: Das deutsche Zimmer vom Mittelalter bis zur Gegenwart. 1. Bd., München – Leipzig 1899[1], S. 166

14 Schivelbusch, a. a. O., S. 74

15 Vgl. Teichmann, Jürgen: Frühe Experimente. In: Katalog zur Ausstellung: Lichtjahre. 100 Jahre Strom in Österreich, Wien 1986, S. 1–16

16 Vgl. Jensch, Georg: Das ländliche Jahr in deutschen Agrarlandschaften. Berlin 1957

17 Schivelbusch, a. a. O., S. 83

18 Vgl. Schivelbusch, a. a. O., S. 87

19 Vgl. Viethen-Votruba, Eva: Mother's little helper – Entwicklung und Nutzen der Haushaltstechnik. In: Katalog zur Ausstellung: Lichtjahre. 100 Jahre Strom in Österreich, Wien 1986, S. 133–143

20 Vgl. zum gesamten Komplex der kultischen Bedeutung von Kerzenlicht Freudenthal, a. a. O., S. 127–187

Frida Kapke

wurde 1900 in Alt Erlaa bei Wien geboren. Als sie ein Schulkind war, gab es Gasbeleuchtung. Das elektrische Licht wurde in Alt Erlaa 1920 eingeführt.

Ich bin 1900 geboren. Wir hatten eine Petroleumlampe in der Mitte vom Tisch. Da saßen wir fünf alle gemütlich um den Tisch. Es gab auch Petroleum-Hängelampen mit schönem Glasschirm.

Wie ich in der Schule war, kam die Gasbeleuchtung. Zuerst Auergas: das hat kleine Explosionen verursacht und ein unregelmäßiges Licht verbreitet. Das kam bald ab. Dann kamen die Gaslampen mit einem kleinen Strumpf, der glühte. Das war ein schönes Licht, da hatten wir Hängelampen. Nur durfte man dem verglühten Strumpf nicht nahe kommen, sonst zerfiel er zu Staub, und man mußte einen neuen Strumpf einhängen.

Dann kam das elektrische Licht, das war etwas kalt, aber bequem. Dann kamen Glühbirnen mit Gas gefüllt, die leuchteten am Anfang heller. Man hat sich bald an das elektrische Licht gewöhnt und es für sehr praktisch befunden. Dann kamen der Staubsauger, die Kochplatten und zum Schluß die Waschmaschine und der Boiler. Es ist uns dadurch sehr viel Arbeit erspart geblieben, und ich möchte die Elektrizität nicht mehr missen, besonders nicht den elektrischen Ofen mit Nachtheizung.

Hans Schröpfer

wurde 1902 in Wien geboren. Seine Erinnerungen an die Zeit vor dem elektrischen Licht wurden von Johanna Wimmer aus Wien zu Papier gebracht.

Wenn man älter wird, denkt man manchmal zurück an die Kinderzeit, wie es damals war und wie bequem es die heutige Jugend hat. Wir gingen vor dem Ersten Weltkrieg in die Schule, und zwar Montag, Dienstag, Donnerstag und Freitag von acht bis zwölf Uhr und von vierzehn bis sechzehn Uhr. Mittwoch und Samstag von acht bis dreizehn Uhr, damals hieß es noch bis ein Uhr. Natürlich hatten wir auch die entsprechenden Aufgaben zu machen, und damit begann das Problem, denn zu den Aufgaben brauchte man Licht, und das war im Winter um sechzehn, siebzehn Uhr schon sehr rar, elektrisches Licht gab es bei uns noch nicht, nur Petroleum- oder Kerzenlicht. Die Petroleumlampe brauchte die Mutter, sie hatte eine Heimarbeit: Blusenstickerei; Vater kam ungefähr um dieselbe Zeit nach Hause und wollte ungestört lesen, da war für uns Kinder nur sehr spärlich Platz am Tisch. Nun, wir halfen uns auf eine besondere Art: Wir hatten einen runden, gußeisernen Zimmerofen, bei dem aus dem Aschentürl die Glut herausleuchtete. Wir legten uns vor dem Ofen auf den Bauch, und im Licht der Glut malten wir die Ziffern und Buchstaben auf die Schiefertafel oder in das Heft. Auch so konnte man die Aufgaben der Schule erledigen.

Martha Wolff

aus Augsburg hat Erzählungen ihrer Mutter Anna Diebl zusammengefaßt. Sie wurde 1899 in Kiesenreuth bei Plan in der Nähe von Marienbad im Sudetenland geboren. Bis zu ihrer Verheiratung 1927 lebte sie auf dem elterlichen Hof. Im selben Jahr bekam Kiesenreuth elektrischen Strom.

Meine sechsundachtzig Jahre alte Mutter hat mir folgendes erzählt: Der Bauer stand im Sommer oft schon um drei Uhr auf, also bei Beginn des Tageslichtes, um alle Arbeit erledigen zu können. Überhaupt wurde heikle Arbeit bei Tageslicht verrichtet, weil die abendliche Beleuchtung nicht hell genug war.

Die Abende saß man bei einer einzigen Petroleumlampe um einen Tisch versammelt. Abwechselnd trafen sich auch die Jüngeren zu etwas Geselligkeit. Die Frauen und Mädchen spannen oder strickten, dazu war an sich – wie Mutter sagt – nicht viel Licht erforderlich. Die Burschen waren mit Korbflechten und Besenbinden beschäftigt. Auch dazu reichte wenig Licht. Man saß gewöhnlich bis zweiundzwanzig oder dreiundzwanzig Uhr zusammen, wobei vor dem Auseinandergehen mit der Nachbarsjugend noch ein Tänzchen gewagt wurde.

An Beleuchtung hatte man, außer der Petroleumlampe, Laternen und Kienspäne. Im Keller und Stall gab es sogenannte Maulaffen, in die Kienspäne gesteckt wurden. Um einen großen Nagel in der Wand war Lehm geworfen worden, in dem drei oder vier Fächer zum Aufnehmen der Späne waren. Diese mußten sorgsam bewacht werden, weil sie sich gegen Ende zu ringeln pflegten und auf den Boden fielen. Ein Span war etwa einen dreiviertel Meter lang. Kienspäne hat jeder Bauer selbst aus harzhaltigem Fichtenholz hergestellt.

Kerzen wurden vom Wachszieher in der nahen Stadt gekauft. So erinnert sich die Mutter auch noch einer Erzählung ihrer Mutter, Jahrgang 1863, die als Zehnjährige, also 1873, einen großen Brand erlebt hatte, bei dem die sogenannte Vorstadt der viertausend Seelen zählenden Stadt Plan bei Marienbad mit allen dort befindlichen bäuerlichen Anwesen abbrannte. Ursache war der Wachszieher, bei dem ein Brand ausgebrochen war. Unglücklicherweise befanden sich die Männer an diesem Tag bei der gemeinsamen Holzabfuhr im Bürgerwald, sodaß dem Feuer nicht rechtzeitig Einhalt geboten werden konnte. Diese Vorstadt wurde dann später weitläufiger, also nicht so eng, wiederaufgebaut.

In der Schule im Dorf war man nur bei Tageslicht. Es befand sich dort aber eine große Petroleumlampe, die bei einer gelegentlichen Theateraufführung oder dergleichen brannte.

In der Kirche im Dorf war nur Kerzenlicht. Jeder Kirchenbesucher trug seinen eigenen Wachsstock mit sich. Die Bäuerin ging mit einer Petroleumlaterne in die Frühmesse.

Des Abends wurde der Bauernhof mit einer Laterne oder Petroleumlampe erleuchtet, die man in ein Fenster stellte. Überhaupt waren keine Gardinen vor den Fenstern, und es waren auch nachts keine Vorhänge vorgezogen, um den Lichtschein immer nach außen dringen zu lassen. Beim Zubettgehen zog man diese wohl vor, der letzte zog sie aber wieder zurück, um das Tageslicht wieder hereinzulassen.

Petroleum wurde in Flaschen gekauft. Zylinder sind mit Zeitungspapier oder dem Papier von Tabak-Packungen geputzt worden. Auch das Gasthaus war mit Petroleum beleuchtet. Mutters Freundin war die Tochter eines Gastwirtes. Dieser half sie oft vor Veranstaltungen, die

Petroleumlampen zu putzen und zu füllen. So waren zum Beispiel im Gasthaus des Dorfes im Tanzsaal vier Lampen angezündet und eine zusätzlich bei den Musikanten.

Folgende Größen an Petroleumlampen gab es: Fünfer-, Achter- und Zwölferzylinder, wobei der Zwölflinige der größte war. Und so wurden in einem Gasthaus auch Zwölflinige verwendet, während kleinere in der Küche des Gasthauses oder in Bauernstuben standen. Mutter betont, daß man diese Beleuchtung hell genug fand, weil man eben nichts anderes kannte.

Wir haben schließlich den Super-GAU von Tschernobyl hinter uns. Wir wissen, daß die Elektrizität eine nicht mehr wegzudenkende Sache und ein Segen ist. Es bleibt aber angesichts dessen – nicht nur Elektrizität zu erzeugen, sondern diese wiederum gewinnbringend und wirtschaftsfördernd abzusetzen – doch die Überlegung, ob sich das Rad nicht wieder ein bißchen rückwärts drehen sollte. Es gäbe Mittel und Wege, Strom einzusparen. Schließlich muß nicht alles, was man leicht mit der Hand bewältigen kann, per elektrischem Knopfdruck geschehen. Daß ein Hotel eine Brotschneidemaschine verwendet, ist einzusehen, daß ein Zwei-Personen-Haushalt darauf nicht verzichten will, nicht. Daß man eine elektrische Zahnbürste verwendet, ist eigentlich ein Unsinn. Leider ist inzwischen eine Generation von Menschen herangewachsen, der eine bestimmte Lebensform eine Selbstverständlichkeit ist. Vielleicht müßte man in den Schulen wieder anfangen, der Umwelt und dem Leben zuliebe etwas enthaltsamer zu leben beziehungsweise dies zu lehren.

Maria Mittermayer

wurde 1907 in Weyer in Oberösterreich geboren. Dort wurde im selben Jahr ein Elektrizitätswerk errichtet.

Weyer erhielt bereits 1907 ein eigenes Elektrizitätswerk in der Hollensteiner Straße, und ich sehe heute noch vor mir die längst übertünchte Aufschrift: „Kaiser Franz-Joseph-Jubiläums-Elektrizitätswerk 1907".

Doch ich weiß, daß die Straßen noch lange vom Laternenanzünder, dem „Wachta-Karl", wie unser Nachtwächter hieß, beleuchtet wurden. Er stieg allabendlich mittels einer Leiter zu den Laternen hinauf, auch beim „Fürstenhaus", in dem ich über dreiundfünfzig Jahre wohnte. Bei der Möbelfabrik Schönthaler im Unteren Markt bewunderten wir damals das „Auerlicht" in der Bogenlampe vor dem Werkseingang.

Die öffentlichen Gebäude bekamen bald das elektrische Licht, so die Gemeinde, das Post- und das Pfarramt. In den Privathäusern aber dauerte es ziemlich lange, bis der Strom eingeleitet wurde. 1917 war es auch im „Fürstenhaus" soweit. Dieses Haus war schon im Besitz der Marktgemeinde und kam dadurch „so bald" dran. Es war ein Lehrerheim, und auch die Schuldienerfamilie hatte hier Unterkunft.

Ehe wir das elektrische Licht bekamen, ließen wir uns während der Dämmerung vor dem Ofen nieder, wo aus dem „Spritzgitter" beim Ofentürl das Feuer lustige Lichtgeister zauberte. Vom ganzen ersten Stock kamen die Lehrerfamilien dann bei uns zusammen, und es wurde erzählt, bis dann die große Hängelampe vom Vater über dem Tisch entzündet wurde. Ging man in die Nebenräume, dann nahm man die Kerze – eine Petroleumkerze – mit. War bei uns Chorprobe für die Kirchenfeste, dann hielt jeder der Sänger je eine Kerze in der Hand, denn die kleine Klavierlampe mit dem Petroleumlicht gab zuwenig Schein. Als das „Licht" eingeleitet wurde, gingen wir Kinder von Raum zu Raum, um beim Installieren zuzusehen. Der „Kriegsdraht" wurde von außen in die Räume geleitet, immer in kleinen Abständen mit Glaskörperchen versehen. Als das erstemal das Licht aufstrahlte, liefen mir die Tränen der Freude über die Wangen.

Josefine Kluger

wurde 1903 in Marchegg in Niederösterreich geboren, wo ihr Vater bei der „Kaiser-Ferdinand-Nordbahn" beschäftigt war. Ihre Kindheit verbrachte sie in einem Haushalt ohne elektrisches Licht; in Marchegg wurde 1924 elektrifiziert.

Gab es in Scheibbs bereits 1886, vor hundert Jahren, das erste E-Werk der Monarchie, so erreichte die Elektrizität meinen Heimatort erst 1924/25. Dies war zwei Jahre nach meiner Eheschließung und Übersiedlung. Die Lichtquellen waren bis dahin Petroleumlampen und Kerzen. Die Arbeiten im Hof und in den Nebenräumen wurden bei Tageslicht getan. Mußte man trotzdem bei Dunkelheit dorthin oder in den Keller, zündete man eine Kerze an. Wir hatten im Schlafzimmer der Eltern eine schöne Porzellanzuglampe mit Rundbrenner. Diese Lampe wurde selten angezündet.

In der Küche beim Sparherd hing eine Lampe mit einem Spiegel, der das Licht verstärkte. Für Wege im Hof hatten wir später eine Sturmlaterne. Unsere Küche war eine geräumige Wohnküche, wo sich am Abend die ganze Familie um den großen Tisch vereinigte. Hier wurden Handarbeiten gemacht, es wurde vorgelesen oder auch gespielt. Den Mittelpunkt bildete eine Stehlampe. Um ihr Licht angenehm zu konzentrieren, setzten wir auf den Zylinder einen Schirm. Er bestand aus einem in die Hälfte gefalteten Zeitungsblatt mit einem rund ausgerissenen Loch in der Mitte. Es war einst eine schöne, mit Blumenmuster verzierte Porzellanlampe, wo leider eines

Tages der Fuß abbrach; da der Behälter noch intakt war, steckte Mutter die Lampe in einen passenden Blumentopf. So tat sie noch viele Jahre ihren Dienst.

Mich verbindet mit dieser Lampe ein schmerzhaftes Erlebnis. Jeden Abend nach dem Nachtmahl ging meine Mutter in das Zimmer, um die Betten, die bei Tag zugedeckt waren, für das Schlafengehen aufzumachen. Ich mußte ihr dabei leuchten. Man mußte beim Tragen der Lampe sehr vorsichtig sein und sie schön gerade halten, damit sie nicht aus dem Topf herausrutschte.

Eines Abends war ich unaufmerksam. Die Lampe neigte sich, und der heiße Zylinder kam auf meiner nackten Schulter zu liegen. Es schmerzte sehr, aber ich getraute mich nicht, einen Ton von mir zu geben. Auch rühren durfte ich mich nicht, sonst wäre die Lampe hinuntergefallen. Nicht nur zerbrochen wäre sie, es hätte dadurch auch leicht ein Brand entstehen können. Es schien mir in meinen Schmerzen endlos, bis Mutter mit den Betten fertig war und mir die Lampe aus den Händen nahm. Mit einem „Es geschieht dir recht, wenn du nicht aufpaßt!" ging sie zur Tagesordnung über. Ich war damals acht Jahre alt. Noch fünfzehn Jahre später konnte man die Narbe dieser großen, tief eingebrannten Wunde sehen.

Das tägliche Reinigen der Lampen war die Arbeit meines Bruders und von mir, den zwei Jüngsten in der Familie. Eine Lampe bestand aus einem Glas- oder Porzellankörper mit breitem Fuß. In den Körper füllte man das Petroleum. Eine eingeschraubte Fassung, in der sich der Docht befand und den man mit einer kleinen Schraube höher- oder tieferschrauben konnte, war das Herzstück der Lampe. Um das Rauchen des Dochtes zu verhindern, stülpte man die sogenannte „Nuß" darüber. Den Abschluß bildete der Glaszylinder.

Wir putzten die Lampen nicht gerne. Man brauchte mit dem Fetzen nur etwas aufdrücken – und der Zylinder war zerbrochen. Es war ganz dünnes Glas.

So lästig uns die Zwangsbeschäftigung mit unseren Lampen war, so interessierten uns die Lampen unseres Bahnhofes mit seinen vielen Gleisen, Wechseln und dergleichen. Abseits vom Stationsgebäude stand ein kleines Häuschen, die „Lampisterie". Dort wurden jeden Tag die vielen Lampen des weiten Bahnhofkomplexes gefüllt und geputzt. Zwei Männer machten darin abwechselnd Dienst. Mit hölzernen Tragen sammelten sie die Lampen und Laternen ein und brachten sie in die Lampisterie. Durch die jahrelange Benützung waren der Fußboden, der lange Tisch – einfach alles in dem Raum – mit einer grauen Fettschicht bedeckt. Da standen große Fässer mit Petroleum, und Berge von Werg und Fetzen lagen auf dem Tisch. Wir durften manchmal mit Vater hineingehen und waren sowohl von den verschiedenen Lampen und Laternen als auch vom Geruch immer von neuem fasziniert.

Längst ist die Lampisterie verschwunden, und ein kurzer Hebeldruck oder der eines Schalters regelt das ganze Signalgeschehen der Bahn auf elektrischem Wege.

Bis nach dem Zweiten Weltkrieg fuhren die Züge mit kohlegeheizten Dampflokomotiven. Zwei Männer hatten dort ihren Dienst zu versehen: der Maschinenführer, der für die Pünktlichkeit und Sicherheit verantwortlich war, und sein Heizer, der für den nötigen Dampf zu sorgen hatte. Ihm oblag nicht nur die Wartung der Maschine, sondern er mußte auch darauf achten, daß genügend Wasser im Kessel war. In den größeren Bahnhöfen stand neben dem Gleis ein hoher Hydrant, von dem aus Wasser in den Kessel geleitet werden konnte. Auf der Schneebergbahn kann man diesen Vorgang noch heute beobachten. Ein sogenannter Tender war an die Lokomotive angeschlossen, auf dem die benötigte Kohle lagerte. Von dort mußte sie der Heizer in den großen Feuerraum schaufeln.

Die beiden Männer standen bei ihrer Arbeit praktisch im Freien, nur von einem Dacherl und zwei Seitenteilen geschützt. Die zwei eisernen Fußtritte auf die Maschine waren sehr steil und anstrengend. Im Winter waren die Lokomotiven außen völlig vereist, und das Hinauf- und Hinuntersteigen war sehr gefährlich. Ich erinnere mich noch, daß, als ich ein Volksschulkind war, ein Lokführer aus unserem Ort beim Heruntersteigen ausrutschte, sich das Genick brach und sofort tot war.

Nach dem Zweiten Weltkrieg begann die Elektrifizierung der Bahn. Kalorische Kraftwerke wurden errichtet und mit dem Bau des Staukraftwerkes Kaprun begonnen. Heute werden außer Nebenstrecken, die mit Dieselöl betrieben werden, alle Hauptstrecken elektrisch gefahren. Eine Glaskanzel gibt dem Lokführer freie Sicht, und ein kompliziertes Schaltbrett ist von ihm zu bedienen. Wenn die Männer auch nicht mehr den Wetterunbilden ausgesetzt sind, ist ihr Beruf nicht weniger verantwortungsvoll. Fuhr früher ein Personenzug dreißig Stundenkilometer und ein Schnellzug sechzig Stundenkilometer, sind es heute bei ersterem sechzig Stundenkilometer und bei den D- und Expreßzügen weit über hundert Stundenkilometer. Bei der Hast des heutigen Menschen genügt dieses Tempo auch nicht mehr. Man strebt Geschwindigkeiten bis zu zweihundertfünfzig Stundenkilometer an. Die Elektrizität ermöglicht es.

Am Ende unserer Gasse befand sich ein Teich. An den warmen Abenden in der schönen Jahreszeit quakten vielstimmig die Frösche ihr Konzert. Im Winter aber war er eine beliebte und vielbenützte Eislauffläche. Hatte das Eis eine Dicke von fünfzehn Zentimeter erreicht, wurde es in rechteckigen Blöcken herausgehackt. Männer kamen mit ihrem Werkzeug, das heißt mit Hacken und Bootshaken ausgerüstet, auf den Teich. Ihre Stiefel waren mit Jutesäcken umwickelt. Dies sollte die Füße warmhalten und – viel wichtiger – ein Ausrutschen in das offene, eisige Wasser verhindern. Die herausgeschnittenen Eisblöcke wurden auf Pferdewagen geladen und in die Eiskeller der Wirte gebracht. Bis zum nächsten Winter ermöglichten sie das Kühlhalten der Getränke und Lebensmittel.

Die Elektrizität hat die Frischhaltung wesentlich verändert. Große Tiefkühlhäuser und -anlagen in den Markthallen und Schlachthöfen sorgen für monatelange Konservierung. Außer den Großanlagen gibt es heute kaum einen Haushalt ohne Gefriertruhe oder zumindest Kühlschrank. Der Hausfrau hat die Elektrizität große Erleichterung gebracht.

Der Waschtag war eine kraftverzehrende Plage. Jahrelang wohnten wir in einer Gegend ohne Wasserleitung. Jeder Eimer Wasser mußte beim Brunnen gepumpt und in die Waschküche getragen werden.

Wie ging das Waschen vor sich? Am Abend wurde die Wäsche eingeweicht. Am nächsten Morgen wurde jedes Stück mit einer weichen Bürste gebürstet. Nun brannte man sie mit kochender Lauge ab. Danach wurde sie gerumpelt und kam anschließend zum Kochen in den Kessel. Nach nochmaligem Rumpeln wurde die Wäsche dreimal geschwemmt, ausgewunden und der Korb voll nasser Wäsche zum Trocknen auf den Boden getragen. Im Winter war dies besonders bitter, wenn sie in den ausgewaschelten Händen gleich gefror. Oft meinte man, das Herz müsse vor Schmerz versagen.

Heute kann man es sich nicht mehr vorstellen, wie oft man Wasser holen mußte. Für sechs Personen, davon vier Kinder, gab es einen gewaltigen Berg Wäsche. Wenn man im Winter schweißgebadet immer wieder zum Brunnen gehen mußte, um Wasser zu schöpfen, und es in die Waschküche tragen mußte, war es nicht verwunderlich, wenn der Rheumatismus immer besser gedieh.

Heute legt man das Waschgut in die elektrische Maschine ein, wählt die gewünschte Karte, schaltet ein und nimmt nach eineinhalb bis zwei Stunden die Wäsche sauber und trocken heraus.

Gebügelt wurde im Sommer mit Holzkohle. Dies mußte wegen der gefährlichen Gase im Freien oder bei offenem Fenster getan werden. Im Winter, wenn ohnehin den ganzen Tag der Herd geheizt wurde, benützte man das Stahleisen. In seinem Inneren befand sich ein Eisenklotz in der Form des Bügeleisens. Ein Loch im Stagel ermöglichte es, ihn mit dem Schürhaken in den Ofen zu legen. Wenn er glühte, holte man ihn heraus und schob ihn in das Bügeleisen. Es war eine Sache der Übung und der Schnelligkeit, bei dieser großen Hitze die Wäsche nicht zu verbrennen. Als die elektrischen Bügeleisen aufkamen, mußte man auch die Hitze durch das Tempo regeln. Heute geschieht dies problemlos, denn man kann sie auf jede gewünschte Temperatur einstellen.

In manchen Waschküchen stand eine Wäscherolle, auch „Mangel" genannt. Es war ein großer, massiver Holzkasten. Auf ihm lag eine ebenso große offene Lade, die lief auf zwei Holzrollen und war mit Pflastersteinen beschwert. Die Wäscherolle wurde vorwiegend für Bett- und Tischwäsche verwendet. Die sorgfältig gefalteten Wäschestücke wurden auf den Holzkasten gelegt und die schwere Lade darübergezogen. Die Rollen preßten die Wäsche glatt, und sie mußte nicht mehr gebügelt werden; es war eine große Plage. Diese Wäscherolle ist die Vorläuferin der modernen Bügeleisen. Die Bügelmaschinen sind ein weiterer Schritt.

In den verschiedenen Orten, in denen wir im Laufe der Ehe lebten, gab es wohl überall elektrisches Licht. Gekocht aber mußte auf dem Herd werden. Schon für die Zubereitung des Frühstücks mußte er angeheizt werden und weiters vor jeder Mahlzeit.

Im Schupfen lagerte das Brennmaterial, Kohle und Holz. Letzteres diente zum Unterzünden und mußte erst kleingehackt werden. Jeden Tag schleppte ich das Brennmaterial mit einem runden, zehn Kilo fassenden Blechschaff in den zweiten Stock. Ein nicht zu unterschätzender Vorteil der Herde war das Wasserschiff, wodurch man immer heißes Wasser zur Verfügung hatte. Weniger angenehm war es, daß der Ofen jeden Samstag geschmirgelt werden mußte. Diese Arbeit erforderte gut eine Stunde.

Heute gibt es in jedem Haushalt als Heinzelmännlein die Elektrizität. Sie übernimmt alle kleinen und großen

Verrichtungen, ob es um das Rasieren oder die vielen Dinge in der Küche, ob es um das Bad oder das Heizen der Wohnung geht. Sie ist allgegenwärtig und nirgendwo mehr wegzudenken. Aus lauter Freude über die Erleichterung des Lebens durch die Elektrizität verliert der Mensch aber das Maß und kennt keine Grenzen mehr. Das Opfer ist leider die Natur. Unzählige Lichtmaste prägen die Landschaft. Immer neue Wasser werden einbetoniert, die Flüsse aufgestaut. Was war zum Beispiel die Donau für ein kraftvoll fließender Strom. Heute schleicht sie von einer Staustufe zur anderen. Wie arm ist unsere Gebirgslandschaft! Überall sind der Wald und die Hänge mit tiefen Wunden bedeckt, die sie für die Schipisten und Liftanlagen erleiden müssen. Wann wird der Meister kommen, der die Geister, die die Maßlosigkeit rief, in ihre Schranken zurückweist? Ist es für den Menschen vorgezeichnetes Schicksal, daß er jeden Segen zum Fluch machen muß?

Maria Kölbl

wurde 1899 in Wien geboren. Sie erinnert sich an die Petroleum- und Gasbeleuchtung der elterlichen Wohnung in Wien und eines ländlichen Gasthofs in Willendorf im niederösterreichischen Schneeberggebiet zur Zeit des Ersten Weltkrieges.

Bevor das Gas eingeleitet wurde, hatten wir in unserer Wohnung in Wien nur die Petroleumbeleuchtung, und zwar: in der Küche über dem Herd eine kleine Lampe und für den Abend, wenn wir alle um den Tisch herumsaßen, eine Stehlampe. In der Nacht stand auf dem Nachtkasten eine Kerze, die, wenn nötig, angezündet wurde, im Zimmer gab es eine Hängelampe.

Bedeutend besser war die Beleuchtung mit der „Viktorin-Lampe", einer Hängelampe, die mit gereinigtem Spiritus gefüllt war. Aus der Zeit der Gasbeleuchtung erinnere ich mich noch an den Gasanzünder, der mit einer langen Stange die Gaslaternen zum Leuchten brachte; in der Früh mußte er das Licht wieder löschen.

Anders war die Situation auf dem Land. Mein Onkel hatte in Willendorf am Schneeberg ein Gasthaus mit Gast-, Extra- und Fremdenzimmern, Veranda, Tanzsaal und was sonst noch an Räumen zu einem großen Landgasthaus gehört. Auch dort gab es nur Petroleumbeleuchtung. Ich war nur während der Ferien dort, habe aber im September erlebt, was es heißt, all die Räume zu beleuchten, wenn „Kirta" gefeiert wurde. Meine Mutter mußte schon Tage vorher die ungefähr dreißig bis fünfunddreißig Lampen vorbereiten: reinigen, mit Petroleum füllen, den Docht richtig schneiden (flach oder rund, je nachdem: Steh- oder Hängelampen), die Zylinder putzen, die Schirme reinigen. Die Musikanten brauchten gelegentlich noch Kerzenbeleuchtung, wenn sie nach Noten musizierten. Ich habe nie gehört, daß es irgendwo Brandflecken gab. Im Stall wurden Stallaternen mit Kerzenbeleuchtung verwendet.

Der Onkel war Bürgermeister des Ortes und Feuerwehrhauptmann, ein fortschrittlicher Mann, der auf der Suche nach einer besseren Beleuchtung sein Haus auf Acetylenleuchtgas-Beleuchtung umstellte (nach meiner Erinnerung zirka 1912). Das war noch nicht ideal, aber immerhin heller und sicherer. Jetzt hat das ganze Dorf elektrische Beleuchtung.

Georg Bernard

*wurde 1906 in Wien geboren und erlebte den in der
Großstadt schon vor dem Ersten Weltkrieg beginnenden
schrittweisen Übergang zum elektrischen Licht mit.*

Geboren 1906, erlebte ich Kerze, Gas, Karbid, Petroleum und „das Elektrische".

Soweit ich mich zurückerinnern kann, hatten wir in
den Zimmern eine Gasbeleuchtung, im Vorzimmer und in
der Küche allerdings nicht. Die Gasflamme war eine
aufregende Angelegenheit: Erst wurde der Gashahn geöffnet und dann der „Auerglühstrumpf" entzündet. Der
„Glühstrumpf" war sehr fragil und zerfiel bei der leisesten
Berührung . . .

Geheizt wurde mit Kohle und Briketts. Auch nach
Einführung des elektrischen Lichtes gab es keine Elektro-
heizkörper. Wohl aber hatten wir daheim einen richtigen
Gasofen. Wie bei den heutigen Boilern und dergleichen
strömte das Gas aus verschiedenen Düsen, es wurde mit
einem Streichholz entzündet. Um die Heizwirkung zu
erhöhen, gab es einen ziemlich großen kupfernen Reflek-
tor. Die Gasheizung muß aber sehr teuer gewesen sein,
denn der Gasofen wurde nur an hohen Festtagen benützt.

In der Küche gab es einen Gasrechaud zum Kochen
kleinerer Speisen, sonst wurde ein Kohleherd betrieben.
Wichtig war das Reinigen, das Schwärzen der Herdplatte
und das Schmirgeln des Metallrandes. Als besonders
praktisch wurde das „Wasserwandl" empfunden, denn da
gab es – wenn der Herd geheizt wurde – Warmwasser.

49

Kerzen gab's auch verschiedene. Die „billige" Unschlittkerze und die „teure" Stearinkerze.

Offenbar war das Gas doch teuer, denn manche hatten einen Gaszähler mit Münzeinwurf, da mußte man zuerst eine Münze einwerfen, um Gas zu haben, und da passierte es, daß mitten beim Kochen das Gas ausging.

Im Stiegenhaus entzündete der Hausmeister allabendlich Gasflammen. Um neun Uhr war Haustorsperre. Kam man später nach Hause, mußte man ihn herausläuten, im Schlafrock öffnete er das Tor und gab einem eine kleine, dünne Kerze mit, die gerade bis zum dritten Stock Licht spendete. (Als dann, etwa in den zwanziger Jahren, jeder Bewohner einen Schlüssel bekam, wurde das als großer Fortschritt empfunden, wenn auch der Hausbesorger das „Sperrgeld" verlor.) In den Keller und auf das Klosett mußte man eine Kerze mitnehmen.

Die Straßen waren mit Gas beleuchtet, anfangs mit einem Strumpf, später mit vier kleinen, die mehr Licht spendeten. Gasanzünder gingen mit einem langen Stock von Lampe zu Lampe; an der Spitze des Stockes brannte ein kleines Flämmchen. Mit einem Ruck öffnete der Gasanzünder einen Hahn, entzündete das Gas und ging zur nächsten Lampe. Umgekehrt mußte er natürlich bei Tagesbeginn wieder die Lampen auslöschen. Untertags wurden die Scheiben der Lampe gereinigt – kurz und gut, es gab Arbeitsplätze in Hülle und Fülle.

Beim Lampenreinigen mußte er natürlich mit einer Leiter ausrücken. Wenn ich mich recht erinnere, gab es dann später kleine Apparate in den Lampen, die das Gas anzündeten und dann wieder löschten. Immerhin dauerte es natürlich eine ganz schöne Zeit, bis eine kurze oder gar eine lange Gasse beleuchtet war. Die Lampen waren unterschiedlich; anfangs bemühte sich auch eine englische Firma um die Gasinstallationen, und die hatte andere Lampenformen.

Zu Allerseelen wurden bei einbrechender Dämmerung auf dem Zentralfriedhof große Gasflammen entzündet, deren mächtiges Rauschen auf uns Kinder großen Eindruck machte.

Die Kirchen (zum Beispiel die Schottenfelderkirche) waren mit Gas beleuchtet, was sehr eindrucksvoll war, denn der Mesner hantierte, ähnlich wie die städtischen Gasanzünder, mit einer Stange, an deren oberem Ende ein „Funzerl" brannte. Nun ist ein großer Unterschied zwischen der Gas- und der Strombeleuchtung in größeren Räumen und in den Gassen. Wird das „Elektrische" eingeschaltet, dann ist es plötzlich im ganzen Raum hell. Bei der Gasbeleuchtung ging die Erhellung „zizerlweise" vor sich. Erst war die Kirche in Dunkel gehüllt, dann wurden etwa die Kerzen am Altar angezündet, und dann kam der Mesner und zündete ein Licht nach dem anderen an, was eine geraume Weile dauerte.

Die Schule war mit Gas beleuchtet. Zwei Lampen vor dem Podium hatten eine Art Schirm, der das Licht auf die Tafel reflektierte.

Die Eisenbahnwaggons waren mit Gas beleuchtet. Selbstverständlich wurden die Gaslaternen nicht angezündet, wenn der Zug durch ein längeres Tunnel fuhr. Man reiste eben „im Dunkeln", wie man überhaupt mehr an die Dunkelheit gewöhnt war als heute. Betritt man heute einen finsteren Raum, wird zuerst das elektrische Licht eingeschaltet. Aber seinerzeit ging man ruhig einige Schritte im Dunkeln, weil es vielleicht im nächsten Raum eine Petroleumlampe gab.

Das Petroleum bekam man beim Greißler, bei ihm stand im Kundenraum ein Tank, und daraus konnte man aufgrund eines sinnreichen Mechanismus Petroleumkannen füllen. Alles natürlich in ziemlicher Nähe der Wurst, des Mehls, des Zuckers usw.

Karbidlampen gab es vor allem im Krieg; sie gaben zwar ein schönes Licht, aber sie stanken entsetzlich. Beim Photographieren verwendete man ein Blitzlicht, das man in den Photohandlungen in Form eines kleinen Säckchens bekam, offenbar war Magnesium darin. Dieses Sackerl wurde an das Ende eines Besenstockes gebunden, dann wurde eine Zündschnur entzündet, und es gab nicht nur einen grellen Blitz (daher die aufgerissenen Augen der Photographierten), sondern auch eine mächtige Rauchwolke und Gestank als Draufgabe. Die Hausfrau stürzte natürlich – auch im Winter – zum Fenster, um es zu öffnen.

Das Grammophon wurde mit einer Feder betrieben. Man mußte mit einer Kurbel die Feder aufziehen und dann die Nadel aufsetzen.

Dann kam das Elektrische. Es muß nach dem Ersten Krieg gewesen sein, ich vermute in den zwanziger Jahren. Ganze Straßen wurden angeschlossen. Ich dürfte damals bereits in die Mittelschule gegangen sein, denn ich wußte bereits über den Strom Bescheid. – Schließlich gab es damals eine „Elektrische".

Um nun meinem kleineren Bruder mein besseres Wissen zu beweisen, experimentierte ich: Wenn man zwei mit Strom geladene Drähte miteinander verband, sollte es einen Funken geben. Ich nahm also zwei – glücklicherweise isolierte – Drähte und führte sie in eine Steckdose. Es gab tatsächlich einen Funken und in der ganzen Gasse einen Kurzschluß.

Anfangs gab es Kohlenfadenlampen, die nur schwaches Licht gaben, später gab es gasgefüllte, die heller waren. Einen großen Unterschied gab es: Während Petroleumlampen und Gaslampen nur von Erwachsenen entzündet werden durften, konnten beim Elektrischen auch Kinder einschalten. (Das Reinigen der Petroleumlampenzylinder war eine Strafe.) Taschenlampen gab es erst in den dreißiger Jahren. Das erste Radio war ein Detektorapparat, eine Nervenprobe für die Familie. Was die Bügeleisen betrifft: Erst gab es die Bügeleisen mit dem „Stagel", das war eine eiserne Form, die im Herd oder im Kohlenofen bis zur Rotglut erhitzt wurde und die dann in das Bügeleisen mit einem Schürhaken geschoben wurde. Als das Gas aufkam, gab es Gasbügeleisen, die auf einer offenen Gasflamme erhitzt wurden. Erst nach Jahrzehnten gab es dann elektrische Bügeleisen. Ich war in den dreißiger Jahren in einem Elektrogeschäft tätig. Eines Tages wollte eine ältere Dame eine Nachttischlampe kaufen und erkundigte sich beim Verkäufer, ob man sie auch kochen könne. „Warum wollen Sie denn die Nachttischlampe kochen?" – „Wissen Sie, ich hab' in meiner Wohnung alles ausgekocht. Wegen der Bakterien."

Immerhin wohnten wir vor dem Zweiten Krieg in einer Wiener Stadtrandsiedlung, in der es nur Strom gab, kein Gas. Also mußten wir mit einem Petroleumofen heizen und kochen („Flamme bleue"), das Putzen des Dochtes war auch eine Strafe. Als wir in die Ziegelofengasse übersiedelten, gab es wieder nur Strom, kein Gas. Erst als wir eine Starkstromleitung legen ließen (eine teure Angelegenheit!), konnten wir uns endlich eine Kochplatte und einen Boiler leisten. Damals bekam man als „Belohnung" von den E-Werken als Geschenk Kochgeschirr, das wir noch heute – nach fast fünfzig Jahren – benützen.

Die Bedienung eines Herdes war mühsam, nicht nur, daß das Feuer manchmal ausging, es gab auch Asche, und das Besorgen von Holz und Kohle war mühsam und „schmutzig". Die Kunst des Spandelmachens ist auch verlorengegangen . . . Das Gas war schon arbeitssparender, wenn auch die Glühstrümpfe nicht lange hielten, sondern oft erneuert werden mußten. Beim Strom gibt es kaum Probleme, hie und da einen „Kurzen"; das Auswechseln der Nylonlampen war manchmal auch nicht gerade einfach, besonders für alte Menschen. Eines Tages machte ich unsere Hausbesorgerin darauf aufmerksam, daß nur eine Lampe brenne. Die Frau bedauerte: „I hob do kan Mann."

Eine Petroleumlampe konnte man hin- und hertragen, man konnte die Lichtstärke regulieren. Die Gaslampe war fix und die Leuchtkraft nicht regulierbar. Beim Strom gibt es Steckdosen, und man kann die Beleuchtungsquellen hin- und hertragen. Bei der Petroleumlampe und beim Gas konnte man sich die Finger verbrennen, beim „Elektrischen" kann man in einen – sogar tödlichen – Stromkreis kommen.

Grete Witeschnik-Edlbacher

wurde 1908 in Wien geboren. Ihre Wohnung in der Fasangasse wurde 1924 mit elektrischem Strom versehen.

Ich kam in Wien 1908 zur Welt. Als ich noch klein war, gab es in der Wohnung Gaslicht. Mir sind die Lampen noch ordentlich in Erinnerung. Im Vorraum hing ein Luster, dessen Messingrohre so gebogen waren, daß sie die Kontur einer Geige oder einer Birne darstellten. Mir gefiel das freundliche Gebilde sehr gut. Um das Putzen und Anzünden der Lampe kümmerte ich mich sehr wenig. Wenn ein neues Auernetz – auch Glühstrumpf genannt – eingesetzt werden mußte, war Mutter meist nervös. Diese Netze, rund wie kleine weiße Strümpfe an einem Metallstangerl, waren so empfindlich! Wir Kinder verzogen uns meist aus Mutters Nähe.

Einmal war ein kleiner Nachbarbub bei uns. In einem unbeobachteten Augenblick packte er das Netz, das neue, aus der Pappschachtel und setzte es auf den vorbereiteten Brenner, der daneben lag. „I hab's schon g'macht!" meldete er. Da hing es, das neue, teure Netz, kaputt natürlich. Mutter war entsetzt und mußte sich beherrschen.

In einem Zimmer war ein dreiarmiger Luster. Die Arme – durch einen davon strömte wohl das Gas – trugen einen Glasschirm mit grünen Fransen aus Glasperlen, die bei Zugluft wellig wogten. Ich erwähne dies mit den Gasrohren, weil durch diese Rohre später die Drähte für das elektrische Licht gezogen wurden, so war die Elektri-

fizierung einfach. Mutter und ich modernisierten den
Zimmerluster, indem wir außen herum einen mit einem
Muster geprägten Messingreifen legten. Er hatte am
unteren Rand kleine Lückerln, so konnten wir einen
gezogenen Seidenstoff-Volant annähen. Sein heimeliges
Gelb brachte ein trauliches Licht über den Familientisch.

Die Einleitung des elektrischen Stromes geschah wahrscheinlich häuserweise. Die Drähte wurden bis zum
nächsten Ausmalen der Räume außen an der Wand
verlegt. „Bring mir den Schalder!" rief der Monteur,
sicher ein Reichsdeutscher, seinem jungen Gehilfen zu.
Nun gab es auch Steckdosen für das neue Bügeleisen.
„Elektra Bregenz" stand darauf. Schluß mit dem Heizen
von Holzkohle, die im Sommer immer vor der Woh-
nungstüre auf dem Gang hin- und hergeschwungen
werden mußte, um sie in Glut zu bringen. Schluß mit dem
hochglühenden Stahlstück, das im Winter mit dem Schürhaken aus der Ofenglut gezogen und mit großer Geschicklichkeit in den hohlen Leib eines Bügeleisens gesteckt wurde! Das war alles so gefährlich! Schluß mit der
Petroleumlampe auf dem Nachtkästchen, wenn Mutter
oder Vater im Bett noch ein wenig lesen wollten.

Einmal sagte Mutter, während sie die brennende
Petroleumlampe auf die grauweiß gesprenkelte Marmor-
platte des Nachtkästchens stellte, belehrend zu mir:
„Schau! Die Lampe muß man immer ganz nach hinten
stellen, ja nicht an den Rand, denn wenn ein ‚Erdbem'
kommt, fällt sie herunter und alles fängt zu brennen an."
Was ein Erdbem (soll heißen: Erdbeben) ist, wußte ich
nicht. Ich war ein Kind, das wenig fragte, dafür aber
gleich phantasierte. Also grübelte ich über diesen „Erdböhm" nach. Ich stellte mir einen kleinen Zwerg vor, mit
breitem Kopf, aufgestelltem Stachelhaar, abstehenden
großen Ohren, aufgestellter Nase, breitem Mund und
einem schlauen Blick. Wo wurlt dieser Erdböhm aus dem
Boden der im dritten Stock gelegenen Wohnung? Meine
Augen suchten nach einem Spalt im wohlgepflegten,
glänzenden Parkettboden. Als wir später einmal eines

Abends um den Familientisch saßen und einige Erdstöße uns in Angst und Schrecken versetzten, wußte ich längst, daß da kein Erdböhm am Werk war, sondern bitterer Ernst!

Einmal, ich war vielleicht zwölf Jahre alt, kam ein junges Mädchen zu Mutter; sie war ein Dienstbotenkind und hatte etwas auf dem Kerbholz. Sie wollte von Mutter einen Rat und bekam zunächst eine Strafpredigt. Es begann zu dämmern, zerknirscht saß die Sünderin da. Warum sich der „Schalder" für die schöne Lampe im Nebenzimmer befand, weiß ich nicht. Wir Kinder gingen nach nebenan und schalteten plötzlich das Licht ein. Das arme, schuldbeladene Mädchen erschrak so sehr, daß sie am ganzen Leibe zitterte, sich verabschiedete und ging. Sie tut mir heute noch leid.

„Ah!" riefen die Leute, wenn die Straßenbeleuchtung aufflammte. Sie freuten sich damals so wie wir heute über den mit tausend Lichtern geschmückten Weihnachtsbaum vor dem Rathaus. Auch die Straßenbahn war wie ein Wunder! – Was wohl mit den Laternenanzündern und den Lampenputzern geschah?

Als Kind hörte ich einen Vers:

War einmal ein Revoluzzer,
Vom Zivilstand Lampenputzer,
Schrieb er, wie man revoluzzt,
Und dabei doch Lampen putzt!

Pst! Ich durfte das nicht wiederholen, es war wahrscheinlich ein politisch Lied – ein garstig Lied.

In einem kleineren burgenländischen Dorf wurde der elektrische Strom erst Ende der vierziger Jahre eingeleitet. Die Elektrofirma hat sich damals etwas ausgepofelt! Sie installierte an den Leuchtkörpern Fassungen aus Bakelit statt Porzellan.

Eine Schriftstellerin, die dort lebte, besuchte ich; sie beklagte, daß es immer, wenn sie bei Beleuchtung arbeitete, so stark nach angebrannter Milch stank. Bakelit, der Kunststoff, wurde anfangs, wie man meinte, unter Beigabe von Milch erzeugt,[1]) daher der üble Geruch bei Erwärmung.

Heute ist das längst nicht mehr so. Die um- und neugebauten Häuser mit Loggien und Balkonen, die das burgenländische Dorfbild – ein Giebel, ein Türl, ein Tor – verdrängten, werden in den Räumen mit mehrarmigen Leuchten erhellt. Das romantische Mondlicht wird durch fahles Neonlicht in der Dorfstraße unsichtbar gemacht.

---

1 richtig: Harnstoff

Karl Klein

wurde 1908 in Wien als Sohn eines Straßenbahners geboren.
In seinen Kinderjahren war die Elektrizität in der Großstadt
bereits verbreitet.

Als ich 1908 geboren wurde, war die elektrische Kraft
schon am Siegeslauf. Die Straßenbahn fuhr als Elektrische. Die Pferdetramway geisterte nur noch in Erzählungen herum. Die Dampftram gab es noch auf einigen
Linien. Ich fuhr mit meinen Eltern zwischen Hietzing und
Mödling. Diese Erinnerung ist mir noch deutlich sichtbar.
Laut Kaiser Franz Joseph durften auf der inneren Mariahilfer Straße und dem Ring keine Oberleitungen gespannt
werden. Dafür gab es eine Unterleitung in einer Hohl-
schiene. Neugierig schaute ich gerne zu, wenn bei diesem
Übergang der Motorführer den Bügel abzog und ein
Schiffchen in die Schiene kurbelte. In der Gegenrichtung
wiederholte sich der Vorgang umgekehrt.
    Es kam der große Krieg 1914 bis 1918, und es war alles
nur auf Rüstung eingestellt. Als 1919 die Verhältnisse
wieder stabiler wurden, begann das elektrische Zeitalter.
„Mit uns zieht die neue Zeit" war die Parole. Als
Spielzeug hatte ich eine kleine Dampfmaschine mit
Spiritusheizung und eine Laterna magica, die als Licht-
quelle eine Petroleumlampe hatte. Petroleumlampen als
Haushaltsbeleuchtungen waren allgemein üblich.
    Ich war ungefähr fünf Jahre alt. Mein Vater hatte einen
Glasstab, den er mit einem Lederlappen rieb. Dieser Stab
zog dann kleine Papierfetzen an und stellte einem die

Haare auf dem Kopf auf. In der Dunkelheit konnte man kleine blaue Funken auf die Knöchel überspringen sehen. Bei Gewitter schaute ich in die Blitze und hatte Angst vor dem Donner. Das war mein erster Eintritt in das Reich der Elektrizität. Auf der Mariahilfer Straße gab es als Nachtbeleuchtung große elektrische Bogenlampen. Es waren Lichtbogen, einzelne zischten leise oder knatterten. Sie strahlten ein fahles Licht wie der Vollmond aus und wirkten sehr geheimnisvoll. Lichtbogenlampen waren auf dem Siegeszug überall, wo man starke Lichtquellen brauchte.

Unser Hauswart hatte zum Haustor eine elektrische Klingel mit einem Element als Stromerzeuger. Mein Onkel hatte auf ungefähr der gleichen Basis einen Elektrisierapparat. Ein besonderer Spaß war, Münzen oder Schlüssel aus einer Wasserschüssel zu holen. In der Schule brauchte man viel Mühe, um diese Wunderwerke zu erklären. 1918 tauchten die elektrischen Taschenlampen mit Batterie auf, für uns ein beliebtes Spielzeug, das man haben mußte. Ich baute mir ein besonderes Gerät: eine größere Medizinflasche außen mit Stanniolpapier umhüllt, innen mit Eisenfeilspänen gefüllt, durch den Hals einen Messingdraht gesteckt, mit Funken aus meinem geriebenen Glasstab geladen. Mit viel Mut konnte man einen großen Funken außen am Messingdraht ziehen. Meine Großmutter meinte, da sei der Teufel im Spiel.

Die Gemeinde Wien führte ab 1922 eine große Aktion durch, welche 1925 beendet war: „In jeden Haushalt Gas und Strom". Bei uns in der Wohnung war 1923 das Petroleumzeitalter vorbei.

Das Leben mit der Petroleumlampe: in der Küche eine an der Wand, im Zimmer eine auf dem Tisch. Das Licht reichte nicht in die Ecken, und so mußten sich alle rund um den Tisch setzen zum Licht. Hier wurden Tagesereignisse besprochen, Zeitung vorgelesen, eventuell auch Schulaufgaben gemacht. Als wir 1923 die erste Fünfundzwanziger-Birne einschalteten, war dies eine Festbeleuchtung – nie mehr Petroleumlampen reinigen, nachfüllen, Docht schneiden. Der Greißler verkaufte auch Petroleum, und ging man einkaufen, hatte man in einer Hand die Milchkanne, in der anderen die Petroleumkanne.

Gleichzeitig kam auch das Gas in die Wohnung. Auf dem Herd wurden ein Rechaud und eine Gasbackröhre aufgestellt, vor allem für die Frauen eine ungeheure Entlastung; keine Holzspandeln (Holzspäne), kein Kohleschleppen aus dem Keller, kein Ascheräumen, kein Staub und Ruß. Allmählich entwickelte sich eine Industrie für eine Vielfalt von Elektrogeräten und Hilfen für den Haushalt. Leider wurde die Arbeitslosigkeit immer größer, und man konnte die Geräte nicht kaufen. Lange dauerte es noch, bis der Horror für die Frauen, der Waschtag, durch geeignete Waschmaschinen erleichtert werden konnte. Auch das Bügeleisen, mit Holzkohle geheizt oder mit einem glühenden Stagel erwärmt, konnte ersetzt werden.

Ein helles Wien – 1924 begann die Gemeinde die Straßenbeleuchtung von Gaslaternen auf elektrisch umzustellen. Die ersten Straßenzüge wurden Silvester 1924 um Mitternacht eingeschaltet. Die Felberstraße vom Westbahnhof bis zur Schweglerbrücke war elektrisch ausgerüstet, von der Schweglerbrücke bis zur Johnstraße blieb noch die Gasbeleuchtung. Viele Menschen kamen um Mitternacht zur Brücke, und als schlag zwölf Uhr die Beleuchtung eingeschaltet wurde, hörte man ein lautes „Oh!": die Felberstraße zum Westbahnhof eine Flut von Helligkeit, zur Johnstraße trotz der Glühlampen Finsternis. Der Finsternis war aber der Kampf angesagt. Die tausendste Straßenlampe wurde mit Tannenreisig und einer goldenen „1.000" geschmückt, am Margaretengürtel, Abzweigung Eichenstraße, montiert und unter den Klängen einer Musikkapelle in Betrieb genommen.

1922 begann man die Stadtbahn zu elektrifizieren. Sie bekam die modernste automatische Signalanlage nach dem Muster der Chikagoer U-Bahn in Amerika. Nach der Fertigstellung war das Fahren ein Vergnügen. In den

Tunnels unter dem Westbahngürtel, Naschmarkt usw. kein Rauch und Gestank. Man konnte die Fenster geöffnet halten, ohne Ruß auf den Bänken und im Auge zu haben. Auch ein Problem auf der Bahnfahrt: Kaum schaute man als Kind neugierig bei der Fahrt aus dem offenen Fenster, hatte man schon ein Rußflankerl im Auge, welches sehr schmerzte. Das Entfernen aus dem Auge war immer mit viel Geschimpfe verbunden.

Das Kraftfahrzeug wurde erst zum Auto, als die Firma Bosch die elektrische Fahrzeugausrüstung brachte. Mühsam mußte der Motor angekurbelt werden, und wenn eine Fehlzündung stattfand, gab es Beulen. Die Scheinwerfer mit Karbidbeleuchtung waren eine aufwendige Anlage. Erst die Ausrüstung mit Anlasser, Lichtmaschine, Blinker und Akku machte das Auto auch für die Damen interessant.

Eine Zeitungsmeldung gab 1924 ein geheimnisvolles Ereignis bekannt: In Wien wird ein Radioversuchsprogramm gestartet. Was sollte das werden? Ich hatte einen Freund, der in der Telephonfabrik Kapsch arbeitete. In einem aufklärenden Gespräch sagte er mir: „Kaufe dir vierzig Meter Kupferlitze und spanne sie spinnennetzartig unter der Zimmerdecke mit Isolatoren aus, wickle dreißig Meter Kupferlackdraht auf ein Papprohr zur Spule, dazu ein Stückchen Bleikristall mit Silberdrahtfedern als Detektor!" Er brachte mir auch einen Kopfhörer.

An einem Sonntagmorgen begann ich mit der Arbeit. Meine Mutter stellte bei den Nachbarinnen fest: „Mei Bua is narrisch wurd'n und macht die Wohnung hin." Ich vergaß das Mittagessen, und um zwei Uhr nachmittags hatte ich die Erdleitung von der Wohnung über den Gang zur Bassena verlegt, setzte den Kopfhörer auf, kratzte mit einer Hand auf der Kupferdrahthülse, mit der anderen den Silberdraht auf dem Bleikristall und hörte plötzlich singen: „Hab' ein blaues Himmelbett..." Ein Wunder war geschehen, die neue Zeit hatte für mich begonnen. Als ich den Kopfhörer meiner Mutter aufsetzte und sie

Musik hörte, staunte sie und bemerkte: „Unglaublich, was aus so einem Haufen Glumpert herauskommt."

Wieder gab es Weltkrieg. Ein gewaltiger Atomblitz beendete mit ungeheuer großer Zerstörung das Inferno. Ich kam 1947 aus russischer Kriegsgefangenschaft zurück. Es begann der Wiederaufbau. Die Stadt wurde wieder schön, als wäre immer Friede gewesen. Wenn ich jetzt mit meinem Enkel Eis essen gehe, wenn ich die große Schar buntgekleideter, Eis schmatzender Menschen sehe, da taucht in mir eine Frage auf: Soll mein Leben voll Arbeit, Hoffnung und Freude, Hunger und Leid ganz umsonst gewesen sein? „Im Schweiße deines Angesichts sollst du dein Brot verdienen!" hatte ich als Kind gelernt; ein Umweltzerstörer, Rohstoffvernichter, Luftverschmutzer bin ich geworden. Nie möchte ich nochmals in die alte, zufriedene, schöne Zeit zurück, trotz aller Nostalgie.

1920 machten wir mit der Schule eine Führung ins E-Werk Simmering, 1925 mit der Jugendgruppe einen Ausflug zum ersten Donaukraftwerk ins bayrische Kachlet oberhalb von Passau, 1927 ebenfalls einen Ausflug nach Opponitz, zu dem damals modernsten Wasserkraftwerk der Gemeinde Wien. So begann der alles umwälzende Siegeszug in der modernen Industriegesellschaft. Es war eine ungeheure neue Entwicklung, durch den Zweiten Weltkrieg noch angeheizt. 1950, mit der neuen Elektronik, entstand eine Wissenschaft, die zum Umdenken zwang und zu neuem Begreifen führte. 1985 war ich mit meiner Gattin in Linz bei der „Klangwolke" und ergriffen von den Möglichkeiten, die sich durch das persönliche Dabeisein boten – ein ungeheuer befreiender Zug durch mein Leben! Mit Staunen konnte ich ein erfülltes Alter erreichen. Dann brach mein Glaube an Wissenschaft und „Zug in die neue Zeit" in sich zusammen. Ich muß mich erst wieder finden. Mir fehlen vor allem die Kinder im Sandkasten vor dem Wohnungsfenster und in der Wiese im Arbeiter-Strandbad, wo meine Frau und ich eine Saisonkabine haben: „Tschernobyl".

Maria Jilek

wurde 1911 in Lassee in Niederösterreich geboren. In ihrem Elternhaus wurde 1924 der elektrische Strom eingeleitet, in ihrem eigenen Heim erst 1950.

Ich erinnere mich sehr gut an die Zeit, als wir daheim das elektrische Licht eingeleitet haben; das war in den zwanziger Jahren. Vorher hatten wir Petroleum- und Kerzenlicht. Das war billig, aber sehr rußig. Jeden Tag mußte die Mutter den Zylinder putzen, mitunter ging einer in Brüche, da war immer einer in Reserve, für den Notfall.

Mein Vater drehte damals zum erstenmal das Licht an und sagte: „Es werde Licht!" Es war alles sehr hell, nur gab es damals keine Kristalluster, nur eine Glühbirne mit einem Emailschirm, sehr einfach und kahl. Die Petroleumlampe brannte aber weiter, denn der Strom war sehr teuer, nur zu besonderen Anlässen wurde das Licht aufgedreht.

Als ich im Jahr 1925 nach Wien zu Baumeister Wandner in die Paulanergasse als Haushaltshilfe kam, kaufte ich mit meinem ersten Gehalt für meine Eltern einen Luster um vierzehn Schilling. Das war damals viel Geld, ich hatte damals zwanzig Schilling Monatsgehalt. Da kann man sagen: „Das waren Zeiten!"

In der Kirche brannten nur Öllämpchen, und in den Stühlen lagen aufgewickelte Kerzenschnüre, die bei Bedarf angezündet wurden.

Ich habe im Jahr 1936 geheiratet. Ein Jahr später haben

wir uns ein kleines Häusl gebaut. Wir hatten keinen
Strom, nur händisch wurde damals gearbeitet, durch die
Kriegswirren ging alles wieder kaputt, der Wiederaufbau
dauerte Jahre. Im Jahr 1950 bekamen wir auch den Strom,
aber wir mußten uns die Zuleitung selber besorgen. Die
Lichtmasten holten wir von Gerasdorf mit Roß und
Wagen, den Draht gab die NEWAG [Niederösterreichi-
sche Elektrizitätswerke AG], das war alles mit viel Geld
und Mühe möglich. Ich wünsche mir, daß der heutigen
Jugend solche Probleme erspart bleiben.

Friederike Haslinger

wurde 1940 in Wimmersdorf in Niederösterreich geboren. Frau Haslinger gibt neben ihren eigenen Erinnerungen auch die ihrer Mutter (geboren 1906 in Hölzersdorf bei St. Pölten) wieder. In Wimmersdorf, acht Kilometer von Neulengbach entfernt, waren seit 1911 sowohl Strom als auch Petroleum als Energiequellen in Gebrauch.

Meine Mutter, geboren 1906, war das zweitälteste von acht Kindern, und woran sie beim Thema „Licht" gleich dachte, war das Schreiben der Aufgabe beim Schein der Petroleumlampe. Dieses Licht, das damals auch noch sehr sparsam verwendet wurde, mußte gleich dreifach genützt werden. Ein Fenster von der Küche zum Vorhaus war der Platz der Lampe. Nun saß ein Kind in der Küche und eines draußen im Vorhaus und schrieb die Aufgabe. Weiters wurde noch die Tür zur „Saukammer", wo die Großmutter das Futter für die Schweine richtete, aufgemacht, und ein schwacher Schein erhellte auch noch diesen Raum.

Es muß während ihrer Schulzeit gewesen sein, meint Mutter, als der Strom in Wimmersdorf eingeleitet wurde. Aber es hat sich nicht viel geändert, weil sie aus Sparsamkeit nur in der Küche das Licht aufdrehten. In die Mädchenkammer schien es dann durch die Glastür, und so brauchte man auch dort nicht aufzudrehen, denn zum Ausziehen sahen sie genug, und lesen wäre ohnehin nicht in Frage gekommen.

Im Keller und im Stall wurden nach wie vor die

65

Sturmlaterne oder die Petroleumlampe verwendet. Mutter glaubt, dort war der Strom noch gar nicht eingeleitet, das hätte zu viel gekostet.

Die Wäsche wurde gerollt. Dazu stand die Vorrichtung auf dem Boden – ein großer Holztisch mit einer Holzrolle.

Als Mutter dann 1930 heiratete, bekam sie ein elektrisches Bügeleisen. Sie kann sich auch noch an einen kleinen Elektrokocher erinnern, den sie zum Kochen der Babynahrung verwendete. Erst Mitte der fünfziger Jahre bekamen wir eine Elektropumpe für die Wasserleitung, und wir brauchten nicht mehr in den Hof zum Brunnen zu gehen und die schweren Wasserkübel zu schleppen. Mein Vater hatte eine kleine Schlosserei und konnte sich auch erst in diesen Jahren eine elektrische Bohrmaschine leisten. Ein Gebläse – mit Strom betrieben – für die Esse konnte er ein paar Jahre früher anschaffen. Vorher mußte er zur schweren Schmiedearbeit noch dazu einen Blasebalg treten. Das war ein riesiges Ding, ich glaube aus Leder, und stand auf dem Boden. Von dort ging ein Drahtseil durch den Plafond in die Werkstatt, an dessen Ende ein Holzbrettchen zum Treten befestigt war.

Auch in meiner Kindheit mußte bei uns noch sehr gespart werden, und man hörte nur zu oft: „Dreh das Licht ab!"

Ich habe 1958 geheiratet und habe die Windeln noch mit der Hand waschen müssen. Eine Waschmaschine konnten wir uns erst 1966 leisten.

Das Resultat meiner Betrachtung ist, daß die einfachen Menschen die elektrischen Neuerungen wohl dankbar, aber immer sparsam verwendet haben, und wenn das alle so machen würden, könnte die Menschheit auf die Atomkraftwerke verzichten.

Hermine Kominek

wurde 1907 in Trasdorf bei Tulln in Niederösterreich geboren und schildert die Beleuchtungsmethoden in einem Taglöhnerhaushalt bis zur Elektrifizierung im Jahr 1923.

Wir hatten während meiner ganzen Kinderzeit keine Ahnung von einer elektrischen Beleuchtung. Unser ganzer Besitz bestand aus einer Petroleumlampe. Wenn Mutter in der Rauchkuchl hantierte, nahm sie die Lampe natürlich mit, und wir Kinder – damals vier Stück, die anderen drei waren schon außer Haus – waren indessen in unserer einzigen Stube im Finsteren, was uns aber gar nichts ausmachte, da wir ja nichts anderes kannten. Wir blödelten und kicherten, sangen auch fleißig alle uns bekannten Lieder und waren recht fröhlich dabei.

Für den Stall hatte die Mutter eine Laterne mit einer Kerze drinnen, was natürlich ein recht kümmerliches „Funzerl" ergab, aber es waren ja bekannte Handgriffe, die man auch im Halbdunkel verrichten konnte. Da es ja auch keinerlei Straßenbeleuchtung gab, mußten die Leute, die in der Finsternis noch einen Weg hatten, immer eine Laterne bei sich tragen. Damals gab es auch noch die Nachtwächter, die mit ihren Laternen Nacht für Nacht unterwegs waren, wegen der Feuersgefahr. Ich erinnere mich noch gut an ihren Ruf: „Hört ihr Leut' und laßt euch sagen, die Uhr hat zwölf geschlagen!" Es kam auch vor, daß jemand ohne Licht unterwegs war und mit einem anderen zusammenstieß, was aber meist mit Gelächter endete, da im Dorf jeder jeden kannte. An ein Verbre-

67

chen, das in der Dunkelheit geschehen wäre, erinnere ich mich nicht.

Schön war es zu Weihnachten, wenn die Leute mit ihren Laternen zur Mitternachtsmette die zirka zwei Kilometer von Trasdorf nach Heiligeneich gingen.

Unsere Schulaufgaben mußten wir noch bei Tageslicht machen. Das Dreschen, eine der Hauptbeschäftigungen im Winter, wurde meist mit Einbruch der Finsternis beendet, ebenso die Holzarbeit im Wald oder in der Au. Dagegen arbeitete man im Sommer zwölf bis vierzehn Stunden.

Als ich zwölf Jahre alt war, durfte ich mit meinem Bruder das erstemal nach Wien fahren. Er wohnte mit seiner Familie im vierzehnten Bezirk in einer Zimmer-Küche-Wohnung; die hatte auch noch kein elektrisches Licht. Aber wir waren zu Besuch bei einem Schwager, dort wurde mir feierlich vorgeführt, wie man das elektrische Licht anknipste, was mich natürlich sehr beeindruckte.

In unser Dorf kam das elektrische Licht 1923. Es war ein richtiges Volksfest. Aber natürlich konnten sich das vorerst nur die wohlhabenden Bauern leisten. Die vielen Kleinhäusler und Inwohner hatten das Geld dazu nicht, somit auch meine Eltern nicht, und es dauerte noch viele Jahre, bis sich der eine oder andere anschließen konnte. Aber eine elektrische Straßenbeleuchtung hatten wir, das war schon eine feine Sache. Nur die Burschen, die nachts fensterln gingen, konnten das nicht mehr ganz ungesehen tun. Da es nun Strom gab, konnten sich die Bauern langsam Dresch-, Mäh-, Häckselmaschinen und vieles andere anschaffen, für Arbeiten, die früher nur mit Pferdeantrieb oder händisch möglich waren. Man kann sagen, ein neues Zeitalter begann.

Ich selbst habe in meinem Geburtsort das E-Licht nicht mehr genießen können. Ich ging 1924 nach Wien, wo der Strom schon ziemlich verbreitet war, abgesehen davon, daß in den meisten kleinen Haushalten noch die Gasbeleuchtung war, ebenso in sehr vielen Straßen und Gassen.

Hermine Gerstl

wurde 1903 in Theiß an der Donau in Niederösterreich geboren. Während 1924 die Kirche und das Schulgebäude in Theiß schon mit Strom versorgt waren, war man in ihrem Elternhaus bis 1939 auf Petroleum angewiesen.

Suchen wir das alte Licht der Kienspäne; meine Urgroßmutter benutzte noch diese Leuchte. Aus knorrigen Kiefern, die den Kienspan in reichem Maße beinhalteten, wurden Späne herausgehackt, angezündet und dienten als Beleuchtung. In meinem Geburtshaus ist noch eine schwarze Küche, die sogenannte Rauchküche. An der Mauer war eine Nische, dort brannte das Licht des Kienspanes. Ein großer Herd mit einem eisernen Dreifuß war da, darauf wurde gekocht, natürlich alles am offenen Feuer. Eine gußeiserne Pfanne stand über dem Feuer, rundherum irdene Häfen, darinnen kochten Kartoffeln oder Suppe und Gemüse. Ein offener Kamin nahm den Rauch auf.

Im Winter wurde Fleisch geselcht; da gab es einen christbaumartigen Ständer, gemacht aus einem Waldbaum, die Äste waren gekürzt, auf den Zweigenstumpen wurde das Fleisch aufgehängt. Es war ein schliefbarer Rauchfang mit sehr weitem Umfang. Am Ansatz war ein Mauervorsprung mit einer runden Vertiefung, da wurde der mit Fleisch behangene Baum hineingestellt und vom offenen Herdfeuer geräuchert. Nach der Kochzeit wurde die Glut mit Sägescharten zugedeckt, oben darauf kam noch ein Moderholz, dadurch zog langsam der Rauch durch den Schornstein, und in einer Woche war das Fleisch schon rotbraun geselcht.

Meine Eltern selchten vielen Bewohnern von Theiß das Fleisch; als Lohn bekamen sie ein Stück davon, je nach der Sau, groß oder klein. Moderholz brachten die Leute auch mit oder die Sägespäne. Es war eine schwere Arbeit, den behangenen Baum vom Boden in den Rauchfang zu schieben. Oft wurden zwei Schweine von zwei Parteien zugleich geselcht, da half immer eine starke Person, dieses Werk zu vollbringen.

Mutter und Vater kauften nach ihrer Heirat einen Tragherd; im Sommer stand er in der Rauchküche, und im Winter wurde er in die Stube befördert. Da wärmte er zugleich die große Stube und diente als Koch- und Backherd. Ein großes Waschhäfen wurde angeschafft, darinnen man die Wäsche auskochte. Jedes Tun war mühsame Arbeit, doch dieses Haus barg zufriedene Menschen. Im Sommer wanderte der Ofen wieder in die schwarze Küche. Aber nur beim Schlachten unserer Schweine wurde der offene Herd benutzt. Da wurden gute Grammeln in der großen Eisenpfanne über dem offenen Feuer geröstet, Fleischknochen für die guten Blutwürste gekocht, die Leber gebraten, alles schmackhaft und gut.

Nach dieser Kienspanbeleuchtung wurden Kerzen beschafft; da gab es aus dickem Eisendraht gedrehte Leuchter und Glaslaternen zum Tragen für den Stall und die Keller; auch Öllichter wurden verwendet. Solche brannten an den Gräbern der Toten zu Allerseelen. Nach dem Ersten Weltkrieg brannten noch an den meisten Gräbern diese Lichter: Da wurde ein Trinkglas mit einem Viertelliter Wasser gefüllt, dann wurde Brennöl bis unter den Glasrand daraufgegossen, oben setzte man ein Holzschwingerl darauf, das einen kleinen Docht inmitten hatte; diesen Docht setzte man in Brand und stellte das Glas auf den Grabeshügel. Dieses Licht leuchtete, bis das Öl gar war. Je nach Größe brannte das Licht Tag und Nacht. Ein zuckendes Flämmchen zum Dank für unsere

Lieben, als Zeichen, daß wir sie nicht vergessen. Zum Schutz vorm Auslöschen durch den Wind steckten die Lichtanzünder rund um das Glas Zedernzweige, auch sah man kleine Schirme aus Pappendeckel, später aus Glas oder Porzellan. Bei Grabsteinen oder Kreuzen gab und gibt es Laternen aus Schmiedeeisen oder Blech.

Meine Eltern hatten schon eine hübsche Stehlampe aus Gußeisen, die wurde täglich mit Petroleum gefüllt und am Morgen hergerichtet. Der Glaszylinder wurde jedesmal geputzt, auch der Docht gereinigt, so ergab der Elferbrenner abends ein mildes Licht. Man mußte sehr achtgeben, daß der Brenner nicht zu hoch aufgedeckt wurde, sonst rauchte die Lampe, der Zylinder wurde schwarz vor Ruß, oder er zerbarst in Scherben. Hatte man dafür keine Reserve und auch keine Kerze bei der Hand, ging man schlafen oder hockte sich vors Ofentürl. Im Winter leuchtete es auch heraus.

Im Sommer brauchten wir selten Licht, da standen die Menschen im Morgengrauen auf. Abends wuschen sie sich im Freien beim Brunnen und huschten vor Müdigkeit ins Bett. War die Arbeit nicht so schwer, saßen unsere Hausbewohner gemütlich beisammen auf der Hausbank und besprachen das Geschehene des Tages. Waren viele Gelsen zu Gast, rauchten die Männer ihre Pfeifen, oder die Weiber gaben ein wenig Glut in eine Stielpfanne. Mit dem Rauch dürrer Küchenkräuter vertrieben sie den Gelsenschwarm. Auch den Stall räucherten sie damit aus. Außerdem hatten viele Schwalben, diese Glücksbringer, am Dachvorsprung über der Kante ihre Nester hingebaut. Das liebe, alte Haus war zu meiner Kinderzeit so schön, ich liebte dieses alte Haus so sehr. Die Dämmerungszeit machte mir nichts aus. Da träumte ich die schönsten Märchen, da lernte ich das Gute vom Bösen zu unterscheiden.

1914 kam der große Krieg, wir lebten weiterhin bei Lampe und Kerzenlicht. Langsam wurden die Kerzen knapper, später dann auch das Petroleum. Einmal ergatterten wir eine Karbidlampe und auch ein wenig Karbid.

Diese Lampe brachte zwar ein wenig Helligkeit ins Haus, stank aber gottserbärmlich. Die Eisenbahnbediensteten erhielten mehr Petroleum zugewiesen. Hin und wieder hamsterten wir auch von Bekannten für Kartoffel oder Eier einen Liter ein – doch was war das schon? Auch Karbid gab es nicht in rauhen Mengen. Nach Jahren normalisierte sich das Leben. Der Fortschritt brachte neues Leben, auch das nie mehr wegzudenkende neue Licht. Nach den Gaslaternen, welche man in alten Wienerliedern noch besingt, trat die Elektrizität, das schöne große Licht, in Erscheinung.

1923 ging erstmals durch die Gemeinde Theiß die Mär vom elektrischen Licht. Von den Bewohnern kam ein zaghaftes „Ja und Nein" bei einer Befragung. Doch resolute Gemeindeväter stimmten für ein „Ja". Es wurde kundgetan: „Kirche, Pfarrhof, Schule und Straße bekommen die neue Beleuchtung!"

Die Straßen waren nie beleuchtet gewesen, außer vom Mondschein. Heimlich hatten sich die jungen Leute über die Dunkelheit der Gäßchen gefreut; oder die Diebe, die es in der Erntezeit gar wenig gefreut hatte, wenn sie mit ihrem Diebsgut barfuß heimwärts gingen. Da hieß es nicht: „Guter Mond, du gehst so stille, . . .", sondern: „Verfluchte Mondscheinplage!" wenn sie beim Stehlen ertappt wurden. Dieser Sippe brachte das Licht der Straßenlampe nur Ärger.

Nun kam ein Trupp Männer und begann Gräben auszugraben. Masten brachten die Fuhrwerker, die Vorarbeit begann. Reges Leben entfaltete sich. Drei Monteure nisteten sich in einem leerstehenden Häuschen ein; alle drei Wiener, nette Kerle, fanden guten Kontakt mit der Bevölkerung. Ein neues Leben nahm seinen Lauf. Die Dorfbewohner, die „ja" zum neuen Licht gesagt hatten, wurden auch gleich angeschlossen. Bei manchen war es eine Geldfrage; die etwas abseits gelegenen Objekte mußten verzichten, bis es ihr Einkommen erlaubte. Doch 1924 war die Hauptleitung fertiggestellt. Wir wurden an das Kraftwerk Hohenstein angeschlossen.

Der junge Kaufmann bemühte sich um die notwendigen Lampenschirme und Birnen. Mit seinem klapprigen Motorrad fuhr er nach Kirchberg am Wagram und holte diese Dinger, welche die Leute in seinem Geschäft kauften. Das waren ganz einfache, einheitliche Lampenschirme, weiß-blau. Als zum erstenmal bei einer kirchlichen Feier das Licht erstrahlte, taten einem die Augen weh vor dieser Helligkeit.

Manche Häuser hatten noch kein Licht; auch mein Geburtshaus nicht. Es fehlte am Geld. Außerdem verloren Vater und ich ohne das notwendige Testament von Großmutter das Erbe. Vater starb im August 1924; für mich war ein Bleiben ohne regelmäßigen Verdienst aussichtslos. Heimarbeiten trugen zuwenig ein. Tante lebte von den Pflegekindern und von dem, was sie selbst in Garten- und Ackerland produzierte. Ihr Einkommen war zu gering für elektrisches Licht, sie blieb bei der alten Petroleumlampe und beim Kerzenlicht.

Für die Schule ergab das neue Licht einen großen Segen. An dämmerigen Wintertagen bei den Handarbeitsstunden brachten wir Kinder eine Kerze mit oder einen Wachsstock, der von den Wallfahrten an die Daheimgebliebenen als Geschenk mitgebracht worden war.

Als ich dann 1924 beim Kirchenchor mitsang, bekamen die weiblichen Mitglieder zu Maria Lichtmeß vom geistlichen Herrn als Jahresgeschenk einen Wachsstock, die Männer eine Kerze. Pfarrhof und Kirche sind zweihundert Jahre alt. Im Vorjahr wurde der Innenraum auf Glanz renoviert. Die Barockdame erstrahlt nun in neuem Glanz. Viel Bettelgeld war notwendig; neue Luster werfen ihren warmen Schimmer durch das Schiff. Ich freue mich selbst über ihre Sauberkeit. So beschrieb ich das Werden des hellen Lichtes.

Leopold Krenmayr

wurde 1909 in Gerersdorf bei Hörsching in Oberösterreich geboren. Er berichtet von den ersten Einsätzen der Elektrizität in seiner Heimatgemeinde.

Im Jahre 1910 wurde die Wasserkraft eines aufgelassenen Mühlenbetriebes für die Errichtung eines Kleinkraftwerkes benützt, das schon Wechselstrom erzeugte. Die Initiatoren waren damals der Pfarrer, der Gemeindearzt und der Gemeindeausschuß von Hörsching. Damit war die Ortschaft Hörsching mit Strom versorgt. Die Bauern zeigten damals an der Elektrifizierung noch nicht sehr viel Interesse, da die Kapazität des Kraftwerkes zu klein war, um mehrere Bauernhöfe gleichzeitig zu versorgen. So konnten zum Beispiel stärkere Geräte, wie Futterschneide- oder Dreschmaschinen, nur in einem Betrieb eingeschaltet werden.

Es gab da eine Zeit, wo der Absatz von Strom sehr gering war. Später schloß sich eine Ziegelei an, die beinahe die ganze Stromzufuhr verbrauchte; in den meisten Bauernhäusern gab es nur Kerzen, Petroleumlampen und Kienspan. Als man mit diesem Strom das Auslangen nicht finden konnte, gab es Karbidlampen, die ein kräftiges Licht produzierten – wenn sie richtig funktionierten, da sie sehr heikel zu bedienen waren. Ein Fabriksbesitzer in Hörsching, der sich 1912 ein Auto kaufte, hatte zwei Karbidlampen als Lichtversorgung. Als der Erste Weltkrieg im Jahre 1914 ausbrach, wurde das Petroleum Mangelware. Da wir zur Drescharbeit einen

Benzinmotor hatten, bekamen wir Benzin zugewiesen. In der Not versuchte mein Vater, Benzin in der Petroleumlampe zu verwenden, und da das Benzin damals nicht so hochexplosiv war, gelang ihm dies auch. Somit war die Beleuchtungsfrage bei uns gelöst. Zum Teil wurden die Kerzen auch selbst hergestellt, aus Bienenwachs.

Im Jahre 1921 versuchte das E-Werk Wels, verschiedene Ortschaften mit Strom zu versorgen. Leider war zu dieser Zeit auch die Geldentwertung, und es wurde immer schwerer, die Stromeinleitung zu finanzieren. Es wurde eine Tagung anberaumt, wo man einen Abschluß tätigen konnte. Zirka vierzehn Tage später kam ein Ingenieur vom E-Werk Wels und beteuerte, daß die bei der Tagung fixierten Beiträge kaum ausreichen würden, um das Projekt zu beginnen. In der Folge konnten die Arbeiten nur so durchgeführt werden, daß Material und Arbeitszeit immer kurzfristig bezahlt werden mußten. So gelang es, die Hausinstallationen abzuschließen, und man konnte nun die Freileitungen in Angriff nehmen. Der Freileitungsdraht war bereits vorhanden, doch mußten Masten und Arbeitskräfte von den betreffenden Bauern zur Verfügung gestellt werden.

Mit dem Strom wurde damals sehr unachtsam umgegangen. Die Dreschmaschinen wurden mit Elektromotoren betrieben. Wenn kein Anschluß vorhanden war, wurde einfach die Freileitung angezapft, indem man Stromkabel an der Freileitung anhängte. Die eingebauten Sicherungen verfehlten ihre Wirkung, da diese bei Ausfall nicht ausgewechselt, sondern einfach mit Draht zusammengeflickt wurden. Feuerbeschau gab es damals noch keine. Die Lichtleitungen wurden an den Außenmauern montiert und nur mit blankem Draht befestigt. Ein dreipoliges Kabel, wo der vierte Pol der Null-Leiter war, wurde mit dem Null-Leiter umwickelt, sodaß dadurch eine furchtbare Gefahr bestand. Die Elektromotoren wurden sehr massiv gemacht und waren von außergewöhnlicher Lebensdauer. Unser Zehn-PS-Motor wurde auf einen Wagen aufgebaut und mit Pferden befördert.

Zum Futterschneiden wurde ein Drei-PS-Motor, den nur zwei kräftige Männer transportieren konnten, verwendet.

Fischer, die für ihre Fänge Würmer brauchten, steckten einen Draht in eine Steckdose und die beiden Drahtenden in die Erde, wo dann die Würmer massenhaft herauskamen.

Gefischt wurde auch teilweise mit Strom, was aber verboten war.

Louise Kubelka

wurde 1901 in Wien geboren. Sie verbrachte ihre Kindheit in Taufkirchen an der Pram im Innviertel in Oberösterreich, wo sich die Elektrifizierung von 1909 bis 1913 vollzog. Frau Kubelka berichtet in ihren Aufzeichnungen von verschiedenen Beleuchtungsgeräten aus der Zeit vor der Elektrifizierung, von deren Funktion, Handhabung und Bedeutung.

Dort, wo die Oststeiermark in die Südsteiermark übergeht, befindet sich in luftiger Höhe das Schloß Kapfenstein. Es ist ungefähr neun Kilometer von Bad Gleichenberg entfernt und wird von vielen Kurgästen gern besucht. Und von dort habe ich meine Kienspangeschichte, die mir eine sehr alte Bäuerin erzählte. Wir waren am Abend des Karsamstags im Jahre 1965 nach Kapfenstein gefahren und hatten damals ein wunderschönes Erlebnis: Als es dunkel wurde, flammten auf allen umliegenden Bergen, bis weit ins Bacherngebirge hinein, riesige „Osterkreuze" auf. Aber nicht nur Kreuze, sondern auch Kelche und Monstranzen leuchteten weit ins Land hinein, alle waren gegen Osten gerichtet. Ein unvergeßlicher Anblick!

Und nun kommt meine alte Bäuerin zu Wort. „Ja", meinte sie, „hiazt san ja die Kreuz leicht zun Herrichten und zun Überwacha, weil alls elektrisch geht, aber wia i jung war, habm ma nur den Kienspan ghabt." Sie erzählte mir dann weiter, daß die jungen Bauernburschen und Knechte die Herstellung der Kreuze über hatten, und vor allem war es ihre Arbeit an den langen Winterabenden, die Kienspäne zu schneiden und zu bündeln; das war eine sehr knifflige Arbeit, denn die einzelnen Späne mußten auf den Millimeter gleich groß sein und auch gleich dick. Und es wurden sehr viele gebraucht, denn die Kreuze leuchten drei Nächte lang ins Land: Karsamstag, Ostersonntag und Ostermontag.

Die Kienspäne wurden aus harzigem Kiefernholz geschnitten. Sie waren ungefähr zwanzig Zentimeter lang und zirka zwei Finger dick. Es war eine tagelange Arbeit, die Späne an den Drahtgestellen zu befestigen. In den erwähnten drei Nächten mußten die Burschen immer wieder die abgebrannten Kienspäne ersetzen, und das mußte rasch und gleichzeitig geschehen, damit die Beleuchtung nicht unterbrochen wurde.

Wie schon die alte Bäuerin sagte, sind seit der Einführung des elektrischen Lichtes die Kienspäne durch Glühlampen ersetzt worden. Die Wirkung ist vielleicht noch intensiver, weil sicherlich die Lampen heller leuchten, aber ein wärmeres Licht haben meiner Meinung nach bestimmt die Kienspäne ausgestrahlt. In den Bauernhäusern ist ja auch der Kienspan schon lange vor der Einführung der Elektrizität durch Kerzen, Öllichter und Petroleumlampen ersetzt, nur in ganz alten Küchen und Ställen sieht man noch vereinzelt die Haken stecken, in die die Kienspäne gesteckt wurden.

Beleuchtungskörper vor der Umstellung auf den elektrischen Strom: Kerzen (Unschlitt-, Stearin-, Wachskerzen). Die ersten Kerzen, an die ich mich erinnern kann, waren die Unschlittkerzen. Sie waren, glaube ich, aus Ziegen- oder Rindertalg. Sie mußten „geschneuzt" werden, denn der Docht, der durch die Kerze gezogen war, verdickte sich manchmal, und das Licht drohte auszugehen. Da gab es eine Art Schere mit einem kleinen Gehäuse, damit der abgeschnittene Docht nicht auf den Tisch oder zu Boden fiel und womöglich ein Feuer verursachte. Diese Schere war der „Schneuzer". Die Erzeuger der Kerzen hießen „Wachszieher", ein Beruf, der immer mit dem des „Lebzelters" verbunden war. Ich weiß noch einige alte, spätere Konditoreien, die über der Eingangstür ein Schild: „Wachszieher und Lebzelter" hatten. Die Wachszieher waren oft große Künstler in ihrem Fach, und viele ihrer kunstvollen Gebilde werden ja jetzt, da die Kerzenbeleuchtung wieder große Mode ist, wieder nachgeahmt.

Ich möchte da eines erwähnen, das schon der Vergessenheit anheimgefallen ist: den Wachsstock. Meinen ersten Wachsstock bekam ich zur Firmung, mit Gebetbuch, Rosenkranz und Uhr. Das waren damals, 1911, die Geschenke der Firmpaten. Wer keine besonders kapitalkräftige Firmpatin hatte, erhielt statt der Uhr einen Kleiderstoff. Wozu brauchte man einen Wachsstock? In der Kirche bei der Messe, um im Gebetbuch lesen zu können, denn die Altarkerzen, wenn sie auch noch so dick waren, beleuchteten nur einen kleinen Teil der Kirche. Alles, was weiter hinten seinen Kirchensitz hatte – in jeder Kirchenbank waren Namenstäfelchen angebracht –, saß im Dunkeln, speziell bei der Frühmesse. Und da hatte man eben den Wachsstock mit. Es gab unter den Wachsstöcken wahre Kunstwerke, in Rosa oder Hellgelb oder Himmelblau, mit Blümchen verziert, manche sogar in Buchform, aber auch einfache, nur aus gelben, aus Wachs bestehenden Rollen. Der Wachsstock bestand nämlich aus einer langen, ungefähr kleinfingerdicken Kerzenrolle, die, meist handtellergroß, in mehreren Lagen aufgerollt war. Vor Beginn der Messe ging der Mesner mit einem Kerzenanzünder die Bankreihen entlang und entzündete jeweils den ersten Wachsstock, an dem entzündeten die anderen Beter ihren. Man mußte aufpassen beim Anzünden, daß der senkrecht stehende Teil nicht abbrach. Aber irgendwie war das Wachs biegsam, sodaß man es ungefähr wie ein Wollknäuel abwickeln konnte. Meinen schönen Firmungswachsstock mußte ich noch einige Jahre aufheben, denn Kinder durften in der Kirche keinen mithaben.

Als Lampen wurden Öllichter, Laternen, Karbidlampen und Petroleumlampen verwendet. Mit den Öllichtern

konnte man nicht viel anfangen, sie rauchten und flackerten und gaben wenig Licht, und wir nannten sie „Ölfun-
zerln". Meist waren es flache Tonschüsserln, die mit Öl –
ich glaube Leinöl – gefüllt wurden. Drinnen schwamm ein
dünner Docht, der an einem sogenannten „Schwimmer"
befestigt war. Das war ein kleines, meist drei- oder
fünfeckiges, wachspapierähnliches Gebilde, das in der
Mitte ein Loch hatte, durch das der Docht gezogen
wurde. Der Docht bestand aus geflochtenen oder gewebe-
ten Baumwollfäden und wurde in verschiedenen Breiten
erzeugt, und man kaufte ihn beim „Kramer" zentimeter-
weise. Öllichter gab es auch in Gläsern, die wurden in den
Krankenzimmern als „Nachtlicht" verwendet, damit der
Patient in der Nacht nicht ganz im Dunkeln liegen mußte.
Aber auch in Kinderzimmern gab es das Nachtlicht, und
ich erinnere mich an das gute Gefühl, das ich hatte, wenn
ich bei der Großmutter zu Besuch war und sie, bevor sie
aus dem Zimmer ging, sagte: „Gute Nacht! Ich laß dir das
Nachtlicht brennen." Das warf einen großen, flackernden
Schatten an die Wand und den Plafond, und ich konnte
daraus, schon im Halbschlaf, wundersame Gebilde schaffen.
Bei einer anderen Gelegenheit kamen die Öllichter zu
besonderen Ehren: in der Kirche, an den beiden Tagen
der Karwoche, Freitag und Samstag, beim „Heiligen
Grab". Da wurde der rechte Seitenaltar duch ein hohes,
mit schwarzen Tüchern behängtes Holzgestell abgeteilt.
Es waren Löcher hineingeschnitten, zur Aufnahme von
bunten Glaskugeln. Diese Holzwand bildete die Rückseite des Heiligen Grabes. Die Kugeln waren ungefähr acht
bis zehn Zentimeter hoch, waren rot, grün, gelb, lila
gefärbt, hatten oben eine kleine Öffnung, daß man das Öl
einfüllen und den Schwimmer befestigen konnte. Wenn
sie alle angezündet waren, gab das ein wunderschönes,
erhabenes Bild. Zu beiden Seiten standen Feuerwehrmän-
ner in Paradeuniform als Ehrenwache, wohl aber auch als
Beobachtungsposten, um einen eventuellen Brand gleich
zu ersticken. Außer den Öllichtern brannten ja auch noch

viele Kerzen. Es gab da auch einen schönen alten Brauch: das „Liachtln-Gehn". An den beiden Kartagen brachten die Bäuerinnen ihre noch nicht schulpflichtigen Kleinkinder, die ja sonst nicht mitgenommen wurden, in die Kirche. Die staunten dann über die vielen, vielen Lichter und daher auch der Name: „Liachtln-Gehn".

Die Laternen hatten schon vielseitigere Verwendungszwecke. Es gab sie in allen Größen, von der kleinen Handlaterne, die immer in der Küche oder vor der Kellertür bereitstand, die im Winter den Leuten auf dem Kirchgang leuchtete, bis zur großen Stallaterne, die dort auf einem massiven Haken aufgehängt war. Wagenlaternen, die die Fuhrwerker an beiden Seiten des Kutschbokkes anbrachten, waren oft aus kunstvoll gearbeitetem Schmiedeeisen angefertigt, ebenso die Grablaternen, die es ja heute noch auf den Friedhöfen gibt.

Eine besondere Lampenart waren die Karbidlampen, die als Grubenlampen in den Bergwerken verwendet wurden. Eine Zeitlang wurden sie auch für den Privatgebrauch angeboten. Ich kann mich erinnern, daß wir keine besondere Freude damit hatten, denn sie stanken und rauschten, und es war nicht leicht, sie zu bedienen.

Auch bei den Petroleumlampen bedurfte es einer gewissen Fertigkeit, um sie richtig zu „entflammen". Sie waren ja schon eine komplizierte Angelegenheit. Es war nicht einmal klar, wie man den Namen aussprach. Die einen sagten Petróleum, die anderen Petroléum. Wer hatte da recht? Es gab Stehlampen und Hängelampen. Und Küchenlampen, die einen Spiegel als Rückwand hatten, der das Licht auf die Herdplatten herunterspiegelte. Die Hängelampen waren oft schon sehr kunstvoll ausgeführt, es gab große, die mit Metallketten an einem dicken Haken am Plafond befestigt waren; sehr beliebt waren die „Zuglampen", die man, je nach Bedarf, höheroder tieferziehen konnte. Viele Leute konnten sich nach Einführung des elektrischen Lichtes nicht von ihren kunstvollen Hängelampen trennen und ließen sie umarbeiten. Meine Tochter hat noch so ein Prachtstück in ihrem Vorzimmer hängen. Die Stehlampen hatten einen massiven Fuß aus Metall oder Ton, er mußte schwer sein, damit die Lampe nicht so leicht umfiel, denn eine umgefallene Petroleumlampe verursachte leicht einen Brand. Auf dem Lampenfuß war der eigentliche Brennmechanismus befestigt: ein meist kugelförmiges Gefäß, in das das Petroleum gefüllt wurde. Auf dieses wurde ein Metallkörper, meist aus Messingblech, geschraubt, die „Nuß"; der Name kommt wohl daher, daß das Ding eine walnußähnliche Gestalt hatte. Die Nuß hatte oben einen Schlitz für den Docht und ein Schraubengewinde, durch das der Docht gezogen wurde, damit man ihn höher- oder tieferdrehen konnte. Und das war die Kunst! Schraubte man den Docht zu weit heraus, rußte er, und der Zylinder wurde kohlschwarz, und man sah nichts mehr, schraubte man zu tief, erlosch er, und wenn man ganz ungeschickt war, fiel er in das Petroleum, und man hatte die Bescherung.

Überhaupt die Lampenputzerei – sie war eine umständliche, zeitraubende und daher bei den Hausfrauen unbeliebte Arbeit. Falls sie ein Dienstmädchen hatten, fiel diesem diese Arbeit zu. Ich mußte in meiner Jugendzeit auch öfters Lampen putzen und habe noch den Ruf meiner Mutter in Erinnerung: „Paß ja auf den Zylinder auf!" Der war ein bösartiges „Geschöpf". Er bestand aus einer dünnen Glasröhre, die unten verbreitert war, damit man ihn in die Nuß hineinstecken konnte, und er hatte die Eigenschaft, beim geringsten Druck zu zerspringen oder, wenn er schon geputzt auf dem Tisch lag, auf den Boden zu fallen, da war er natürlich auch kaputt. Die Lampenputzerei begann damit, daß man einen Tisch dick mit Zeitungspapier bedeckte, eine Schüssel mit Seifenlauge und eine mit reinem Wasser daraufstellte und – nicht zu vergessen – die Zylinderbürste herannahm, eine weiche Flaschenbürste mit längeren, weichen Borsten, mit der man erst den Zylinder innen mit der Lauge abwusch und, wenn er saubergeschwemmt war, die Bürste mit einem weichen Tuch umwickelte und den Zylinder trockenwischte. Vorher wurde aber natürlich der Lampenschirm, der ja auch meist aus Glas war, abgenommen, gewaschen und an einem sicheren Ort verwahrt, ebenso der Zylinder. Mit dieser Prozedur war aber die Putzerei noch nicht am Ende, man mußte noch die Nuß zerlegen, den Docht herausnehmen und geradeschneiden, alles vom angesammelten Ruß reinigen. Der war immer schmierig und hatte die Eigenschaft, feine Flankerln zu bilden, die sich gern in der Nase und im Haar festsetzten. Natürlich hatte man zur Lampenputzerei eine Art Schutzkleidung angezogen, eine alte Kleiderschürze und ein Kopftuch, um das Haar zu schützen. Die Hände bedurften nach der Lampenputzerei einer gründlichen Reinigung, besonders die Nägel, die schwarz geworden waren. Wenn man die Lampen putzte, kamen gleich alle Lampen dran, denn in einer größeren Wohnung gab es ja in jedem Zimmer mindestens eine Steh- und eine Hängelampe, na, und die Küchenlampen dazu, das war schon einen ganzen Nachmittag Arbeit!

Ich habe mir sagen lassen, daß es in den großen Herrschaftshäusern damals einen eigenen Lampenputzer gab, der nicht nur für die Lampen, sondern auch für die vielen Kerzenleuchter verantwortlich war.

Ernest Hösch

wurde 1914 in Bernhardsthal im Bezirk Mistelbach in Niederösterreich geboren. Dort erlebte er um 1920 die Zeit des Überganges von den traditionellen Beleuchtungsmethoden zum elektrischen Licht.

Mein Heimatort befindet sich ganz an der Grenze im Nordosten Österreichs. Die Bevölkerung bestand nach dem Ersten Weltkrieg vorwiegend aus kleineren und größeren Landwirten. Es ist eine geschlossene Gemeinde mit zwei Ortsteilen, dem Unterort und dem Oberort, dazwischen ist eine lange Gassenfront, wo die Bauern beiderseitig ihre Häuser haben beziehungsweise Wirtschaften besitzen.

Im Herbst 1919 gründeten Bauern und Geschäftsleute eine Lichtgenossenschaft. Ein Benzinmotor mit einer Lichtmaschine und einer Ladebatterie wurde angeschafft und ein entsprechender Raum gemietet. Nach Legung einer Freileitung und entsprechenden Hausanschlüssen und weiteren Installierungen wurde der Betrieb aufgenommen. War der Motor in Betrieb, gab es ein besseres Licht, als wenn nur die Batterie den Strom lieferte. Die Straßenbeleuchtung war nur an bestimmten Punkten angebracht.

Schon im Jahre 1923 ging man daran, von einem größeren E-Werk aus der Bezirksstadt Strom zu bekommen, und so konnte der ganze Ort mit elektrischem Strom versorgt werden. Das Zeitalter der elektrischen Kraft war gekommen. Und wie war es vorher?

Als Hauptlichtquelle gab es die Petroleumlampe. Je nach Gebrauch verwendete man Stehlampen oder Hängelampen, die, je nach Erfordernis, kleiner oder größer waren. Damals war der Reinheitsgrad des Petroleums nicht so gut, man mußte den Glaszylinder öfter putzen und den Docht zustutzen, sonst gab es kein schönes Licht. Später gab es auch die Petroleumgaslampen, die hatten statt des Dochtes Glühstrümpfe, die auf ein einem Fingerhut ähnliches Gebilde gestülpt wurden. Diese Lampen gaben ein besseres Licht, so auch die Karbidlampen, die sehr widerstandsfähig waren. In eine Starkblechdose wurde Karbid in kleinen Stücken gegeben, Wasser zugesetzt und mit einem Deckel fest verschlossen, an welchem ein Brenner war; dieser wurde angezündet, und das ausströmende Gas (Acetylengas) war die Lichtquelle. Diese beiden letzteren fand man in den Geschäften und Kirtagsbuden.

Die einfachsten Lichtquellen waren die Kerzen. Diese bestanden aus Wachs, Stearin, Paraffin oder Rindertalg. Kerzen wurden überall im Haushalt, Stall, Keller, Fuhrwerk, am Abend und besonders in der Kirche verwendet. Die Wachszieherei ist ein uraltes Gewerbe, hauptsächlich wurde mit Bienenwachs gearbeitet. Viele Kerzen wurden industriell erzeugt.

Ich kann mich noch gut erinnern, es war kurz nach dem Ersten Weltkrieg; man konnte nichts kaufen, weil es einfach nichts gab, so auch Kerzen nicht. Licht brauchte man, und da half man sich folgendermaßen: In ein Glasrohr, zirka fünfundzwanzig Zentimeter lang und zwei bis drei Zentimeter im Durchmesser, das auf einer Seite eine konische Verengung mit einem Loch hatte, wurde heißer Talg oder Paraffin gegossen. Zuvor zog man einen Docht durch das Loch und hielt das Rohr so, daß der Docht in der Mitte war. Das Ganze ließ man kalt werden, und die Kerze war fertig. Freilich mußte man die Kerze aus dem Glasrohr bringen, das dürfte durch leichtes Erwärmen oder In-warmes-Wasser-Geben gegangen sein.

Das Kerzenlicht hatte manche Aufgaben zu erfüllen, besonders im Weinkeller. Wenn im Herbst die Weinlese anbrach und der junge Most zu gären begann, so war die Kerze eine große Hilfe für die Weinbauern. Da es in den Kellern kein Licht gab, ging der Hauer mit seiner Kerze in den Keller, und wenn dann das Licht erlosch, war es höchste Zeit, den Keller zu verlassen, denn der Keller war mit Gärgas voll, und da gab es keinen Sauerstoff mehr, was unweigerlich den Tod bedeutete. Erst wenn man die Kellertür geöffnet und durch einen Luftschacht, den jeder Weinkeller hat, Frischluft hineingepumpt hatte – und nach der Kerzenprobe –, konnte man den Keller betreten. Heute werden ganz andere Methoden beziehungsweise Einrichtungen angewendet, damit ein ungestörtes Arbeiten im Weinkeller möglich ist.

Das elektrische Licht ist aus unserem Leben nicht mehr wegzudenken, aber wie es angefangen hat, war es ein enormes Ereignis. Daß die vorhergehenden Lichtquellen sehr feuergefährlich waren, ist erwiesen, aber der elektrische Strom ist heute nicht minder gefährlich, muß gezähmt und überwacht werden, dafür gibt es auch entsprechende Vorschriften.

Steffi Gerhart

wurde 1908 in Waidhofen/Ybbs in Niederösterreich geboren.
Ihr Elternhaus wurde 1919 ans Stromnetz angeschlossen.

Vom elektrischen Licht wäre zu sagen, daß wir es im Jahr 1919 bekommen haben. Vorher hatten wir eine Petroleumlampe, die hatte einen Spiegel, damit es heller war, und man hängte die Lampe auf. Aber wir hatten auch eine schönere Hängelampe mit einem großen Schirm aus Porzellan, die wurde nur angezündet, wenn Besuch kam oder Feiertag war. Da wir unser Klo im freien Hof hatten, zündeten wir nur eine Kerze an.

Mir fällt ein, daß die Straßenleuchten, von denen jede einzelne ein Kästchen hatte, zum Anzünden mit einem Schlüssel aufgesperrt wurden und morgens wieder abgedreht werden mußten. Das war um das Jahr 1920.

Bügeln mußte man entweder mit einem Holzkohleneisen oder mit einem Stageleisen; mir war das erstere lieber, da die Hitze länger anhielt. Die große Wäsche wurde vorher gut eingespritzt und mit einer Rolle bearbeitet. Man kann sich das heute gar nicht mehr vorstellen.

Da fällt mir ein: Der Mann, der in unserem Ort die Laternen anzünden mußte, war der Gemeindesekretär und hieß Schürhagl. Da war einmal Firmung in unserem Ort; da der Bischof empfangen werden mußte, tat dies der Bürgermeister. Und jetzt kommt das Lustige: Was glauben Sie, wie der geheißen hat? – Teufel! Hat also der Teufel mit dem Schürhagl den Bischof empfangen. Das ist wirklich wahr und nicht alltäglich.

Irmgard Fischer

wurde 1921 in Atzbach bei Vöcklabruck in Oberösterreich geboren, als Kind erlebte sie dort die „Pionierzeit" der Elektrizität im Alltagsleben.

Zum Thema „Als das Licht kam" habe ich selber keine Erinnerung, da mein Dorf in meinem Geburtsjahr, das war im Jahr 1921, elektrifiziert wurde. Allerdings war das elektrische Licht noch keine absolut verläßliche Sache; bei jedem Gewitter oder stärkerem Wind gab es Stromausfall, sodaß immer eine verläßliche Petroleumlampe zur Hand sein mußte. Ich erinnere mich noch daran, wie der verrußte Lampenzylinder zum Zweck der Reinigung sorgfältig mit Zeitungspapier ausgestopft und ausgerieben wurde.

Auch befanden sich in unserem Hause schwarze, lange Wetterkerzen, die bei Gewitter angezündet wurden, aber vermutlich vorwiegend aus religiösen Gründen.

Mein Mann, Jahrgang 1920, erzählte mir, wie er als Sechsjähriger den Einzug des elektrischen Lichtes erlebte. Der Elektriker, damals ein vielbewunderter Mann, versammelte nach getaner Arbeit alle Hausgenossen in der Stube und sagte: „Jetzt paßt's auf!" Dann knipste er feierlich das Licht an. Das begeisterte „Ah!" aller Anwesenden bewies den Sinn des Mannes für Bühneneffekte. Die Dorfburschen entdeckten bald ein neues Spiel: Sie bildeten durch Händereichen eine Kette, der erste und mutigste steckte einen blanken Draht in die Steckdose, und alle hatten ihren Spaß daran, wenn die Kette kräftig durchgeschüttelt wurde, besonders dann, wenn ein nichtsahnender Neuling drangekriegt wurde.

Ich selber erinnere mich noch an die extreme Sparsamkeit, derer man sich bei der elektrischen Beleuchtung befleißigte. Es galt als Todsünde, das Licht vor Einbruch der völligen Dunkelheit anzudrehen. Meine Großmutter pflegte dies mit der Behauptung zu untermauern, das sogenannte „Zwielicht" – sie meinte damit Dämmerung plus elektrisches Licht – sei ungesund für die Augen.

Mein Mann erinnerte sich daran, daß in der Stube eine Petroleumlampe hing, die gelegentlich, besonders wenn sie zu voll gefüllt war, zu brennen anfing, weshalb in einer Ecke immer eine Kiste mit Sand und Schaufel bereitstand. Aber auch das elektrische Licht hatte seine Tücken. Im Schlafzimmer meiner Eltern schmorte ein Litzendraht durch, fiel auf die Bettdecke und setzte das Zimmer in Brand. Die Löscharbeiten der Feuerwehr litten darunter, daß vom letzten Brandeinsatz her durch die herrschende Kälte die Schläuche noch steifgefroren waren, sodaß das Zimmer vollständig ausbrannte.

Bald tauchten die ersten Radioapparate auf. Mein Großvater besaß ein solches Ungetüm. Es bestand aus einem Kasten mit unzähligen Löchern, in die man Stöpsel mit Drähten stecken mußte, die aus einem zweiten Kasten kamen. Außerdem hing an der Decke ein sechseckiger Rahmen, um den viele Windungen eines grünumwickelten Drahtes aufgehaspelt waren.

Mein Onkel besaß ein selbstgebasteltes Gerät, dessen Gehäuse der vergangene Einsatz als Zuckerkiste noch anzusehen war und aus dem oben die Röhren wie Glühbirnen herausragten. Mein Onkel vermochte diesem Apparat interessante Pfeiftöne zu entlocken.

Meine Eltern pilgerten zu Fuß neun Kilometer weit in den nächstgrößeren Ort, weil dem Vernehmen nach dort in einem Gasthof ein Radioapparat mit Lautsprecher aufgestellt worden war. Nach ihrer Rückkehr zeigten sie sich zwar von dem technischen Wunderwerk sehr beeindruckt, berichteten aber, außer Krächzen, Pfeifen und gelegentlichen Musikfetzen keine akustischen Wahrnehmungen genossen zu haben.

Den ersten Radioapparat mit einigermaßen brauchbarer Empfangsqualität bekam im Dorf die Schule vom damaligen Landeskulturrat (etwa die heutige Landwirtschaftskammer) zur Verfügung gestellt.

So versammelten sich nach dem sonntäglichen Gottesdienst die Bauern in einer Klasse und hörten andächtig den Landwirtschaftsfunk und den Wetterbericht. Anschließend folgte das mittägliche Symphoniekonzert. Als mein Vater – er war Schulleiter – fragte, ob sie nicht lieber Blasmusik hören wollten und er ausschalten solle, bekam er zur Antwort: „Na, laß na die Musi, die is was B'sundas, a Ble(ch)musi blas ma uns eh selba."

Meine Großmutter besaß zwar ein elektrisches Bügeleisen, ein Geschenk eines Neffen, der sich als Elektrohändler etabliert hatte und damit pleite gegangen war. Aber sie bevorzugte ihr altes Kohlenbügeleisen, dessen Inbetriebnahme jedesmal einem Ritual glich, das mich als Kind sehr faszinierte. Erst füllte sie das Eisen mit glühenden Kohlen aus dem Küchenherd, blies dann sorgfältig die Asche weg und probierte das Eisen auf Zeitungspapier aus, um zu sehen, ob es sich braun färbte und das Eisen somit noch zu heiß war. Waren die Kohlen am Erkalten, schwang sie das Eisen durch die Luft, um die Glut wieder zu entfachen. Zwar klagte sie über schmerzende Arme und nach längerem Bügeln über Kopfweh – vermutlich wegen des entstandenen Kohlenmonoxyds; auch konnte es geschehen, daß herausfallende Glutstücke Löcher in die Wäsche brannten, aber sie traute dem elektrischen Eisen doch nicht genug, um es zu verwenden.

In der Kirche hielt die Elektrizität erst spät Einzug. In meiner Kindheit erinnere ich mich nur an Kerzen, die vom Mesner mit einer langen Stange angezündet wurden, an der ein Docht befestigt war und an der sich auch ein Blechhütchen zum Löschen der Kerzenflamme befand.

Der Blasebalg der Orgel mußte vom sogenannten „Orgelbuben" getreten werden. Mein Vater war Organist

90

und hing als solcher in seinem Wirken erheblich vom Orgelbuben ab. Als dieser einmal verschlafen hatte und mein Vater die Messe spielen sollte, löste er das Problem auf folgende Weise: Er lief hinter die Orgel, pumpte den Blasebalg voll mit Luft, sprang auf die Orgelbank und konnte gerade eben den Meßteil spielen, wenn er nicht zu viele Register zog. Vor dem nächsten Meßteil wiederholte er das Kunststück, so oft, bis der Orgelbub endlich auftauchte.

Als er in späteren Jahren bei einem Besuch in unserem Dorf mich als Organist vertrat, stand er vor demselben Problem und wollte die bewährte Methode auch hier anwenden. Er scheiterte aber kläglich, da der löchrige Blasebalg schon mitten im Segenlied seinen letzten Hauch von sich gab und die Orgel zum Verstummen brachte. Zu dieser Zeit, es war schon nach dem Zweiten Weltkrieg, war das Orgelspiel in der Dorfkirche zwar eine kleine Aufbesserung des kärglichen Lehrergehaltes, aber speziell im Winter ein bitteres Brot. Durch das Fehlen jeglicher Wärmequelle froren die froststeifen Finger fast an den eiskalten Tasten fest. Aber seit Jahren hat auch hier die Elektrizität manches erleichtert – und ernüchtert.

Trude Konečny

wurde 1914 in Stammersdorf, einem Vorort von Wien, der damals noch zu Niederösterreich gehörte, geboren. Bis in die fünfziger Jahre erlebte sie das wechselhafte Voranschreiten der Elektrifizierung in Wien mit.

Meine Eltern heirateten im Jahr 1913 und bezogen in einem neuerrichteten Haus in Stammersdorf – das damals noch zu Niederösterreich gehörte – eine Zimmer-Küche-Kabinett-Wohnung. Auch in den übrigen Räumen gab es nur Petroleum- oder Kerzenlicht. Zwei Jahre etwa blieben sie in Stammersdorf, dann zogen sie nach Gersthof, in den achtzehnten Wiener Gemeindebezirk, wo meine Großeltern beiderseits wohnten und auch meine Eltern aufgewachsen waren. 1914 war ich zur Welt gekommen, 1916 mein Bruder; er kam schon in Gersthof zur Welt, in einer Zwei-Zimmer-Wohnung, an die ich nur wenig Erinnerung habe. 1917 zogen wir wieder um: von Herbeckstraße Nr. 82 auf Nr. 92. Das Haus Herbeckstraße 92 wurde 1906 erbaut und bot uns bis 1968 eine angenehme Heimstatt. Sie war für die damals übliche Wohnweise gut ausgestattet. Wir hatten Zimmer, Kabinett, Küche, Vorzimmer und, was so selten war zu dieser Zeit, auch WC und Wasserleitung in der Wohnung. In Zimmer, Kabinett, Küche und Vorzimmer war je eine Gasleitung eingeleitet, und die Mieter mußten dazu Beleuchtungskörper anschaffen.
Die Luster waren jeweils dem Raum angepaßt und hatten, ähnlich einer Fassung für die elektrische Glühlam-

pe, eine Halterung für den Gasglühstrumpf. Die Gasglüh-
strümpfe waren aus zartem weißem Gewebe hergestellt
und sehr leicht zerstörbar. Wehe, man kam ihm mit dem
brennenden Zündholz zu nahe – oder berührte ihn
damit –, dann zerfiel er zu Staub, und ein Ersatz mußte
eingesetzt werden. Es gab diese Glühstrümpfe oder
„Gasnetze", wie sie auch genannt wurden, in mehreren
Größen, und nicht immer war die passende Größe im
Haushalt vorrätig, besser gesagt, sie war es fast nie.

Bevor das Licht entzündet werden konnte, mußte ein
Gasabsperrhahn am Luster geöffnet werden, damit ein
wenig Gas ausströmte und zu brennen begann. Bei
unserem schönen Jugendstilzimmerluster mit Glasstäben
gab es zwei Ketterln – eines mit „Z" und eines mit „A"
bezeichnet – „Zu" und „Auf" zeigten sie an –, um das
Licht ab- oder anzudrehen. Es versteht sich von selbst,
daß es uns Kindern lange verboten war, das Licht zu
entfachen. Beim Einsetzen eines neuen Netzes mußte
dieses vor Inbetriebnahme abgebrannt werden; das heißt,
ohne Gaszufuhr angezündet werden, damit es seine
Leuchtfähigkeit erhielt.

Nach dem Ersten Weltkrieg, etwa 1918 bis 1920,
funktionierte die Gasversorgung Wiens nicht immer
zufriedenstellend. Das Gas blieb zeitweilig ganz aus, oder
der Druck war zu gering. Ich erinnere mich noch sehr gut
an unsere Zweitbeleuchtung, die Petroleumlampe. Sie
hing in der Küche an der Wand, und im Kabinett stand
eine runde Stehlampe mitten auf dem Tisch, bei deren
Licht ich meine ersten Schulaufgaben schrieb. Stets war
meine Mutter im Raum – oder am Abend mein Vater –,
wenn das Licht brannte. Es gab häufig Unfälle durch
umgestoßene Petroleumleuchten.

Im Zimmer – das als Schlafzimmer diente – stand je ein
Kerzenleuchter auf den Nachtkasterln meiner Eltern. Als
die Gaszufuhr nach dem Ersten Weltkrieg wieder voll zur
Verfügung stand, hatten alle Räume Gaslicht, nur für das
WC war keine Lichtquelle vorgesehen, hier blieb es noch
lange bei der Kerze.

Das Haus, in dem die beschriebene Wohnung im Vordertrakt, der Straße zugewandt, situiert war, hatte aber auch noch einen Hintertrakt. Dort waren die Wohnungen kleiner und schlechter ausgestattet; ohne Wasser, das WC auf dem Gang und ohne jede Lichtquelle. Hier waren die Mieter völlig auf Kerze und Petroleumlampe angewiesen. Auf dem Gang gab es Gasleuchten, die vom „Hausmeister", wie es damals hieß, betreut wurden.

Die Mieter dieses eher armseligen Hintertraktes waren es nun, die – etwa in der Mitte der zwanziger Jahre – ihre Situation bezüglich der Beleuchtung verbessern wollten. Sie verhandelten lange miteinander – es betraf elf Wohnungen –, und sie entschieden sich schließlich, eine elektrische Leitung in das Haus legen zu lassen, um dann zu jeder Wohnung eine Leitung zu legen. Die Kosten waren hoch, und nach langem Studium verschiedener Kostenvoranschläge wurde der Entschluß verwirklicht. Die Zahlungen konnten in Raten erfolgen, und das elektrische Licht erstrahlte erstmals in den kleinsten Wohnungen des Hauses. Manche Mieter des Vordertraktes schlossen sich der Elektrifizierung an und trugen ihren Teil zur Finanzierung der Hauszuleitung bei.

Später, als längst alle Raten bezahlt waren, wurde die Gangbeleuchtung umgestellt, und die meisten übrigen Parteien hatten auch elektrisches Licht. Unsere Wohnung wurde wieder mit Gaslicht beleuchtet. Mein Vater hielt es für gesünder, da es nicht so grell war und, wie er meinte, die Augen schonte; meine Mutter scheute die Handwerker und beide die Kosten, die mit der Umstellung verbunden waren.

So gingen die Jahre dahin, und erst 1941 ließen meine Eltern das elektrische Licht einleiten, im Zimmer allerdings innen noch nicht, denn eine Mauer von zirka sechzig Zentimeter schien unüberwindlich; wir behielten dort das Gaslicht.

1945, wieder ein Kriegsende wie schon 1918 – und diesmal ein totaler Strom- und Gasausfall. Kein Licht – es war April – und doch bald dunkel. Im Keller hing noch die

94

alte Petroleumlampe und half uns wieder aus. Langsam kam zeitweise Strom, später das Gas, und allmählich normalisierte sich die Energieversorgung. Bis 1952 hatte meine Familie andere Sorgen als die Beleuchtung. Mein Bruder und mein Mann waren nicht mehr wiedergekommen – einen kleinen Sohn hatte ich 1942 geboren –, mein Vater war noch 1944 eingerückt und krank heimgekehrt.

1952 war es dann soweit, daß wir wieder an die Verbesserung der Wohnung denken konnten: ausmalen und endlich auch im Zimmer das Licht einleiten lassen.

Ich habe nicht erwähnt, daß es in den zwanziger Jahren noch üblich und auch viel billiger war, die Stromleitungen außen an der Wand zu verlegen. Das war unschön, und die Drähte waren große Staubfänger. Das haben meine Eltern nie gewollt und vielleicht auch deshalb sosehr gezögert. 1952 also war es soweit. Mein Sohn besuchte die vierte Klasse Volksschule, und die Klassenlehrerin war mit meinem Vorschlag, den Kindern eine Gaslampe in Funktion zu zeigen, einverstanden. So kam die ganze Schar und betrachtete unser Licht. Es war mild, hellgelb und dem Mondlicht ähnlich. Unser schöner Jugendstilluster – Messing und Glasstäbe – hatte endgültig ausgedient – leider hoben wir ihn nicht auf.

Im Haus gab es, wegen des Luftschutzes, im Keller elektrisches Licht. Auf dem Dachboden allerdings nicht, und Wäsche konnte nur bei Tageslicht aufgehängt werden.

Noch lange gab es in den Nebengassen die alten Gaslaternen. Alle waren so romantisch, und der Laternenanzünder war in der Dämmerung von uns Kindern stets sehnsüchtig vom Fenster aus beobachtet worden. Allmählich wurden sie jedoch überflüssig. Schon lange waren die Schienenstraßen elektrisch beleuchtet gewesen. Ende der fünfziger Jahre gab es noch wenige Nebengassen mit Gaslaternen, und dann wurden auch sie elektrifiziert. Aber sie blieben in den alten Ortskernen erhalten, am Stadtrand kann man sie noch sehen, und sie geben, auch mit den Glühlampen, der Vorstadt ein gemütliches Gepräge.

Oswald Sint

wurde 1900 in St. Oswald bei Kartitsch in Osttirol geboren.
Er berichtet von der Elektrifizierung seines Heimatortes im
Jahr 1928.

Bis zu meinem zehnten Lebensjahr hatten wir in
unserer Küche nur einen kleinen „Holztoigl" (Tegel), der
aus gedrechseltem Birkenholz bestand, etwa dreißig Zentimeter hoch und vorderarmdick war. Oben war in der
Vertiefung des Holzständers ein Blech-„Toigl" (Tegel, in
dem das Petroleum einen schmalen Docht tränkte, der
höher- und niedrigerzuschrauben ging). Die Falle von
diesem Docht war etwa in der Größe eines halben
Zwetschkenkernes und gab sehr wenig Licht. Wenn wir
nach dem Abendessen die Stube aufsuchten und die
Mutter das Spinnrad in Betrieb setzte, mußte der „Zylinder" angezündet werden, der gab etwas mehr Licht. Er
hatte fast die gleiche Form wie der Tegel, bestand aber
aus Blech, und schon dieser Ständer enthielt das Petroleum. Oben war die Flamme durch ein bauchiges Schutz-
glas mit längerer Röhre für den Rauchabzug geschützt,
damit das Licht nicht so leicht erlösche wie beim Tegel.
Unser Lichtgerät war das kleinste von dieser Sorte, und
man nannte es einen „dreilinigen Zylinder". Seine Flamme
war wenigstens doppelt so groß wie das Licht in der
Küche.
Als ich etwa zehn Jahre alt war, wurde ein fünfliniger
Zylinder für die Stube angeschafft, der dreilinige löste
den „Lichtfunzenträger" in der Küche ab. Das Licht in der

Stube wurde nun hauptsächlich von der Mutter gelobt, und auch der Vater tat sich beim Lesen einer Geschichte, nachdem er den Abendrosenkranz gebetet hatte, leichter. In diesen Zeiten gab es in unserer Stube das schönste Licht, das uns alle sehr erfreute, als die Schuster auf die Stör kamen. Da brachte der Meister neben seinen Schustergeräten einen achtlinigen Zylinder mit. Für diesen mußte an der Wand an einer günstigen Stelle für einige Tage eine kleine Heiligenstatue Platz machen. Wie nun das kleine Stübchen hell wurde, im letzten Winkel konnte man einen Schuhnagel finden, der dem Lehrling hinuntergerutscht war.

Im Stall mußte man sich mit Laternen behelfen. Da gab es halt auch schwaches Licht von diesen Laternen, überhaupt wenn man mit dem Putzen der Scheiben nachlässig war. Zudem war der Stall für die fünf größeren und kleineren Rinder ziemlich klein, und das Licht, das bei Tage von den Fenstern kommen sollte, war nahe vor diesem durch den Bretterzaun des Gartens stark behindert. Abends und frühmorgens, wenn man die Mistfladen von den Rindern unter den „Barren" (Futterkrippen) aufstapeln sollte, mußte man die Laterne am Drahtgriffe mit den Zähnen halten, weil man bei der Arbeit mit der Mistgabel beide Hände benötigte. Größere Bauern hatten auch schon damals bessere Lichtgeräte, auch in den Ställen.

Im Jahr 1919 schlossen sich in Kartitsch sechs Männer zu einem Konsortium zusammen, kauften von der Gemeinde Kartitsch den Dynamo, den die militärische Besatzung beim Zusammenbruch 1918 zurückgelassen hatte. Die Gemeinde erhielt ihn von der provisorischen Regierung um wenig Geld. Das Konsortium plante unterhalb, südöstlich von St. Oswald, ein Elektrowerk. Anfang Oktober 1919 wurde mit der Arbeit des Aushebens eines tiefen Grabens für die großen, weiten Zuleitungsröhren des Wassers von drei Bergtälern und der erst fünf Kilometer langen Kleinen Gail begonnen. Beim Ausheben dieses Grabens, der zirka vierhundert bis fünfhundert

Meter lang werden sollte, waren eine größere Anzahl Arbeiter, alles Einheimische, angestellt, auch mein Vater und ich. Die Tagschicht wurde mit zwanzig Kronen bezahlt. Vom 19. auf den 20. Oktober fiel ein Meter Schnee, und diese Arbeit wurde eingestellt. Während des Winters 1919/20 änderte das Konsortium, das nur aus Einheimischen und keiner Fachperson bestand, seinen Plan, wo doch schon eine Menge Geld aufgegangen war, und im Herbst 1920 wurde südöstlich von der Kartitscher Pfarrkirche, zwei Kilometer entfernt vom ersten Plan, mit dem Ausheben des Zuleitungswassergrabens angefangen. Auch da waren eine Anzahl Arbeiter angestellt, auch mein Vater und ich. Trotz der steigenden Inflation – bin ich der Meinung – haben wir für die Tagschicht auch nur zwanzig Kronen verdient. Welche Gründe zur Änderung des Planes den Ausschlag gegeben haben, weiß ich nicht. Böse Zungen behaupteten, der Gescheiteste vom Konsortium hätte errechnet, daß zwei Kilometer weiter drinnen mehr Wasser vorhanden wäre als beim vorigen Plan, bei dem der Schustertalbach auch zu den anderen dazugekommen war.

In den nächsten Jahren einmal, ich weiß nicht mehr wann, wurde das Werk betriebsfähig, und alle Einwohner freuten sich auf das lang ersehnte Licht. Aber es gab für viele Haushalte Enttäuschungen. Hatte man schon vorher die Zahl der Lampen in unserer Dorfkirche genannt, so kam es nun dazu, daß das ganze Dorf St. Oswald samt der Kirche keine einzige Wattlampe, nicht einmal mit zehn Watt, zum Anzünden bekommen konnte. Wieviel Häuser in der Gemeinde noch ohne elektrisches Licht blieben, kann ich nicht mehr sagen. Es war zuwenig Strom erzeugt worden.

Inzwischen hatte eine einheimische Gesellschaft am Ausgang des Villgrater Baches ein Elektrowerk erstellt, von dem es Strom für mehrere Gemeinden geben sollte. Es kamen auch Werber nach St. Oswald, die zur Abnahme von Strom aus diesem Werk ersuchten. In kurzer Zeit war man einig, da billiger Strom versprochen wurde. Als

Gegenleistung mußten wir uns gleich verpflichten, alle Leitungsmasten gratis aufzustellen. Mit Freude gingen wir ans Werk. Das war im Mai 1928. Unsere Leitung wurde an die Hauptleitung in der Gemeinde Strassen angeschlossen. Nach kurzer Zeit kam auch schon ein Elektromonteur mit seinem Gesellen aus Wien und legte für alle Arbeiten des Anschlusses an die Hauptleitung des Dorfnetzes und alle Installierungen, auch der Kirche, einen Kostenvoranschlag vor.

Auch mit diesem Manne wurden wir in kurzer Zeit einig, und da es nicht lange dauerte, bis die Hauptleitung von Strassen herauf fertig war, hoffte man, daß der Monteur mit dem Gesellen in zwei Monaten auch mit allen Arbeiten zu Ende kommen würde. Da wurden wir wieder stark enttäuscht. Der Herr Kroneis, wie er hieß, hatte in mehreren Orten in unserer Gegend Arbeiten übernommen und war in St. Oswald kaum zu sehen. Anfangs wurde er von unseren Leuten in Güte ersucht, doch einmal anzufangen. Darauf gab es nur Versprechungen. Als es aber Spätherbst wurde und er noch nicht bei uns begonnen hatte, wurden die Leute grob, der Mann erhielt sogar Drohungen. Das half. Nun, da es in den November und auch Dezember ging, waren beide Monteure von frühmorgens bis spätabends fleißig bei ihrer Arbeit. Und als die Kunde durchs Dorf ging: „Am Heiligen Abend kommt das Licht!" entstand direkt Jubel im Dorf, und um sechs Uhr abends flammten in allen Häusern die weißen Lichter auf. Die Freude über die große Wohltat war wirklich einmalig. Nicht bloß wegen dem Licht, auch daß man durch den Strom von mancher schwerer Arbeit befreit worden war.

Anna Mühl

wurde 1914 in Wien geboren. Bis 1924 lebte sie mit ihrer Familie in der Schrebergartenkolonie „Am Ameisbach" im vierzehnten Wiener Gemeindebezirk.

Im Jahr 1920, da war ich sechs Jahre alt. Wir – meine Eltern und mein um sechs Jahre älterer Bruder – wohnten in einer Schrebergartenhütte. Es war ein Zimmerl mit zwei Betten, am Abend war am Fußboden noch ein Strohsack, da schlief mein Vater. Ich schlief mit meiner Mutter zusammen, mein Bruder alleine in einem Eisenbett. Meine Mutter meinte, ich könnte oder sollte nicht mehr mit meinem Bruder schlafen, weil wir eben zweierlei Geschlechts waren.

Die Küche war auch klein, da standen eine Kredenz, ein wackliger Tisch, ein Stockerl und ein großer Holzkoffer mit Eisenspangen. Da war unsere ganze Unterwäsche drinnen, alles was man halt heute so in einem Wäschekasten hat, natürlich alles dürftig. Kasten war keiner vorhanden. Auf dem Koffer saßen wir bei Tisch. Da gab es auch eine Petroleumlampe, die sehr wackelig war. Heute bekäme man viel Geld dafür. Der Tisch war auch ganz locker, also wenn man sich auf den Koffer setzen wollte, mußte man vorsichtig handeln, sonst war Gefahr im Verzug mit der Petroleumlampe. Dann war noch ein gemauerter Herd, den mein Vater selber gemacht hat; übrigens hat er immer gut gebrannt.

Dann war noch eine Singer-Nähmaschine in der Küche, die hatte meine Mutter als Aussteuer bekommen. Sie

100

war mit den Füßen zu betreiben, damit verdiente sich meine Mutter immer Geld in Heimarbeit, ohne Anmeldung. Mein Vater war Hilfsarbeiter, intelligent, er las Bücher, natürlich ausgeborgte. Aber der Verdienst war nie groß. Wir waren halt eine echte Arbeiterfamilie.

Das Wohnen empfand ich als Kind wie im Paradies. Ganz bei der Hütte war ein Ringlottenbaum, er trug große gelbe Früchte. Die Zweige gingen über das Dach der Hütte, da durften wir, mein Bruder und ich, hinaufklettern und die Früchte selber pflücken und essen. Sie schmeckten so süß wie Honig. Man bekommt jetzt solche Früchte nicht mehr.

Im Garten – er war nicht groß – hatten wir alles Gemüse angebaut. An den Rändern der Wege waren Blumen. Ich kann mich noch erinnern an schöne Tulpen im Frühjahr; im Sommer gab es Dahlien in allen Farben, im Herbst waren es Astern. Beim Gartentürl war ein großer Rosenstrauch, rosa Heckenrosen.

Später hatten wir dann einen Hund, der bekam Junge, die wurden nicht umgebracht, wir vergaben dann die Hunde an Bekannte. Dann kam meine Mutter einmal mit einer Ziege, da waren es auch bald ihrer drei. Da war dann ein Stall mit Hühnern. Ih weiß heute, was das in der Nachkriegszeit war, wenn man Milch und Eier hatte.

Also auf der Straße waren Gaslaternen. Da kam, wenn es dämmerte, der Gasanzünder; er hatte einen blauen Schlosseranzug, eine Schirmkappe und eine Leiter. Eine Stange hatte er auch in der Hand, ich denke, das war das Licht, mit dem er gezündet hat. Da sagte meine Mutter immer: „Wennst in Gasanzünder siehst, dann kommst nach Haus."

Einmal mußte meine Mutter weggehen. Eine Freundin und ich waren zu Hause. Die Mutter trug mir auf, wenn ich das Licht anzünde – das durfte ich da –, ja nicht mit dem Tisch zu wackeln. Meine Freundin war fünf Jahre. Ich zündete die Lampe an, ganz vorsichtig, sie hatte sich beeilt, damit sie auf den Koffer zu sitzen kommt, stieß an den Tisch an, die Lampe wackelte, der Zylinder fiel herunter, er war natürlich kaputt. Gott sei Dank faßte ich noch die Lampe, und es war nichts geschehen. Meine Mutter sagte nur: „Hauptsach', mir san net brennert worn." Die Hütte hätte gebrannt wie Zunder.

Vier Jahre wohnten wir dort, dann zogen wir in eine Siedlung, da mußte meine Mutter am Bau mithelfen, sie machte einttausendachthundert Stunden: Ziegelschupfen, den Maurer bedienen, Mörtel zutragen, Material mit der Scheibtruhe zuführen usw. Dann zogen wir in die Siedlung. Da gab es dann elektrisches Licht. Ohne Möbel, nur mit der Nähmaschine und zwei Betten zogen wir dort ein. Langsam kaufte sich meine Mutter dann Altmöbel. Für Neues reichte es nicht. Arm kamen wir uns aber nicht vor.

Die Siedlung mit den Baustunden, die zweitausend betrugen, war am Flötzersteig. Meine Mutter machte eintausendachthundert, und die zweihundert Stunden mußte mein Vater machen. Da wurde auch Samstag und Sonntag gearbeitet. Aber so kam halt ein armer Mensch auch zu einer anständigen Wohnung. Die Schrebergärten bestehen zum Teil noch und die Siedlung auch. Die Siedlung ist im Besitz meines Bruders. So etwas müßte es halt heute auch noch geben: Zins zahlten wir sechs Schilling im Monat, jetzt neunhundert. Nach den heutigen Verhältnissen geht das auch noch. Ich hatte dann ein Kabinett allein, mein Bruder ein Zimmer und meine Eltern auch ein Zimmer. Ein schöner Garten war auch dabei – also was wollten wir noch mehr? Trotz der Armut konnten wir das erstehen. Eben durch den Fleiß meiner Eltern.

Heinrich Schneidler

wurde 1911 in St. Georgen ob Judenburg in der Steiermark geboren. Er war Bauernknecht, Senner und Bergknappe und schildert die Arbeitswelt in der Zeit vor der Einführung des elektrischen Stroms.

Wie schon angekündigt, möchte ich auch einen Beitrag zum Licht bringen, mit dem in meinen Kindheits- und Jugendjahren – wie in allen Dingen, so auch mit dem Licht – sparsam umgegangen wurde. In meinen Kindertagen, bei den Eltern, gab es nur eine Petroleumlampe mit einem Spiegel – damit hatte man eine Doppelflamme erreicht. Von diesen Lampen gab es verschiedene Größen; die kleineren hatten nur einen schmalen Docht, spendeten daher nur eine kleine Flamme. Mit einem Rädchen konnte man die Flamme groß oder klein einstellen. Eine zu große Flamme oder minderwertiges Petroleum verrußten den Zylinder, er konnte auch zerspringen. Die Mutter brauchte die eine Lampe hauptsächlich, um ihre Arbeit in der Küche tun zu können. Der Vater und wir Kinder, meine jüngere Schwester und ich, verweilten in dieser Zeit auch in der Küche, bis die Mutter fertig war. Dann ging sie mit der Lampe hinein in das Zimmer, das ein Eß-, Wohn- und Schlafzimmer war. Schulaufgaben brauchten, außer am Donnerstag, der schulfrei war, keine gemacht werden.

Später, als ich mit dreizehn Jahren im Sommer 1924 das Elternhaus verlassen mußte und zu Bauern als Viehhirte kam, da wurde erst im Herbst, wenn der Abend und die

Dunkelheit früher eintraten, die Hängelampe über dem Bauernstubentisch wieder angezündet.

Im Rinderstall benützte man nur eine viereckige Laterne mit Holzrahmen, mit Fensterglasscheiben versehen, mit einem Henkel aus Draht; am Boden steckte eine Kerze. Ein schwacher Schein erhellte den Arbeitsvorgang beim Füttern und Melken. Im Jänner 1925 kam ich als letzter und jüngster Knecht zu einem Bergbauern, dort wurde mir am ersten Arbeitstag sogleich ein Dreschflegel in die Hand gegeben, und mit drei anderen Knechten, dem Moar, Nochmoar und dem dritten, droschen wir das Korn auf der Tenne im Viertakt, vom Hellwerden des Wintertages an. Um neun Uhr gab es Jause mit einem Krügerl Apfel- oder Birnenmost, dazu ein pikantes, saftiges Bauernbrot. Der Moar schnitt für mich Stücke, soviel ich essen mochte, vom großen Laib ab. Nach einer halben Stunde ergriff man wieder den Dreschflegel, um zwölf Uhr wurde das Mittagessen von der Kuchldirn angekündigt, indem sie an die Haustür trat und auf der Metallscheibe daneben einige weithin gut hörbare Klopfer gab. Bis dreizehn Uhr war Mittagspause, dann ging es wieder los bis zum Einbruch der Dämmerung. Man begab sich dann hinein in die Bauernstube zum Tisch zur Jause, ebenfalls wieder mit Most und Brot. Oberhalb des Tisches brannte die große Petroleumhängelampe, die die Hausdirn im Laufe des lichten Tages hergerichtet, mit Petroleum nachgefüllt, den Docht nachgeschaut und den Glaszylinder blitzblank gereinigt hatte. Auch mußte die Hausdirn den Kachelofen bedienen, damit die Stube an frostigen, kalten Winterabenden gemütlich warm war. Das ganze Gesinde hielt sich meistens bis einundzwanzig Uhr in der Stube mit irgendwelcher Betätigung auf, das weibliche beim Spinnrad, das männliche beim Kartenspiel – Schnapsen oder Königrufen. Die Altbäuerin – die Ahnl – hockte ganz nahe zum Kachelofen und tat manchmal Hühnerfedern schleißen, neben ihr saß pfeifenrauchend ihr Gespan, der Altbauer, oder ein anderer alter Greis, der ein Bleibbeim-Haus war, bis zu seinem Tod.

In den Schlafstätten der „Menscha-" und der „Buama-Kammern" (Mägde- und Knechtekammern) war nur ein armseliges Licht vorhanden, ein kleines Öllämpchen. Zum Ausziehen genügte es, der Raum war ungeheizt, daher verkroch man sich sogleich ins kalte Bett zu zweit, darin sich die Flöhe auch gerne befanden.

Die Kerzen für die Stall-Laterne machte man auf dem Bauernhof selbst aus Tierfetten, das in blecherne Model gegossen wurde. Sie hatten dieselbe Leuchtkraft wie die vom Dorfkrämer gekauften. Man nannte sie Schlichtkerzen. Das Kienlicht lag schon zu viele lange Jahre zurück – der Kien, der in den Kiefernstämmen enthalten ist, wurde für das Kienlicht an den Winterabenden von Männern in der gut erleuchteten und warmen Bauernstube neben den Spinnerinnen bearbeitet und als Kienleuchte vorbereitet.

Im Sommer 1929 kam ich als Knecht zu einem Landbauern, der für sich ein E-Werk in seiner Mühle am rauschenden Bach eingebaut hatte, mit Gleichstrom; alles, was daran angeschlossen wurde, funktionierte tadellos. Nur einen kleinen Defekt gab es einmal, weil der irrsinnige Bruder des Bauern in einem Wahnanfall die Lichtschalter im Rinderstall immerfort ein- und ausschaltete, bis es finster blieb und ein Elektriker den Schaden beheben mußte.

Am 1. Jänner 1930 übersiedelte ich wieder zu einem Bergbauern. Es war ein schöner, stattlicher Hof mit einhundert Stück Rindern, zehn Jungpferden, Eigenjagd, Mühle, Sägewerk und vor allem einem eigenen Licht; eine Turbine betrieb das E-Werk. Wegen der vielen Lampen und sonstigen Anschlüsse, die der Hof erforderte, und weil bei strengem Frost das Bacherl zufror, gaben die Glühbirnen nur schwaches Licht. In der Nacht, wenn es sehr kalt war, mußte ein Mann bei der Turbine aufpassen, daß sie nicht vereiste. Man sorgte damit vor, daß ein Stromausfall nicht möglich wurde.

All die Räume des großen, schönen, gemauerten Bauernhauses waren reichlich mit Geweihen und mit ausgestopften Tieren, wie Füchsen, Mardern, Iltissen und Vögeln, zu einem beschaulichen Genuß geschmückt.

In der Bauernstube mit zwei Tischen (wegen des zahlreichen Gesindes) gab es für die damalige Zeit Seltenes: ein Radio mit Batterie; leider drehte man sehr selten auf, man sparte die Batterie, mit Strom wäre es leichter gewesen. Was man aber vom Radio musikalisch vermißte, dies ersetzten die Musiker und Sänger des Hauses, damit waren Frohsinn, Freude, Gemütlichkeit und Unterhaltung, abgeschieden droben in der Einschicht, doch auch gegeben.

Im Chromwerk war die Einleitung des Stromes erst 1953, fast siebzig Jahre später, als man mit dem Lichtstrom anfing. Als eine Witwe 1945 mit ihren Kindern hierher in eine Holzkeusche zog, bedauerte sie es, daß es noch keinen elektrischen Strom gab, nur das Karbid roch sie. Im Bergleutort wurden mit den Grubenlampen auch die Wohnungen beleuchtet, es gab ein helleres Licht als von einer Petroleumlampe. An hohen Festtagen erstrahlte der Hochaltar in der Seckauer Kirche noch in den dreißiger Jahren von vielen, vielen kleinen Glühbirnchen, es war dies eine Herrlichkeit, an der ich mich nicht sattsehen konnte beim Festgottesdienst. Dazu paßte die würdevolle tridentinische Liturgie, um die es ewig schade ist, da man sie abschaffte, was nicht ohne Folgen für die katholische Kirche bleiben wird. Papst Pius V. hat vor über vierhundert Jahren in Konstanz strengstens gewarnt, daran etwas zu ändern oder gar abzuschaffen. Jenen Hochaltar hat man in den fünfziger Jahren abgetragen und um viel Geld verscheppert, ein Volksgut, das dem Bildersturm und dem Raub gleich zum Opfer fiel. Geld und üppiges Leben, auch bei der Kirche, haben Vorrang vor Gott.

In meiner vierjährigen Soldatenzeit und halbjährigen Gefangenschaft im Zweiten Weltkrieg mußten wir zum Großteil nur mit einem spärlichen Licht auskommen. In Bunkern, die keine Fenster hatten, in Notunterkünften, in Zelten mußte man mit den wenigsten Mitteln das Auslangen finden, man wurde zur Bescheidenheit regelrecht erzogen.

Einen alten und mit einer schönen Zeichnung versehenen Feldpostbrief eines kaiserlichen Offiziers habe ich, in dem er an einem Sonntag, dem 24. September 1916, von der Isonzofront einen Dankesbrief an seine Tante schreibt, weil er an diesem gleichen Tag ein Kistl mit Köstlichkeiten erhalten hatte; mit dabei war auch ein Lampendocht. Wörtlich schreibt er dessentwegen: „Nun können wir uns auch die Lampe, ein Exemplar aus dem vorigen Jahrhundert, endlich einmal anzünden, da wir nun einen Docht haben. Er paßt vorzüglich." Ein sehr ausführlicher Brief; Grüße sendet er an eine Fürstin und Baronin und auch an eine Gräfin und Durchlaucht. Er benennt sich Neffe Laudon.

Im Bergbau unter Tag hat das Licht eine besondere Bedeutung für den Bergmann. Es muß ihm überallhin auf seinen Wegen ständig voranleuchten und am Ort seiner Arbeitsstätte das Tageslicht ersetzen. Eine Panne, die mir einmal passierte, war, daß ich bei Schichtschluß zu meinen Kumpels sagte, sie könnten vorausgehen, ich werde die Sprengung, die ich vorbereitet hatte, anzünden. Als ich die letzte Zündschnur mit der Karbidlampe anzündete, machte die Schnur einen starken Zischer, und die Lampe erlosch. Ich griff in meine Hosentasche, um mein Feuerzeug hervorzuholen, es gab aber keinen Funken von sich, der Feuerstein war ausgegangen; nun war ich von der Dunkelheit umfangen, und die Sprengung würde bald losgehen. Mit meinem Tastsinn mußte ich mich entfernen, und es war – ohne Licht – ein weiter Weg bis hinaus in den Tag, wo ich aufatmen konnte, daß ich glimpflich davongekommen bin, und wegen meines Leichtsinns, daß ich keinen Kumpel zurückbehalten habe. Zu erwähnen wäre noch das außerirdische oder himmlische Licht, das alle weltlichen Lichter übertrifft an Glanz und Schönheit.

Rosa Erler

wurde 1923 in Schwaz in Tirol geboren. Frau Erler gibt in ihren Aufzeichnungen Erzählungen ihrer Großmutter wieder, die sich auf die Lebensverhältnisse der Bergknappen im Silberberg von Schwaz um die Jahrhundertwende beziehen.

Die Erzählungen der Großmutter waren vielfältig und aus den Erinnerungen geboren. Es war stets eine Feierstunde, aber ganz besonders heimelig wurde es in der Dämmerung, und keiner von uns knipste das elektrische Licht an, denn diese grelle Helligkeit hätte alle Romantik zerstört.

Licht! Großmutter erzählte uns von dem Licht in den Stollen. Ihr Vater war Bergknappe im Silberberg zu Schwaz in Tirol gewesen. (Meine Mutter wurde 1892 geboren, ihr Vater starb, als sie sechzehn Jahre alt war. Also stammen diese Erzählungen über das Licht aus einer Zeit, lange bevor es elektrisches Licht gab.) Großmutter durfte einmal mit ihrem Vater in den „Berta-Stollen" in Schwaz in den Berg einfahren. Dem kleinen Mädchen war gar bald zum Fürchten, es war dunkel und feucht, und von allen Wänden tropfte das Wasser. Das Öllämpchen flackerte zaghaft und warf geisterhafte Schatten an den nassen Fels. Vater schlug Haken in den Stein, hängte das „Knappenlicht" dort auf und begann das „Arz" – Erz – zu schürfen: mühselig untertag, stets in feuchter Luft, und die armselige Lichtquelle verlöschte nicht nur einmal. Sie war nur schwer wieder in Gang zu bringen, das Lämpchen war klein, der Ölvorrat gering, denn die Stollen waren oft beängstigend eng. Es gab auch sogenannte Kriechstollen, wo der Knappe nur in gebückter Stellung das Erz schürfen konnte, um es in Holzschüsseln oder in die Lederschürze zu geben. Es kam nicht von ungefähr, daß die damaligen Generationen nicht so groß gewachsen waren wie heute. Großmutter erzählte weiter: „Mein Vater erbarmte mir sehr in dieser Finsternis und Nässe. Er mußte auch schon im sechsundfünfzigsten Lebensjahr sterben."

Weniger traurig war die Erzählung von der nächtlichen Arbeit in den Scheunen, nämlich die Zeit des „Türkenpratschens": das heißt, die Maiskolben aus ihrer schützenden Strohhülle lösen, „auspratschen", bis ein gewaltiger Haufen Maiskolben auf dem Scheunenboden lag. Bei dieser Tätigkeit spielte auch das Licht eine Rolle, und es mußte ganz besonders bezähmt und bewacht werden, denn so eine Scheune brannte ja sofort lichterloh. Es wurden Kerzen in die Holzlaternen gestellt und in sehr sicherem Abstand an die Wand gehängt oder am Boden belassen.

Zu dieser Arbeit kamen auch Burschen und Mädchen aus der Nachbarschaft, es wurde Ziehharmonika gespielt und gesungen. Wenn dann genug gepratscht und geratscht war, gab es heißen Tee, Schnaps, Speck und Brot, und es wurde getanzt bis spät in die Nacht. So manchen jungen Leuten kam es sehr entgegen, wenn die Kerzen heruntergebrannt waren und diskret verlöschten. Etwas beschwerlicher als das „Türkenpratschen" waren das Heu- und das Holzziehen vom Hochwald und den hochgelegenen Heustadeln. Bauern und Knechte mußten schon sehr früh, noch in der Dunkelheit, mit den schweren Schlitten auf den Schultern aufsteigen, denn es war ein stundenlanger, beschwerlicher Aufstieg in meterhohem Schnee vonnöten, um zu den Holz- und Heuvorräten zu gelangen. Um den Weg überhaupt zu finden – er mußte oft erst freigeschaufelt werden –, trug man Kienspäne wie Fackeln mit sich. Es sah beinahe geisterhaft aus, wenn diese Lichter bergwärts flackerten. Was Großmutter über die Kienspäne noch in Erinnerung hatte, war dies, daß diese Späne aus vermodernden Stöcken, meist Lärchen, gehackt und vom Moder befreit wurden, bis ein gesunder Kern zutage kam. Ein Teil davon wurde mit Baumpech umwickelt, und ein Teil wurde freigelassen, damit man den Span halten konnte. Diese Späne (Fakkeln) brannten licht und lange und dufteten herrlich nach Harz und Holz. Kleinere Kienspäne verwendeten die Holzknechte zum Feuermachen, sie brannten schnell an. Das war die Lichtquelle.

Die schönste Lichtquelle waren für Großmutter die Laternen und Kienspäne, welche man in der Heiligen Nacht auf dem Weg zur Mitternachtsmette trug. Es war ein großes Treffen der Liebe und der Freude. Beim höchsten Bauernhof begann der Lichterzug, von jedem Hof, von allen Seiten kamen Lichter dazu. Sie ließen den dunklen Wald hinter sich, zauberten auf den Schnee Tausende Diamanten, und so manches Licht fand auch den Weg zum Herzen. Vor der Kirche wurden die Laternen abgestellt, die Kienspäne in den Schnee gesteckt, und alles Licht vereinigte sich vor der Krippe des Neugeborenen. Wenn dann das Lied „Stille Nacht, Heilige Nacht" erklang, strömten aus allen Lichtern Friede und Zufriedenheit in die Herzen der Menschen.

Großmutter wurde sehr still und nachdenklich. Wenn das Rad der Zeit dann stillstand, war die allerletzte Lichtquelle wiederum die Kerze. Sie vermochte oft nicht zu trösten, sie vermochte ein vergangenes Leben nicht wiederzuerwecken, aber sie vermochte eines: Sie verdrängte die Verlassenheit mit ihrer Wärme, ihrem sanften Schein.

Großmutter war in ihre Erinnerungen versunken, wir machten uns auf Zehenspitzen aus der Stube, niemand hat jetzt das kalte Licht der Neonröhre vertragen.

Wilfriede Mirtl

wurde 1925 in Berg an der Drau in Kärnten geboren, wo während ihrer Kindheit Kerzen- und Petroleumlicht in Gebrauch waren.

Das lebendige Licht hat sich mir weit mehr eingeprägt als das kalte, elektrische, das man sich nicht mehr wegdenken kann. Bei uns waren es Kerzen und Petroleum, und das tägliche Zylinderputzen war schon ein Ritual für sich; das Anhauchen, Polieren mit Zeitungspapier und Kochlöffel erforderte schon ein Fingerspitzengefühl. Mutter tat dies mit Hingabe, aber auch deshalb, weil sie so gerne las – und das nur im Bett, weil bei Tag hatte sie keine Zeit.

Im Krieg war man auch über eine Karbidlampe froh.

Maria Lind

wurde 1920 in Speilbrunn in der Gemeinde Kleinsteinbach in der Steiermark geboren, wo in ihren Kinderjahren von den Mühen der Elektrifizierung von 1923 noch viel erzählt wurde.

Als das Licht kam, war ich drei Jahre alt. In dieser Gegend wurde erstmals 1923 elektrifiziert! Persönlich kann ich mich an diese Begebenheit nicht erinnern. Aber es wurde noch oft davon gesprochen, wie schwer sich manche Besitzer taten mit der Beschaffung der nötigen Geldmittel! Manche haben viel Holz geschlägert, andere haben immer wieder viel verkauft; denn jede Materiallieferung mußte sofort bezahlt werden, es war ja rasende Inflation nach dem Ersten Weltkrieg.

Ein sonst nicht besonders erleuchteter Bauer nahm einfach einen namhaften Kredit bei der Raiffeisenkasse auf, um mit dieser Ausrüstung eben auch zur Beleuchtung zu kommen. Die Masten mußten auch von den Besitzern bereitgestellt werden. Es war viel drum und dran an der Sache. Wie lang die Bauzeit gedauert hat, weiß ich nicht. Aber die Inflation galoppierte! Der besagte bequeme Bauer hat seinen Kredit dann mit Hohn zurückgezahlt! Wer zuletzt lacht, lacht am besten! Später hat dann der Strom hinten und vorn nicht gereicht. Dann wurde wieder umgebaut und umgeleitet. Jetzt klappt es, „das Licht"!

Alois Bader

wurde 1920 in Lackendorf im Burgenland geboren, wo er die in den späten zwanziger Jahren einsetzende und immer mehr um sich greifende Elektrifizierung erlebte.

Da ich 1920 geboren wurde, kann ich, auch ohne es bewußt erlebt zu haben, sagen, daß ich beim Schein einer Petroleumlampe – um zwei Uhr nachts – das Licht der Welt erblickte. Da es mitten im strengen Winter war (5. Jänner), könnte es allerdings auch das Licht des Kaminfeuers gewesen sein, das ich zuerst erblickte. Auch eine dritte Lichtquelle könnte es ebenso gewesen sein – das Kerzenlicht.

Die klösterliche Erziehung meiner Mutter bedingte, nehme ich an, daß in ihrer schweren Stunde geweihte Kerzen brannten im Herrgottswinkel, um den damit verbundenen Segen Gottes zu erbitten.

Von den Urlichtern der Menschheit – Sonne, Mond, Sterne und Feuer – war also mindestens eines dabei, das ich als „Licht der Welt" erblickte, ebenso wie Millionen Menschen jahrhundertelang vor mir. Könnte es im Laufe der Menschheitsgeschichte ein weiteres Licht geben, das einige Menschlein durch Zufall als erstes erblickten – das elektrische Licht eines Blitzes in einer stockfinsteren Nacht? Aber könnte nicht auch das Urlicht der Sonne elektrisches Licht sein? Meiner Elterngeneration – 1884 geboren – und meiner Generation blieb es vorbehalten, jene geheimnisvolle Kraft, die, gleich dem Lebenssaft Blut, das Leben der Menschheit in der Gegenwart weitge-

hend bestimmt, den elektrischen Strom, näher kennen
und verwenden zu lernen.

Wenn die Deutungen von neuesten Ausgrabungen in
Ägypten stimmen, dann kannten auch schon die alten
Ägypter das elektrische Licht. Für uns wiederentdeckt hat
es der geniale Erfinder Thomas Edison vor etwa zweihundert Jahren in den USA, nachdem einhundert Jahre vor
ihm Luigi Galvani die chemische Erzeugung des elektrischen Stromes entdeckt hatte. Aber erst die Erfindung des
Generators ermöglichte der Menschheit, den elektrischen
Strom „nutzbringend" zu verwenden.

Ehe ich als Kind reale Bekanntschaft mit dem elektrischen Strom machte, wußte ich schon relativ sehr viel von
ihm aus der Zeitung, dem „Neuigkeits-Weltblatt", das wir
täglich per Post bekamen. Durch diese Zeitung konnte ich
mit Hilfe meiner Mutter schon mit fünf Jahren lesen, ehe
ich noch zur Schule ging. So erfuhr ich von der „Elektrischen" in Wien und anderen Großstädten der Welt, von
den großen Elektrizitätswerken, die den Strom erzeugten,
und der vielfältigen Verwendung des Lichts, das man aus
Strom machen konnte. In meinem Heimatort Lackendorf
im Burgenland aber waren noch immer die Kerze, die
Petroleumlampe, die Laterne in der Hand, am Wagen, im
Stall usw. und das Streichholz die wichtigsten Lichtquellen seiner Bewohner.

Da das Burgenland als Teil Westungarns zweihundert
Jahre zu Ungarn gehörte, obwohl es fast rein deutsch
besiedelt war, blieb es in seiner Zwiespältigkeit ein reines
Agrarland, wo nur in seiner Hauptstadt Ödenburg die
technischen Errungenschaften unserer Epoche zögernd
Fuß faßten. Der Verlust Ödenburgs im Jahr 1921 durch
den Anschluß des Burgenlandes an Österreich war für
beide Teile, im nachhinein betrachtet, ein schwerer
Rückschlag in seiner Entwicklung. Politik des Hasses,
durch Unvernunft, ließ die Bewohner zu unschuldigen
Opfern werden. Das Burgenland als solches hatte aber
dennoch den besseren Teil gewählt, wenn wir 1986
Rückschau halten.

Durch den stark erleichterten Grenzverkehr war es den nunmehrigen Burgenländern möglich, noch jahrelang ihre ehemalige Hauptstadt zu besuchen. Zu Fuß, per Pferdewagen oder per Eisenbahn (seit 1912) pilgerten viele Bewohner meines Heimatortes Woche für Woche am Markttag nach Ödenburg, um dort zu kaufen, was in einem Haushalt gebraucht wurde, vor allem Werkzeug, Maschinen, Geräte, Bekleidung und sonstige Bedarfsartikel. Auch mein Vater als Gastwirt und Fleischhauer fuhr regelmäßig „in die Stadt", sodaß ich annehme, schon mit drei Jahren mitgenommen worden zu sein, zumal wir auch Verwandte und Bekannte in der Stadt hatten. Vermutlich habe ich also als Kleinkind in Ödenburg die erste Bekanntschaft mit dem elektrischen Licht gemacht; sicher ist, daß ich mit sieben Jahren von meinem Vater zur „Messe" nach Wien mitgenommen wurde und dabei zum erstenmal in meinem Leben mit einer „Elektrischen" fuhr, teils ängstlich, teils staunend.

Die Beleuchtung meines elterlichen Gasthauses sah vor dem elektrischen Strom so aus:

Das Gastzimmer war zehn mal sechs Meter groß und daher nicht extrem schwierig mit Petroleumlampen zu beleuchten. Die von der Decke herabhängenden Lampen waren entsprechend größer als jene in kleineren Räumen, sogenannte „Rundbrenner". Ein etwa zehn Zentimeter breiter Docht wurde im Brennkopf zu einem Ring geformt, sodaß damit eine große, volle Flamme entstand. Der Docht bedurfte aber ständiger Pflege, sonst rauchte er stark. Als Lichtreflektor diente ein emaillierter Blechschirm. Für gewöhnlich genügte eine dieser Lampen für den eher spärlichen Abendbesuch der Gäste. War es gar nur eine kleine „Tischpartie" mit „Schnapsern" und Kiebitzen, dann stand eine kleinere Lampe erhöht, meist auf einem Topf, mitten auf dem runden Tisch.

Bei Versammlungen oder Tanzveranstaltungen standen zwei große Hängelampen zur Verfügung, und zusätzlich hatten die Musikkapelle und der Schanktisch noch extra eine gute Lampe.

Im Winter stand inmitten des Saales ein Eisenofen, und die wenigen Gäste saßen um den Ofen, dessen offenes Türl auch das romantische Licht spendete, und erzählten sich meist Kriegserlebnisse oder sonstige „Heldentaten" aus dem Alltag. Oft aber saßen die Gäste lieber in der Küche, wo eine Petroleumlampe mit einem Reflexspiegel an der Wand hing und reichlich Licht spendete.

Die Probleme mit dem Petroleumlicht lagen meist an der Qualität des Dochtes, des Petroleums und der sorgfältigen Pflege, welche die Mutter besorgte. Passende Glaszylinder mußten auch immer in Reserve gehalten werden. Zum Weinholen aus dem Keller stand am Schanktisch immer ein Kerzenleuchter bereit: zusätzlich stand meist auch einer auf der Kellerstiege. Für längere Kellerarbeiten hing eine Wandlampe dort, wo sie gerade gebraucht wurde.

Bei Tanzveranstaltungen im Sommer, zum Beispiel beim Kirtag, war es üblich, im Hofe eine „Tanzhütte" zu errichten, das heißt, ein passendes Stangengerüst wurde mit frischen Laubsträuchern eingedeckt, sodaß reichlich Schatten vorhanden war. Der Hof und die Tanzhütte wurden stets mit Karbidbrennern beleuchtet, wie sie auch die „Zuckerstanderln" auf Kirtagen und Jahrmärkten verwendeten. Es waren offene Brenner mit einem Karbid-kessel, von dem ein gebogenes S-förmiges Kupferröhr-chen aufwärts führte und an dessen Ende die grelle Flamme brannte. Später ersetzte diese Brenner eine „Maxim"-Gasglühlichtlampe, die ein noch besseres Licht verstrahlte. Auch als schon im Gastzimmer das elektrische Licht eingeleitet war, dienten die Maxim-Lampen zur Beleuchtung der Tanzhütte.

Ganz allgemein gesehen, wurde in allen Volksschich-ten alles nach Tunlichkeit vermieden, was eine Beleuch-tung notwendig machte. Auch Veranstaltungen wurden nach Möglichkeit nur bei Tageslicht abgehalten. Die langen Winternächte zwangen aber naturgemäß dazu, mehr Licht zu verwenden. Dennoch war das Sparen für alle ein Gebot der Stunde.

Selbst die notwendige Gottesdienstbeleuchtung in der Kirche wurde ohne Rücksicht auf die Tageszeit sehr sparsam gehandhabt: wochentags nur zwei Kerzen am Altar, sonntags vier und feiertags sechs. Sogar in der Stärke der Kerzen wurde genau unterschieden: am Hochaltar dicke, an den Seitenaltären dünnere. Das „Ewige Licht", vorm Hochaltar hängend, war eine Öllampe, deren Schwimmdocht eine kleine, sparsame Flamme ermöglichte. Mit einem Liter Öl brannte es eine Woche oder länger.

Bei Abendandachten erhellte der fünfzehnflammige Kristalluster die Kirche, wobei zusätzlich noch die vierzehn Wandkerzen des Kreuzweges brannten und die Leute auf ihren Plätzen Wachsstöcke oder kleine Kerzen entzündeten. An der Orgel wurde eine Petroleumlampe verwendet.

Das Kerzenopfer zu Maria Lichtmeß (2. Februar) war das Maß für die Verwendung der Kerzenbeleuchtung für das ganze Jahr. Wenn in Notzeiten wenig gespendet wurde, mußte eben mehr gespart werden. Kurz vor dem Lichtmeßtag legte der Pfarrer immer über die Kerzenreserven Rechenschaft ab, damit die Leute sich richten konnten, wie groß die Spende sein müßte. Die Sakristei wurde ebenfalls mit einer Petroleumlampe beleuchtet.

An eine Beleuchtung des Schulzimmers vor dem elektrischen Strom kann ich mich nicht erinnern. Es wurde ja kein „Nachtunterricht" erteilt. Bei der Weihnachtsfeier wurden Petroleumlampen verwendet, die ausgeborgt wurden. Mit der Einleitung des Stromes in das Dorf wurden auch Schule, Spritzenhaus, Post und eine Lampe für den Bürgermeister privat mit Strom versorgt. Kirche und Bahnhof lagen zu weit abseits einer Zuleitung und wurden erst nach dem Zweiten Weltkrieg angeschlossen.

Unsere Gemeinde hatte kein eigenes Gemeindeamt, und die Amtsgeschäfte wurden im Hause des Bürgermeisters abgewickelt, der seine hausübliche Beleuchtung verwendete. Die Post wurde von der „Frau Oberlehrer" geleitet, welche in der Schulwohnung untergebracht war und ebenso wie der Haushalt mit Petroleumlicht versorgt wurde.

Der Bahnhof wurde 1912 in Betrieb genommen und in der Dunkelheit mit einer Petroleumlampe beleuchtet, die in einer großen Laterne neben dem Eingang an der Wand angebracht war. Etwa um dieselbe Zeit, als wir unsere Maxim-Lampe erhielten, bekam der Bahnhof eine ähnliche, die auf einem hohen Lichtmast hochgezogen wurde. Diese diente dann bis zur Einleitung des Stromes, etwa 1948. Straßenbeleuchtung gab es in unserem Ort keine. Der Nachtwächter patrouillierte mit einer Kerzen- beziehungsweise Sturmlaterne.

Die Feuerspritze für Pferdegespann von 1886 hatte in der Mitte beiderseits eine Kerzenlaterne aus Messing zum Abnehmen, welche immer schön geputzt sein mußte. Bei Nachteinsätzen „über'n Hotter", das heißt, in anderen Ortschaften, wurden diese angezündet. Bei ganz finsterer Nacht zündeten mitfahrende Feuerwehrleute auch Pechfackeln an, um eine bessere Beleuchtung für die Pferde zu haben. Wenn sie über einen Bach mußten, sprangen die Fackelträger ab und liefen voraus über den Bach, um damit den Pferden die Scheu vor dem Wasserspiegel zu nehmen. Beim Brand selbst erübrigte sich ja meistens jegliche Beleuchtung, da die Strohdächer der Häuser hellauf brannten. Fabriken gab es in meinem Ort keine, aber Werkstätten.

Ich war oft von meinem Vater zum nahen Tischler geschickt worden, um irgendein Brett richten zu lassen, sodaß ich mich dort schon wie zu Hause fühlte. Der „Seppl-Vetter" war ja ein redegewandter Mensch und außerdem einige Jahre in Argentinien gewesen, sodaß er viel erzählen konnte und so manche Stunde in unserem Gasthaus die Gäste aufmerksam seinen Worten lauschten. Im Sommer benötigte er wohl nie ein Licht in seiner Werkstatt, doch an den kurzen Wintertagen stand dann am Fenster über der Hobelbank eine größere Petroleumlampe mit einem Spiegelreflektor, und eine ebensolche hing neben dem Ofen, damit er den Leimtopf am Ofen beobachten konnte. Ofen und Licht bedeuteten für eine Tischlerwerkstätte immer eine große Gefahr, doch zeit meines Lebens kann ich mich nicht an einen Brand erinnern, der in einer Werkstätte passiert wäre.

Ein anderer Nachbar war unser Hausschuster. Seine Werkstätte war relativ klein, und am Abend, wenn er arbeiten mußte, brannte auf seinem Werkzeugtisch eine Petroleumlampe mit Spiegelreflektor. Ich saß gerne bei ihm und sah ihm bei der Arbeit zu, die seine flinken Hände taten. Witz und Spaß waren bei ihm stets im Munde, und dann unterhielt er oft eine ganze Runde von Zuschauern. Auch ich wurde einmal das Opfer seiner Spässe, als er heimlich einen Holzstift in den Leim im Leimschüsserl steckte, mir plötzlich das Schüsserl hinhielt und meinte, ich solle ihm doch den Holzstift aus dem Leim ziehen, denn er bekäme ihn nicht heraus. Ahnungslos griff ich siegessicher zu, und als ich den Stift zu fassen bekam, hob er das Schüsserl schnell an und meine ganze Hand steckte im Leim. Während alle Umsitzenden sich halb totlachten, schlich ich beschämt nach Hause, um meiner Mutter mein Leid zu klagen, aber die lachte auch nur darüber und wusch mir die Hand sauber. Damit hatte mein Unglück ein schnelles Ende.

Die „Fannitante" war eine Weißnäherin und nähte für uns nicht nur Leinenhemden, sondern auch die Berufskleidung für die Fleischerei, die auch aus Leinen gemacht war. Der „Schurz" bestand meist aus Grob- oder Bauernleinen und war für die Nähmaschinen schwierig zu bearbeiten. „Fannitante" mußte in den kurzen Wintertagen oft bei dem Licht der Petroleumlampe arbeiten, die auf dem Fensterbrett stand, davor die Nähmaschine. Das Fenster war mit weißen Vorhängen verhängt. Dennoch lockte dieses Licht die Nachtkäuzchen an, die dann am gegenüberliegenden Dachgiebel saßen und stets: „Komm mit! Komm mit!" riefen. „Sterben wird wer!" meinten dann die Leute und wußten nicht, daß es das Licht der Schneiderin war, die den „Totenvogel" anlockte.

Als „lichtscheues Gesindel" bezeichnete der Volksmund jene Menschen, die sich ohne einsichtige Notwendigkeit in der Nacht herumtrieben. Dieser Ausdruck wurde nach und nach auf alle Nachtdiebe angewandt. Für das Burgenland traf dieser Ausdruck auch auf Zigeuner, Scherenschleifer, „Reindlflicker", „Reitermacher" (Holzsiebhersteller), zum Teil sogar auf Arbeitslose zu, weil die sich tagsüber nicht blicken ließen, nachts aber schwarzarbeiten gingen.

„Dem ist ein Licht aufgegangen" ist ein Sprichwort, das dort angewendet wird, wo bei einem Menschen eine gewisse geistige Erleuchtung stattfand, wohl analog zum Effekt einer visuellen „Erleuchtung". Welcher Effekt aber dazu Pate stand, entzieht sich meiner Kenntnis.

Schließlich sei auch noch die liturgische Bedeutung des Lichtes bei allen Religionen erwähnt. „Licht als Quell allen Lebens", „Das ewige Licht leuchte ihnen!", „Es werde Licht!", „Die Erleuchtung des Heiligen Geistes komme auf euch herab!" usw. weisen auf die große Bedeutung des Lichtes für den Menschen hin.

Das Dorf mit seinen niedrigen Häusern und den kleinen Fenstern prägte jahrhundertelang die Lebensweise seiner Bewohner. „Mit der Sonne aufstehen und schlafen gehen" war der Lebensrhythmus der bäuerlichen Bevölkerung. Die Fenster wurden wegen des teuren Glases so klein wie möglich gehalten, und die Bäuerin ließ im Sommer den ganzen Tag die Haustür offen, damit sie in der Küche genug Licht hatte. Das liebe Hausvieh kannte von Natur aus nur den Tag-Nacht-Rhythmus, und der Bauer mußte sich danach richten. Wenn der Hahn krähte, dämmerte der Tag herauf, und wenn die Hühner zum „Aufsitz" gingen, wurde es Nacht. „Mit den Hühnern schlafen zu gehen", bedeutete Licht sparen und früh zu Bett gehen. Mit der sozialen Besserstellung der ländlichen Bevölkerung änderten sich auch die Wohnverhältnisse durch Ziegelbauweise mit feuerfesten Dächern und doppelt so großen Fenstern wie ehedem. Das bedeutete doppelt soviel Licht im Haus, und damit waren auch viele Vorteile verbunden, die vor allem das Augenlicht der

Menschen schonten und mehr und bessere Arbeitsleistungen ermöglichten. Vor allem Werkstätten, Schulen, Gasthäuser und andere öffentliche Gebäude hatten nun mehr Licht durch größere Fenster. Wie weit aber die heutigen Glaspaläste in den Großstädten ihren Benützern von Nutzen sein werden, wird erst die Zukunft uns sagen. Ich persönlich würde mich nie in einem solchen „Glaskäfig" wohl fühlen.

Einer meiner Lehrer stammte aus Wien und war „Kostgeher" in unserem Gasthaus. Bei ihm lernte ich das Detektorradio mit Batteriebetrieb kennen und das Prüfen der Batterien mit der Zunge, ob sie noch Strom haben. Gute Batterien erzeugten ja an der feuchten Zungenspitze ein mehr oder weniger starkes Prickeln – das war also der unsichtbare Strom der Batterie.

Die Batterietaschenlampe hielt zögernd Einzug im Dorf. Zögernd deshalb, weil so eine „Batterie", wie sie kurz genannt wurde, noch relativ teuer war, ebenso auch die Ersatzbatterie. Sie spendete den Menschen im Dorf sozusagen das erste elektrische Licht. Ich erinnere mich noch sehr gut daran, daß ich gerne damit spielte und immer ein- und ausschaltete – eine Faszination! Freilich durften das Vater oder Mutter nicht sehen, denn dann wurde die Batterie versteckt, und es brauchte Tage, ehe ich sie wieder zufällig entdeckte. Heimlich steckte ich sie manchmal zu mir, um sie meinen Freunden zu zeigen und ausprobieren zu lassen. Selbstverständlich taten wir auch einen Blick in die geöffnete Lampe, machten ängstlich die Zungenprobe mit der Batterie und versuchten die Funktion der Schaltung zu ergründen. Welch ein Abenteuer für uns Knirpse!

Vater bestimmte, wann und wozu die Batterie verwendet werden durfte. Der wichtigste Verwendungszweck war mit dem Holen von Heu und Stroh vom Dachboden gegeben, denn nun drohte dabei nicht mehr die Gefahr des Entzündens durch das Kerzenlicht der Laterne. So manches Haus mit Strohdach ging durch Unachtsamkeit auf diese Weise in Flammen auf. Dieser Vorteil bei der

Batterie mag wesentlich dazu beigetragen haben, daß sie ziemlich rasch selbst in den Bauernhäusern Eingang fand. Ein weiterer wichtiger Verwendungszweck war die Beleuchtung des Weges bei kurzen Gängen nachts innerhalb und außerhalb des Hauses, wie Stallkontrolle, Absperrkontrolle, Gang zum Bahnhof usw. Auch die Gendarmeriebeamten, die oft unser Gasthaus besuchten, waren schon mit Taschenlampen ausgerüstet. Die wichtigste Beleuchtung für alle Räume des Hauses blieb aber nach wie vor die Petroleumlampe in den verschiedensten Ausführungen, in denen sich ganz deutlich die soziale Stellung des Besitzers widerspiegelte. Allein schon die Größe der Lampe war diesbezüglich aufschlußreich, denn ärmere Leute konnten sich nur kleinere Lampen leisten und mußten das teure Petroleum literweise Woche für Woche einkaufen. Das Petroleumfaß beim Kaufmann mit einer einfachen Handpumpe stand meist im Verkaufsraum mit den vielen anderen Waren.

Später erhielt das Petroleumfaß eine fixe Pumpe mit Meßvorrichtung und wurde in einem Vorraum untergebracht. Dennoch roch das ganze Kaufhaus meist nach Petroleum. Die Qualität bestimmte auch die Helligkeit des Lampenlichts und den Verschmutzungsgrad von Docht und Glaszylinder, der sowieso jeden Tag geputzt werden mußte, ehe die Lampe entzündet wurde. Nach Möglichkeit hatte jeder Raum eine Lampe; im Wohnzimmer stand oder hing von der Decke die schönste, während die vom Stall die einfachste war, aber entsprechend groß, um den Stall ausleuchten zu können.

Geweihte Kerzen in verschiedenen Größen gab es in jedem Haus. Sie wurden nicht zur Beleuchtung verwendet, sondern nur in bestimmten Fällen, wie bei der Letzten Ölung eines Sterbenden, als Trauerlicht bei der Totenwache, bei einem Gewitter gegen Blitzschlag und sonstigen Gefahren des Leibes und der Seele. Sogenannte „Wachsstöcke", die von bekannten Wallfahrtsorten mitgebracht wurden, dienten als persönliches Opferlicht in verschiedenen Anliegen.

Stearinkerzen wurden in Paketen, mit blauem Papier umgeben, beim Kaufmann gekauft und für kurze Beleuchtungen in Keller, Speisekammer, Futterkammer und dergleichen in Kerzenleuchtern oder Laternen verwendet. Die „Sturmlaterne" diente als Beleuchtung der Fahrzeuge bei Nacht und zum Gang in die Kirche, besonders im Winter, wenn ein Schneesturm die Sicht erschwerte. Die Konstruktion dieser Laterne verhinderte das Ausblasen der Flamme, daher „Sturmlaterne".

Etwa ein Jahr bevor mein Heimatort den elektrischen Strom erhielt, kaufte mein Vater eine „Maxim"-Gaslichtlampe für das Gastzimmer. In einem Druckbehälter war Petroleum, das mittels einer eingebauten Handpumpe unter Druck gesetzt wurde und als Luftgemisch in einem Gasglühstrumpf zur Verbrennung gelangte. Ein gleißend helles Licht erfüllte von nun an das Gastzimmer und versetzte die Gäste in großes Staunen. Der einzige Nachteil bestand darin, daß nur mein Vater die Lampe bedienen konnte, aber es lag in seinem Interesse, daß auch ich es bald erlernte.

„Mehr Licht" wünschte sich nicht nur Goethe vor seinem Tode, sondern auch die Bevölkerung Lackendorfs, nachdem ein Lehrer deutscher Abstammung 1919 im Ort die zweite Lehrerstelle erhalten hatte und radikal die beiden anderen Sprachen in der Gemeinde, Kroatisch und Ungarisch, insofern abschaffte, als er sagte, daß das Burgenland nun zu Österreich gehöre und Deutsch die Schulsprache in ganz Österreich sei. Unterstützung erfuhr er in erster Linie von den neu zugewanderten Arbeitern aus rein deutschen Gemeinden, wenig dagegen von den eingesessenen Bauern, die großteils kroatischer Abstammung waren. Allein dieser Grund mag ihn bewogen haben, sich der erst im Aufbau befindlichen sozialdemokratischen Arbeiterbewegung zuzuwenden. Ein Lehrer, der lesen, scheiben und rechnen konnte, wurde ja von jeher in jeder Organisation gern gesehen, sofern er nur brav seine übernommenen Pflichten erfüllte. Rechte wurden ihm kaum dabei eingeräumt, da er ja nur der

„Schulmeister" war, der immer noch vom Wohlwollen der Wohlhabenden abhängig war, im Burgenland außerdem noch vom Pfarrer und dem Schulstuhl.

Mit der jungen Demokratie konnten aber die alten Monarchisten mit ihrem Untertanengeist kaum etwas anfangen, sodaß es unserem Lehrer H. möglich war, die Führung der „Demokraten" zu übernehmen, ohne daß diese es wahrnahmen. Zu seinem Vorteil der österreichischen Bildung gesellte sich noch die Erfahrung der Menschenführung als Oberleutnant, und davor kapitulierte als erster der kroatische Pfarrer, der sich in eine rein kroatische Gemeinde versetzen ließ. Der nachfolgende Wiener Kaplan entsprach schon eher dem fortschrittlichen Denken der „Demokraten".

1928 kam es zu einer entscheidenden Gemeinderatswahl. Drei Rechtsparteien standen zwei Linksparteien gegenüber. Erstere erzielten zwar eine knappe Mehrheit, aber durch geschicktes Taktieren erreichte Lehrer H., daß ein Sozialdemokrat erstmals Bürgermeister in unserer Gemeinde wurde. Damit waren auch die Weichen für „Mehr Licht in die Gemeinde" gestellt.

Durch die Abtrennung des Ödenburger Gebietes mit sieben Umlandgemeinden an Ungarn verlor das Burgenland mit Brennberg das einzige Kohlenvorkommen des Landes, das von Bedeutung war. Die Voraussetzung zu einer bescheidenen Industrialisierung des Landes war der elektrische Strom. Dieser war aber erst in wenigen kleinen Privatanlagen vorhanden, die ohne Bedeutung waren. Mit der Entdeckung eines Braunkohletagbaues im Raum Neufeld war die Voraussetzung zur Erzeugung elektrischen Stromes gegeben, und es entstand das erste E-Werk des Burgenlandes. Mit Hilfe von Dampfgeneratoren wurde Tag und Nacht Strom erzeugt und mit Freilandleitungen vorerst die Umgebung versorgt. So entstand in Neufeld das erste Industriezentrum des Landes. Für den Bezirk Oberpullendorf entstand ein E-Werk in Deutschkreutz, wohin die Neufelder Kohle per Bahn transportiert werden konnte. Es begann die Suche nach Stromabnehmern zur Erstellung einer Fernleitung. In erster Linie waren es die Gemeinden, die für die Gewerbebetriebe den Strom benötigten. Die sozialdemokratische Mehrheit in Lackendorf, aufgeklärt durch ihren Lehrer H., konnte mit einer Stimme Mehrheit die Einleitung des Stromes in die Gemeinde durchsetzen, trotz heftigen Widerstandes der bürgerlichen Parteien.

Für uns Kinder begann nun eine Zeit, in der wir mehr Interesse für die Errichtung der Fernleitung und des Ortsnetzes hatten als für die Schule und den Sport. Es begann mit dem Heranfahren der Masten zu Stapeln an verschiedenen Stellen des Dorfes. Das Aufstellen eines Mastes der Fernleitung, die knapp am Ort vorbeiging, entging uns nie, besonders in den großen Ferien. Wir bewunderten die Arbeiter, die mit ihren Steigeisen hurtig den Mast hochkletterten und Löcher bohrten, in die dann die Isolatoren geschraubt wurden. Die großen Rollen mit Kupferdraht erweckten ebenfalls unser Interesse, da sie so schön glänzten. Wir waren überglücklich, wenn wir ein Stück Abfall davon ergattern konnten. Jeder von uns Buben hatte so seine eigene Sammlung zusammenbekommen. Um bei der Aufstellung der Masten keine großen Flurschäden zu machen, wurden sie jeweils zwischen zwei Äckern am „Rain" aufgestellt. Im Dorf selbst gab es überhaupt keine Schwierigkeiten, da zwischen den Häuserzeilen breite, gemeindeeigene Freiräume lagen.

Unterhalb des Friedhofes wurde das Transformatorhäuschen errichtet. Ich sehe heute noch das grüngestrichene fertige Blechdach daneben liegen, ohne daß uns klar wurde, was das sein könnte. Erst als es dem „Transformatorturm" aufgesetzt wurde, war alles klar für uns. Wir hatten ja noch nie vorher so etwas erlebt. Große Rätsel gab uns auch die Innenausstattung des Transformators auf. Wie sollte da der Strom von zehntausend auf zweihundertzwanzig Volt „transformiert" werden? Rätsel über Rätsel.

Mit „Hochspannung" verfolgten wir die Fertigstellung des Ortsnetzes mit den Abzweigungen der Hausanschlüsse. Letztere sagten uns, wer eigentlich an den Strom angeschlossen würde. Von meinem Elternhaus wußte ich es ja, denn da waren bereits an der Seitenmauer zwei Isolatoren angebracht und auf der Veranda, oberhalb des Türstockes in über zwei Meter Höhe, ein Zähler angebracht worden. Für drei Lampen hatten sich meine Eltern entschieden: zwei im Gastzimmer und eine in der Küche. Mehr mochten sie sich finanziell nicht zutrauen, da sie ja vor acht Jahren erst mit nichts begonnen hatten. Jeder Schilling, ja sogar Groschen mußte im Schweiße des Angesichts mühsam verdient werden. Vater war sehr für den Fortschritt. Er kannte ihn ja schon aus der Großstadt Wien, wo er in der Lehre war. Mutter sparte eisern und rackerte achtzehn Stunden pro Tag, damit alles wunschgemäß gerichtet war. Da hieß es morgens um halb fünf Uhr auf, denn da gingen die ersten Gäste zur Bahn. Der eine wollte ein Stamperl Rum, der andere fünf „Flirt"-Zigaretten, der dritte eine Schachtel Streichhölzer. Um halb sechs kam der Bäcker mit den ofenwarmen Semmeln, Kipferln und Salzstangerln. Auch dafür stellten sich die Nachbarn als erste Kunden ein, kauften meist aber nur eine Semmel oder ein Kipferl; zwei Semmeln, das war schon viel, denn eine kostete fünf Groschen. Nun war ich zum Aufwecken und für die Schule Fertigmachen dran. Der Vater war inzwischen auch schon auf und versorgte das Pferd, die Kuh und die Ziegen mit Futter. Dann war die Mutter dran, die Schweine, Hühner, Enten und Gänse zu füttern. Katzen und Hund wollten auch gefüttert werden. Die Tauben naschten bei den Hühnern mit. Endlich konnten auch wir zusammen frühstücken, damit ich in die Schule gehen konnte. Vater und Mutter wechselten sich tagsüber bei der Hausarbeit ab, während der andere Teil auf dem Feld arbeitete, sofern nicht eine wichtigere Arbeit für das Gasthaus oder die Fleischerei zu verrichten war. Um zweiundzwanzig Uhr sank Mutter müde ins Bett; Vater mußte oft noch bis nach Mitternacht aufbleiben, um mit einigen Gästen Karten zu spielen. Wenn dann das Gaslicht schwächer wurde, war das das

Zeichen zum Aufhören. Als nun elektrisches Licht da war, mußte er bis zum bitteren Ende, manchmal bis vier Uhr früh, bei den wenigen Gästen ausharren, denn in diesen Tagen war der Kunde wahrhaft „König", dem jeder Wunsch gerne erfüllt wurde. Jeder verdiente Groschen wurde dringend benötigt.

Die Einleitung des Stromes in den Zimmern ging einfach und schnell vor sich; ein gedrehter Zweileiter wurde auf kleinen Porzellanisolatoren verlegt, ein Schalter, ebenfalls aus Porzellan, an die Wand geschraubt, und ich durfte feierlich den ersten Knipser machen, den aber die Arbeiter schon vorher heimlich geprobt hatten. Für die nächsten Tage war das Lichtanknipsen ausschließlich mir vorbehalten, eine Ehre, die ich eigentlich erst heute so richtig zu würdigen weiß. Eine neue Epoche begann für uns alle im Dorf.

Die Übergabe des gesamten Ortsnetzes wurde, dem Ereignis entsprechend, feierlich gestaltet. Ansprachen wurden gehalten, aber es hatten sich nur wenige Neugierige eingefunden. Von zirka achtzig Häusern des Dorfes hatten von nun an nur achtzehn den elektrischen Strom, darunter auch der Bürgermeister, der wegen TBC arbeitslos und ohne Verdienst war. Wer zahlte wohl seine Einleitung? Alle wußten es, aber niemand wagte es auszusprechen, weil nicht nachweisbar.

In erster Linie waren es die Gewerbetreibenden, die nun „mehr Licht" in ihren kleinen Betrieben hatten: drei Gasthäuser, zwei Schuster, zwei Kaufleute, die Schule, das Gemeindehaus mit der Schaltanlage der Ortsbeleuchtung, die aber nur sehr spärlich benützt wurde, die Post, der Tischler, die Mühle und einige wenige Bauern, aber es vergingen noch Jahrzehnte, ehe Bahnhof und Kirche, die etwas abseits lagen, die „Erleuchtung" zuteil wurde.

Eigentümlich war die Errechnung der Grundgebühr für einen Haushalt. Sie wurde nach der Wattzahl der Glühbirnen errechnet, der Strompreis selbst monatlich vom Zähler abgelesen und sofort kassiert. Stundungen standen überhaupt nicht zur Debatte, höchstens Abschal-

tung des Stromes, wenn nicht bezahlt wurde. Die Glühbirnen waren durchwegs nur in drei Arten erhältlich und
standen so in Verwendung: fünfzehn Watt für kleine
Räume, fünfundzwanzig Watt für Küche und so weiter
und vierzig Watt für größere Räume. Zum Lesen wurden
sogenannte Zuglampen bevorzugt, damit man sie nahe
über dem Lesestoff fixieren konnte, um besser zu sehen.
Die Lampen selbst hatten alle Einheitsschirme aus email-
liertem Blech, die Fassungen waren aus Messing mit
Porzellanhülsen, und wir hatten im Gastzimmer eine
Lampe mit Schalter, wenn eine nicht gebraucht wurde.
Zwei Stecker waren für eventuelle Geräte vorgesehen.
Mein Vater war da wieder allen anderen voraus und
kaufte gleich beim Elektriker, der uns das Licht einleitete,
eines der teuersten Telefunken-Radios, die zu bekommen
waren, um den Vorzugspreis von zweihundert Schilling;
diese Summe entsprach damals dem Gegenwert von
einhundert Kilogramm Rindfleisch oder zweihundertfünfzig Liter Wein oder dreißig ermäßigten Hin- und
Retourfahrten mit der Bahn nach Wien (einhundertzehn
Kilometer). Einer Abmachung gemäß durfte die Mutter
den Preis nicht erfahren, da sie sonst „gestreikt" hätte.
Dieser Apparat war aber gegen Ende des Krieges der beste
Apparat im Dorf, mit dem man die feindlichen Auslands-
sender einwandfrei abhören konnte, was meine Mutter
mit einigen jugoslawischen Gefangenen auch regelmäßig
tat, sodaß man ihr mit dem Kriegsgericht drohte. Zwanzig Jahre hatten wir nicht die geringste Reparatur. Die
ersten Jahre war er natürlich ein Anziehungspunkt für
viele Gäste, obwohl die Programme hauptsächlich für den
Städter geeignet waren. 1938 schaffte ich einen Platten-
spieler dazu an, und dann konnten sogar Tanzstunden
gehalten werden. Unterhaltungsveranstaltungen waren
meldepflichtig!
Als nächstes Gerät bekam die Mutter ein elektrisches
Bügeleisen, das ihr für die viele Wäsche eine bedeutende
Hilfe war. Diese beiden Geräte – Bügeleisen und Radio –
wurden auch in den meisten anderen Haushalten mit

Strom nach und nach angeschafft. Die Weltwirtschaftskrise mit der darauffolgenden Arbeitslosigkeit bremste den weiteren Ausbau des Stromnetzes sehr stark.

Die nächste größere Elektrifizierungswelle erfolgte 1938 unter dem Hitler-Regime, da die Regierung größten Wert darauf legte, daß in jedem Haus ein Radio, der Volksempfänger, sein sollte, um damit die Leute mit Marschmusik, Sozialparolen, Rassenphrasen und Siegesmeldungen euphorisch zu machen oder zu betäuben und so für die Ziele der Partei gefügig zu machen. Zeitweise erzeugte die Goebbelsche Propaganda richtige Massenhysterien aus nichtigen Anlässen, nur damit das Volk nicht zum Denken kam. Ich kenne Parteigenossen aus dieser Zeit, die heute noch von der schönen Zeit unter Hitler träumen.

Diese Zeit brachte auch den Bauern von Lackendorf und allen Arbeitern den Strom ins Haus, damit ihnen ein „Licht aufgehe". Die ersten Elektromotoren konnten „schwarz", das heißt ohne Bezugsschein, erworben und auch Hausanschlüsse für Starkstrom erweitert werden. Die „Heimatfront" sollte für den Krieg gerüstet sein. Der Rest, der nach dem verlorenen Krieg blieb, waren Volksempfänger und schlampig verlegte Freileitungen, die stets eine Gefahr für Mensch und Gut bedeuteten.

Auch die erste Nachkriegszeit brachte auf sonderbare Weise eine Elektrifizierungswelle in das Dorf. Elektriker aus den Großstädten kamen mit Material auf das Land, um gegen Nahrungsmittel das Lichtnetz zu erweitern. Sie verwendeten zum Großteil Wehrmachtskabel mit Stahllitzen und verlegten sie unter einen dünnen Gipsverputz, damit der verbotene Pfusch nicht erkannt werden sollte. Sie verschwanden dann mit den Nahrungsmitteln auf Nimmerwiedersehen. Dieser Pfusch führte viele Jahre zu Kurzschlüssen und Bränden mit großem Schaden. Des einen Freud – des anderen Leid!

Die vierte Elektrifizierungswelle setzte Mitte der sechziger Jahre ein mit den ersten elektrischen Waschmaschinen, Kühlschränken, Fernsehgeräten, Rasierapparaten, vielen Haushaltsgeräten, wie Mixer, Kaffeemaschinen, elektrischen Herden, Bestrahlungsgeräten, Heizdecken usw., und gipfelte in der Werbung für elektrische Wohnungsheizung mit Nachtspeicherstrom. Der Konsumzwang prägte bereits den Alltag der Menschen und machte sie nach Strom „süchtig". Jedem Untergang war in der Geschichte der Menschheit eine zügellose Verschwendungssucht vorausgegangen. Ich befürchte sehr, unsere Verschwendungssucht mit Strom führt im selben Maße des Fortschritts auch zu unserer eigenen Vernichtung. „Mehr Licht" könnte über Nacht „mehr Nacht, Umnachtung, Ohnmacht" bedeuten, und eine weitere segensreiche Erfindung des Menschen würde zum Bumerang.

Ein Urzustand wird zu neuem Anfang. „Der Mensch hockt vor seiner Höhle und glotzt ins Lagerfeuer. Die Sterne leuchten auf dem Firmament, und in der Ferne heult ein Kojote. Das Feuer verglost, und über dem Walde steigt der Mond empor. Der Mensch schaut träumend zum ‚Mann im Monde' und denkt an die Stunde, wo wieder Mutter Sonne einen neuen Tag verkündet. Der Mensch hat nun wieder Zeit zum Träumen, Tag für Tag nur träumen! Er hat nicht mehr den Wunsch nach ‚mehr Licht'. Die Sonne, der Mond, die Sterne und das Feuer genügen vollauf zum Träumen!"

Gertrude Stern

wurde 1919 in Graz geboren. Sie erinnert sich an ihre Kindheit bei Gas- und Petroleumlicht.

Wie ich aus Niederschriften über das Licht lesen konnte, sind meine Erinnerungen ab 1924 fast die gleichen. Es war irgendwie heimelig, wenn im Sparherd das Feuer flackerte, das oft – als Sparmaßnahme – kleingedrehte Petroleumlicht brannte, wir auf dem Sofa saßen, Vater gerne Geistergeschichten erzählte. Der Geruch von gebratenen Äpfeln oder Erdäpfeln erfüllte den Raum. Mit der Petroleumlampe gab es so manches „Gscher", wenn der verrußte Zylinder mit Mühe blankgeputzt war und durch Ungeschick zerbrach; wenn dies an einem Sonntag war und kein Ersatzzylinder zu Hause, dann war's finster. Zumindest in einem Raum.

Eine Lampe für das Zimmer hatte einen porzellanenen Schirm, die Lampe für die Küche war zum Aufhängen, hatte rückwärts eine Spiegelwand, dadurch gab's mehr Licht. Wenn man bedenkt, wie bald ein Unglück passiert wäre! Meine Schwestern waren sehr ängstlich, daher brannte die ganze Nacht ganz klein die Lampe, und diese stand meist etwas erhöht. So weckten mich einmal die Schwestern, die Eltern seien nicht da, sie fürchteten sich. Die Lampe stand am Kachelofen, kleingedreht. Ich muß noch sehr klein gewesen sein, denn ich schob den Zimmertisch an den Ofen, und nur auf Fußspitzen stehend konnte ich die Lampe erreichen und stellte sie auf den Tisch. Bei der geringsten Ungeschicklichkeit wäre das

131

Unglück fertig gewesen. Die Mutter wunderte sich bei der Heimkunft. Sie war sicher, die Lampe auf den Ofen gestellt zu haben, nun stand sie auf dem Tisch und voll aufgedreht.

Auch an das Gaslicht kann ich mich erinnern, es hatte ein feines, wie Gaze aussehendes Häubchen über der Flamme, die jeweils größer- oder kleinergedreht wurde, oft fiel dieses Häubchen wie Asche zusammen, und es mußte ein neues aufgesetzt werden.

Auf einmal gab es da und dort das elektrische Licht, nicht alle Leute in der damaligen schlechten Zeit konnten es sich leisten und saßen im Dunkeln oder eben bei Petroleum- oder Kerzenlicht. In den schlechtesten Zeiten war's auch im Ofen finster. Man ging, wenn's dunkel wurde, zu Bett und stand, wenn's hell wurde, auf oder blieb überhaupt im Bett.

Josef Berkmann

wurde 1919 in Gehren, einer kleinen Ortschaft bei Hohen-weiler in Vorarlberg, als Bauernsohn geboren. Dort wurde 1921 das elektrische Licht eingeführt.

Selber kann ich mich nicht mehr an den Augenblick erinnern, in welchem uns zum erstenmal das elektrische Licht aufging. Ich war erst zwei Jahre alt, als bei uns in Gehren, einer kleinen Ortschaft von Hohenweiler, an einem Herbstabend im Jahr 1921 die Nacht zum Tage wurde. Auch im größten Teil der übrigen Gemeinde geschah das zur gleichen Zeit. Die Glühbirnen strahlten zwar schmucklos unter tellerförmigen, unten weiß- und oben schwarzemaillierten Schirmen aus Eisenblech – aber was schadete das?

„Die Leute fühlten sich in den Himmel versetzt!" wie mir meine Mutter später erzählte. Der Unterschied zwischen dem hellen Licht, das die letzten Winkel ausleuchtete, und den bisherigen Beleuchtungsbehelfen war auch zu gewaltig. Das konnte ich selbst erfahren, und dessen entsinne ich mich noch, als wäre es heute. Bei nächtlichen Blitz- und Donnerstürmen schaltete meine Mutter nämlich das elektrische Licht aus und holte eine Petroleumlampe hervor, die wir von früher noch hatten. Mit einem Schwefelhölzchen entzündete sie den Docht, der aus dem darunter befindlichen Behälter aus blauem Glas heraufführte, und drehte ihn mittels einer Messing-schraube höher oder tiefer, bis die Flamme sich im unten kugelförmig ausbuchtenden Glaszylinder zu richtiger

Größe und Leuchtkraft entfaltete. Auf der einen Seite der Lampe waren ein Griff und ein Reflexspiegel, der den gelben Schein dann verstärkt in die Wohnstube oder die Küche warf. Warum sich meine Mutter bei Gewittern der Erdölleuchte bediente, war klar. Die elektrischen Drähte im Haus waren von verpechten Stoffstreifen umwickelt, in Blechröhren oder offen über kleinen Porzellanisolatoren an den Wänden oder an der Decke verlegt. Die Sicherungen ließen zu wünschen übrig, und wenn ein Blitz draußen in die Freilandleitung schlug, dann sprühten knisternde Funken erschreckend aus Abzweigdosen und knackenden Drehschaltern. Unter solchen Umständen durften nicht auch noch die teuren Glühbirnen kaputtgehen.

Petroleumlampen waren das Komfortabelste gewesen, das man bis dahin in Wohnhäusern und Bauernhöfen gekannt hatte. In Stall und Tenne hatte man sich mit blechernen, ringsum verglasten Laternen beholfen. Ich sehe auch noch die Mutter vor mir, wie sie vordem mit einem Schmalzlichtlein, einem winzigen Flämmchen in einem kleinen Porzellantiegel, in der finsteren Kammer umherleuchtete.

Zur Erhellung von Gasthausräumen hatte man sich schon früher etwas Besseres einfallen lassen. In den Hohenweiler Wirtsstuben, vor allem aber bei meiner Großtante Christina Hehle im „Feßlerhof", hatte man um die Jahrhundertwende das Gaslicht eingeführt. Ein Karbidstab wurde dabei in einer geschlossenen, ausgeklügelten Vorrichtung allmählich in Wasser getaucht und das beim Zerfall des Karbids freiwerdende Acetylengas in eigens dazu konstruierten Lampen zur Beleuchtung verwendet.

Das verbesserte Licht verlängerte zwar den Tag, aber da Tante Christina auch gewohnt war, Feierabend zu befehlen, wenn es Zeit dazu war, machte sie nicht ungern ein „grätiges" Gesicht, wenn einer spät in der Nacht noch allein vor seinem Glas Bier hockte und das Dienstpersonal um den Schlaf brachte. Dann schraubte sie so lange an der

Acetylenleuchte herum, bis das Gaslicht völlig ausging und der Überlästige maulend zur Tür tappte.

Auch für Pferdekutschen-Laternen, ja für Fahrradlampen und Autoscheinwerfer wurde damals das Karbidlicht verwendet.

Der ersten elektrischen Beleuchtung in Hohenweiler erfreuten sich die Pfarrkirche, der Pfarrhof, der Saal des Laientheaters im „Löwen" und das Haus des Zimmermeisters Johann Georg Immler. Das letztere nicht von ungefähr, denn Johann Georg Immler war es, der im Jahr 1908 ein privates kleines Elektrizitätswerk, das erste seiner Art in Hohenweiler, am Eschbach erbaute und einrichtete. Die Ruinen dieses noch primitiven Werkes und die Zementrohre, die das Wasser zuführten, sind heute noch zu sehen. Finanziell unterstützt wurde Immler beim Bau vermutlich durch Pfarrer Christian Fritche, denn Immler war mit Gütern nicht sehr gesegnet, und der Pfarrer brauchte das Licht vor allem für die von ihm um dieselbe Zeit gegründete Theatergesellschaft. Immler baute 1914 ein zweites Kraftwerk in der Gmündmühle, hatte aber persönlich fast nur Verdruß und Unannehmlichkeiten mit seinen Errungenschaften. So schimpfte seine Frau ein um das andere Mal: „Hätten wir nur dieses Glump nicht gebaut!" Im Herbst wurde nämlich durch den starken Laubfall immer wieder die Wasserzufuhr verstopft, und im Winter gab es Schwierigkeiten wegen des Grundeises.

Johann Georg Immler starb an Gelenksrheumatismus. Zugezogen hat er sich diesen in den vielen Nächten, in denen er während der kalten Jahreszeit auf einer Pritsche in der Hütte bei seinem E-Werk lag und das Wasser abwartete.

Private Elektrizitätswerke erbauten in Hohenweiler auch 1912 der Bauer Anton Kohler von Haslach und 1920 das Frauenkloster „Maria Stern" zu Gwiggen. Letzteres hatte eine Leistung von 6,3 Kilowatt. Es lieferte Gleichstrom und wurde durch eine Pelton-Turbine angetrieben. Wie die Äbtissin erzählte, versah es seinen Dienst bis in die Mitte der dreißiger Jahre. Alle diese Werke waren nur für Eigenbedarf und hatten keine Verwendung für den Tagstrom, da es noch keine Elektromotoren und -geräte gab.

Im Jahr 1921 wurde, wie schon erwähnt, in ganz Hohenweiler mit nur wenigen Ausnahmen der elektrische Strom installiert. Durchgeführt wurde die Stromversorgung von der Firma Jenny und Schindler in Kennelbach, der Vorläuferin der heutigen Vorarlberger Kraftwerke.

Öffentliche Beleuchtung gab es bei uns erst spät. Im Jahr 1934 wurden an zwei Wegkreuzungen in Hohenweiler zwei viel zu schwache elektrische Glühlampen angebracht. Kaum besser war es aber auch in Lustenau, das damals immerhin schon bald zehntausend Einwohner zählte und wo ich 1937 in die Handelsschule kam. Einer unserer Professoren erklärte uns das damals so: „Lustenau an der Schweizer Grenze ist eine Gemeinde, die keine Straßenbeleuchtung hat, damit die Leute besser schmuggeln können!"

Anna Starzer

wurde 1914 in Naarn in Oberösterreich geboren. Die Elektrifizierung ihrer Heimatgemeinde wurde 1922 begonnen und 1947 abgeschlossen.

Wir hatten vier Petroleumlampen: eine für die Küche und Bauernstube – zwischen Küche und Stube befand sich ein kleines Fenster, in dem die Lampe stand, das heißt, sie mußte oft für Stube und Küche zugleich das Licht sein; je eine für den Kuhstall, den Pferdestall und den Schweinestall; dann gab es noch ein paar Laternen zum weiteren Gebrauch und sieben bis zehn Kerzenhalter. In der Kirche gab's auch die Kerzen und die Wachsstöcke für die Kirchenbesucher. Als die Fahrräder kamen, gab's dafür die Karbidlampen. Die Stallarbeit mußte oft im Greifen getan werden. Auch das Wasserholen beim Brunnen vor dem Haus, im Winter, im Finstern und oft bei Sturm und Regen war eine der schlechtesten Arbeiten. Da hat man ja heute den Himmel schon auf der Welt. Doch heute ist dies so selbstverständlich. Und trotzdem sind die Menschen heute weniger zufrieden. Ja, wie schön wäre es, würde diese Zeit noch einmal kommen. Und doch, wie schnell könnte dies heute alles zerstört sein. Und was dann? Darum besinnen wir uns, Gott dafür täglich zu danken und nicht erst, wenn wir es verloren haben. Kein Benzin, kein Diesel, kein elektrischer Strom, und die Menschen müßten von vorne anfangen.

Der größte Umbruch in unserer Zeit war der elektrische Strom! Es ist heute kaum vorstellbar, daß man so lange ohne elektrischen Strom leben und arbeiten mußte, wo doch die Welt schon so viele hundert Jahre alt ist. Wir bekamen 1922 den Strom eingeleitet. Es gab in unserer Pfarre Häuser, die den Strom erst 1947 bekamen. Ja, der Strom war wirklich wie ein Wunder vom Himmel. Ein Knopfdruck, und es war heller als am Tag. Da war es wohl kein Wunder, wenn Menschen mißtrauisch wurden und an Geister glaubten. Doch heute denken wir nicht einmal daran, wie viele Menschen vor uns ohne elektrischen Strom gelebt und gearbeitet haben. Wie oft mußte damals im Finstern gearbeitet werden, man konnte ja die Öllampe nicht überall mitnehmen. Es wurde im Finstern aufgestanden und auch zu Bett gegangen. Streu und Futter für das Vieh mußten aus dem finsteren Stadl geholt werden. Da hat man schon oft geschrien, wenn wo eine Maus oder eine Ratte gerannt ist. Im Winter wurde schon um fünf Uhr und im Sommer um vier Uhr aufgestanden. Auch an Sonntagen mußte man um vier Uhr aufstehen. Bevor man zur Kirche ging, wohin wir sieben Kilometer hatten, die um halb sieben Uhr und um neun Uhr war, mußte die Stallarbeit gemacht werden. Nun mußte man sich wieder nach Hause beeilen, damit die zweite Gruppe zur Kirche kam. Das waren schon Zeiten, die nicht einmal wir Alten mehr erleben möchten. Es ist ja unwahrscheinlich, wie viele Maschinen und Geräte der Strom betreibt. Wir haben es an einem Heimatabend zusammengezählt, wie sehr der Strom die Arbeit erleichtert. Ich glaube, nicht einmal der Raumflug war für uns einfache Menschen von solcher Bedeutung wie der elektrische Strom. Darum wäre wirklich schade, wenn solche Erinnerungen verlorengingen. Denn wir sind die letzte Generation, die dies alles erlebt hat. In dieser Zeit war das Bauernhaus ein lebendiges Museum: von den Dienstboten über Pferde, Kühe, Stiere, Jungvieh, Kälber, Schweine, Ferkel und Hühner bis Hund und Katz, Hasen, Tauben, . . .

Wie der Strom in unser Haus kam: In unserer Nachbargemeinde war ein Bürgermeister, der sich für einen Transformatorbau einsetzte, wozu eine Hauptleitung von fünfzehn Kilometer aus Mauthausen errichtet wurde. Beim Transformatorbau und den Leitungen zu den Ortschaften halfen die Bauern als Arbeitskräfte mit. Der Draht, glaube ich, war noch kein Kupferdraht, sondern Aluminium, der erst vor fünfundzwanzig Jahren, als die Anschlüsse immer mehr wurden und auch der Stromverbrauch immer wieder stieg, ausgewechselt wurde. Zur Hausinstallation waren Arbeiter aus Steyr da, die bei den Bauern in Quartier waren. In dieser Zeit wurden die Leitungen nur außen an den Wohnraummauern gelegt, und es waren zwei umwickelte Drähte; die zwei wurden zu einem gedreht und zwei solche nebeneinander mit Porzellan an die Mauer geheftet. Sie sind aber heute neu unter Putz gelegt. Auch die Schalter waren zum Umdrehen, und später kamen die Druckschalter. Die Anschlüsse waren auch zuerst an der Mauer außen. Bei uns ging in halber Fensterhöhe die gesamte Leitung vorüber. Vielleicht hätte auch ein furchtbares Unglück passieren können. Ein andermal riß der Leitungsdraht, und es waren nur die Kinder zuhause; sie kamen gleich gelaufen, und wir sperrten die Stelle gleich ab und fuhren zu dem Bauern, wo der Schlüssel zum Transformator lag: Strom abschalten, bis der Schaden behoben war.

Zwei Jahre bevor wir den Strom bekamen, wurde in einem Nachbardorf mit fünfzig Einwohnern, das an einem Mühlbach liegt, ein kleines Kraftwerk gebaut, das aber morgens auf höhere Leistung fahren und abends zurückgestellt werden mußte. Auch waren wir in der früheren Gemeinde Langacker, Pfarre Mitterkirchen, bei der allgemeinen Elektrifizierung dabei. Nach Jahren wurden wir dann in der eigenen Gemeinde Naarn angeschlossen. Und heute sind es schon dreiundsechzig Jahre. Was hat sich seit dieser Zeit geändert!

Zum Schmunzeln: Drei Handwerker stritten im Wirtshaus, wer der erste Handwerker war. Der Zimmermann sagte, die Maurer waren schon beim Babylonischen Turm dabei. Da sagte der Elektriker: Als Gott sprach: „Es werde Licht!" hatten die Elektriker schon die Leitungen gelegt.

Johanna Scherleitner-Stuckheil

wurde 1919 in Edlitz in der Buckligen Welt in Niederöster-
reich geboren. Sie erinnert sich an ihren Geburtsort und an
das kleine Dorf Hollenthon, wo es in den zwanziger Jahren
noch kein elektrisches Licht gab.

Wahrscheinlich war ich noch zu klein, um zu erfassen, daß man auf einmal durch Schalterdrehen Licht bekam. Mein Jahrgang ist 1919. Aber was ich weiß vom Petroleumlicht, kann ich sagen. Mir war es ein warmes, heimeliges Licht. Meine Mutter war Schneiderin und hatte oft, wenn ein Todesfall war, Nachtarbeit zu machen. Sie teilte es sich so ein, daß die Handarbeit eben bei Petroleumlicht getan werden konnte. Es wurde ja soviel geendelt, geheftet und Spitzen verarbeitet. Im Alter – sie wurde achtzig – waren natürlich ihre schönen blauen Augen verbraucht. Aber wenn es andere Arbeit gab und ich dabeisein konnte, erinnere ich mich an das Federnschleißen, Bohnenausklauben und -sortieren, Mohnkapselköpfen und -ausleeren.

Das Federnschleißen wurde im Winter an den langen Abenden getätigt. Es half natürlich auch Vater mit. Es wurde dabei erzählt; für uns Kinder Märchen, denn da paßten wir sehr auf und saßen ganz still. Überhaupt strahlte die Lampe eine behagliche Wärme aus. Wir saßen alle um den Tisch und zupften. Natürlich mußte man das Lachen verhalten und ruhig atmen, sonst flog der geschlissene Haufen davon. Die Kiele wurden entfernt, nur der Flaum sowie die feinen Federn kamen dann in den

Polster oder in die Tuchent. Wir hatten Enten und Gänse, auch schöne Hendlfedern wurden genommen.

Im Schlafzimmer hatten wir eine schöne große Hängelampe mit großem weißem Porzellanschirm; sie verbreitete mehr Licht, aber nicht grell. Manche Gasthäuser hatten damals eine Art Gaslampe. Ich glaube sogar in unserer Werkstatt hatte Mutter so eine. Es war eine Art Strumpfform, wie eine Glühlampe. Das war aber gefährlicher. Wenn man die Lampe auf den Kasten stellte oder hochstellte, sah man so recht und schlecht im ganzen Raum. Das Licht hatte auch seinen Vorteil. Man kam eher ins Bett, um zu ruhen, es gab ja damals mehr Plage bei der körperlichen Arbeit im Haus. Waschen, bürsten, aufreiben. Alles händisch. Man war rechtschaffen müde.

Die Kerze kam auch sehr zur Geltung damals. Ich war auch als Kleinkind sehr viel bei meiner Tante und Taufpatin in einem höher gelegenen Ort in Hollenthon. Dort bekam man erst viel später das Licht. So kann es sein, daß ich es gar nicht wahrnahm, als wir in Edlitz das Licht bekamen.

Oben fühlte ich mich besonders wohl. Es war ein großer Pfarrhof mit großer Wirtschaft und viel Gesinde. Daran kann ich mich gut erinnern, als ich später in der Pfarrkanzlei abends den Radio-Detektor mit den Hörern, auf dem Divan liegend, anhörte. Auf dem Tisch die große Petroleumlampe, der Kachelofen knisterte, die Tante strickte. Es war herrlich. Ich spüre heute noch das Glück, welches ich empfand. Der Herr Pfarrer las und sah oft über die Gläser zu mir herüber, ob ich vielleicht schon eingeschlafen sei.

Als ich noch viel auf dem Arm getragen wurde, erinnere ich mich auch, daß mich meine geliebte Tante auf den Arm nahm, zum Kessel ging – welcher in der Küche eingemauert war und zum Wäscheauskochen und für den Sautanz gebraucht wurde und in dem im Herbst immer Süßmostflaschen auf bestimmte Grade erhitzt wurden – und zur dort stehenden Kerze griff. Sie trug mich über den finsteren Gang über die Holzstiege in den Stock hinauf, wo die Schlafräume, Gästezimmer und der große Saal waren. Ich rieche heute noch, mit sechsundsechzig Jahren, die Atmosphäre der Luft in diesem Haus und den Kerzenduft sowie die Petroleumlampe. Sie legte mich in dem warmen Zimmer nieder, wo auch der Kachelofen brannte. Im Pfarrerzimmer – es war äußerst groß – wurde der Kachelofen mit richtigen Scheitern geheizt.

Auf jeden Fall war die Gemütlichkeit mit der Elektrifizierung zu Ende. Da durch das gute Licht auch abends die Arbeiten sichtbar wurden, welche gemacht werden sollten, dehnte man die Arbeit weiter aus. Je mehr Erleichterung eintrat, umso mehr stellte man Anforderungen. Also, daß man die Zeit totschlug, das gab es nicht. Man arbeitete weiter oder drehte ab und legte sich zur Ruhe. In der Früh war es das gleiche. Auf jeden Fall, trotz schwerster Arbeit und Lebenskampf, gab es nie diese Hektik und Hast. Es war trotzdem lebenswert. Die Kultur stand auf einem ganz anderen Niveau. Musik und Kunst waren noch Werte. Man konnte sich entspannen. Wir hatten einen guten Kirchenchor, wo meine Mutter – und später ich – Mitglieder waren. Da mußte ein Orgeltreter da sein, um den Blasebalg in Bewegung zu setzen. Trotzdem waren die musikalischen Leistungen hervorragend. Tägliche Orgelmesse, musikalische Begräbnisse, Rorate und Segen wurden georgelt. Heute gibt es unter der Woche kein Orgelspiel, kein Requiem, keine Orgel bei den Roraten, keinen Segen mehr – traurig, trotz Wohlstand keine Zeit für das Althergebrachte!

Emma Berghammer

wurde 1914 in Anthering bei Salzburg geboren. Vierzehn-jährig kam sie erstmalig in den Dienst als Hausgehilfin in der Stadt Salzburg.

Da ich in einer kleinen Landgemeinde beheimatet war, kann ich nur sehr bescheiden von der Elektrifizierung berichten. Ich kannte nur Kerzenlicht und Petroleumlampen.

Es war für uns alle eine große Sensation, als es hieß, welch Wunderding der Strom wäre. Ich war damals noch ein Schulmädchen. Den Strom einleiten zu lassen, war ein großes Problem. Zuerst kamen die wichtigsten Stellen im Ort dran: die Schule, das Postamt, die Gendarmerie und die Kirche, dann die begüterten Bauern. Die Kleinhäusler mußten lange, lange warten, das Geld reichte eben nicht. Außerdem gab es auch welche, die ganz zufrieden mit den bisherigen Lichtquellen waren. Schließlich half die Gemeinde mit Vorschüssen, und es bekam jedermann sein elektrisches Licht.

Mein Leben hat sich zunächst durch die neue Errungenschaft wenig verändert. Meine Eltern waren ja sehr sparsam, und ich hatte keine Erlaubnis, abends noch zu lesen. Außerdem wollte mein Vater nicht, daß wir Kinder auch so versessen aufs Lesen würden wie die Mutter. Vater war ganz in Anspruch genommen von seiner Hände Arbeit. Unsere gemütlichen Abende waren immer sehr kurz, außer am Heiligen Abend. Da hatte auch der Vater für uns Zeit bis Mitternacht, bis wir in die Mette gingen.

Da kamen wir erst um zwei Uhr ins Bett. Silvester wurde nicht gefeiert.

Wir haben uns wohl sehr schnell an die großen Vorzüge des elektrischen Stromes gewöhnt. Wie oft hatte die Petroleumlampe zu rauchen angefangen, der Zylinder wurde schwarz, und dann mußte zur Kerze umgewechselt werden. Meine Mutter gipste den Dochtring, der am Petroleumständer befestigt war, manchmal ein. Die Straßen waren bei uns nie beleuchtet, sehr zu unserem Leid, denn wir fürchteten uns in der Dunkelheit, etwa beim Milchholen oder wenn wir ums Haus zum „Häusl" mußten.

Früher wurde viel von Geistern erzählt. Vor Verbrechen habe ich mich nie gefürchtet, denn die gab es damals auf dem Lande kaum. In meiner Kinderzeit waren es die Zigeuner, die mir Angst machten.

Als ich als vierzehnjähriges, schüchternes Landkind in die Stadt zog, war das für mich eine sehr große Umstellung. Nachts waren die Straßen hell erleuchtet, und eine Straßenbahn, die „Elektrische", führte vom Bahnhof bis in die Riedenburg. Bei jeder Station klingelte sie ganz lustig. Später wurden auch die Lokalbähnchen elektrifiziert. Wir nannten den Dampfzug von Salzburg nach Lamprechtshausen den „narrisch g'wordenen Spirituskocher". Für uns Kinder war es ein freudiges Weltereignis, wenn wir einmal in die Stadt mitfahren durften. Leider gewöhnt man sich so schnell an die großen Verbesserungen im Leben, Fortschritt und Komfort genannt.

Im Haushalt habe ich als achtzehnjährige Köchin die Umstellung vom Kohlenherd auf den elektrischen Ofen erlebt. Es war wunderbar, so sauber und verläßlich, alles gleichmäßig gebräunt. Vom Elektrizitätswerk wurde eine Kochanleiterin geschickt. Ich wurde sehr gelobt, wegen meines sparsamen Stromverbrauches; wir wurden mit zwei anderen Haushalten getestet. Das waren die ersten E-Herde, die in Salzburg an private Haushalte kamen, und zwar im Jahr 1932.

Aloisia H.

wurde 1921 im Dunkelsteiner Wald bei St. Pölten in Niederösterreich geboren. Bis 1942 lebte sie in ihrem Heimatort auf einem Bauernhof ohne Stromanschluß.

Nachdem ich im Jahr 1921 geboren bin, so kann ich nur ab zirka 1925 erzählen. Leider kann ich meine Eltern nicht mehr fragen, weil sie nicht mehr leben. Ich werde nun einen ganz einfachen Aufsatz über die Petroleumlampe und das Kerzenlicht schreiben.

In unserem kleinen Ort mit dreißig Häusern hatten nur drei elektrischen Strom. Die Fabrik und das Sägewerk erzeugten mittels Wasserkraft (Turbinen) Strom. Das Schloß wurde an dieses Stromnetz angeschlossen, alle übrigen Häuser waren stromlos.

In unserem Haus gab es in der Küche eine Elfer- und im Stall eine Achterpetroleumlampe, eine Laterne und Kellerkerzen. An der Küchendeckenmitte befand sich ein Eisenhaken, an diesem hing die Elferlampe. Von dieser Höhe beleuchtete sie die ganze Küche. Wenn wir genaue Arbeit zu verrichten hatten – nähen, schreiben, lesen, Federnschleißen usw. –, stellte die Mutter eine Blechdose – zwanzig Zentimeter hoch und fünfzehn Zentimeter im Durchmesser – auf den Tisch. Die Lampe wurde vom Haken genommen und auf diese Dose gestellt; man hatte das Licht in der Nähe und konnte die feinsten Handarbeiten machen. Damals hatten wir noch sehr gute Augen.

Als wir noch Kleinkinder waren, bliesen wir des öfteren in Richtung Petroleumlampe, dann begann die Flamme zu flimmern, oder wir drehten den Docht mehr heraus und hinein. Im selben Moment rief die Mutter vom Küchenherd her: „Wer spielt mit dem Licht? Wollt's, daß wir abbrennen und kein Dach über dem Kopf haben? Wie heißt das Sprichwort? ‚Messer, Gabel, Scher' und Licht, gehört für kleine Kinder nicht!'" Dieses Sprichwort hörten wir sehr oft.

Den Zylinder wusch die Mutter immer. Die Nachbarin putzte ihn mit Zeitungspapier. Mutter hatte immer Zylinder, Kerzen und drei Liter Petroleum in Vorrat.

Die Petroleumlampe bestand aus dem Gefäß, worin sich das Petroleum befand, durch die „Nuß" war der Docht gezogen, diesen konnte man mittels einer kleinen Schraube heraus- und zurückdrehen, so wurde die Flamme größer und kleiner. Auf die Nuß war der Zylinder aufgesteckt. Schöne Lampen hatten einen Lampenschirm. Es gab auch teure, schöne Lampen. Wir hatten einfache, billige.

Die Zündhölzer, „Hölzl" oder „Stroafhölzl" genannt, hatte Mutter hoch oben auf einer Stellage, damit wir Kinder sie nicht bekamen. Im Stall hatte Vater eine Achterlampe, diese stand während des Tages in der Küche. Am Abend nahm sie Vater von dort und hing sie in den Stall an die Wand an einen Eisenhaken.

Oft hörte ich Vater sagen: „Heut brennt die ‚Funzen' wieder sehr schlecht, daran ist das Petroleum schuld." Wenn die Stallarbeit beendet war, trug Vater die Lampe wieder in die Küche und gab sie an ihren Platz. Die Eltern fürchteten, daß sich in der Nacht ein Rind von der Kette losmachen, die Lampe durch Berührung von der Wand fallen und sich das Tier großen Schaden zufügen könnte.

Eine gewöhnliche Laterne hatten wir auch, darin war eine Kellerkerze. Wenn die Mutter die Schweine füttern ging, mußte ich ihr mit der Laterne leuchten. Ich ging im Winter ungern mit ihr in die Kälte hinaus. Wie dumm und undankbar ist man doch als Kind, jetzt tut es mir leid. Besonders heute, es ist der 1. Juni, der Sterbetag von der Mutter.

Eben fällt mir ein: Wenn Großvater und Vater sehr harzige Holzstücke fanden, wurden diese zu Kienspänen gespalten. Mit einem Zündholz wurde ein Kienspan angezündet, und mit dem brennenden Span entzündete man das Herdfeuer und die Lampe. Man mußte ja sogar die Zündhölzer in unserem Haus sparen.

Mit dem Licht gingen die Leute früher sehr vorsichtig um, deshalb gab es auch keine Brände, außer durch Blitzschlag oder Brandlegung.

Ich glaube, es war im Jahr 1942, als die „Dorfgewaltigen" beschlossen, die kleine Ortschaft müsse endlich an das Stromnetz angeschlossen werden. Nach einigen Besprechungen und Kostenvoranschlägen wurde mit der Arbeit begonnen. Wochenlang arbeitete man, teils im Freien und teils in den Häusern. Eines Tages hieß es: „Morgen wird der Strom eingeschaltet." Diese Beleuchtung war herrlich, zwar zu hell für unsere Augen, aber wir freuten uns. Die Eltern sagten, nun müssen wir uns als erstes einen Motor kaufen, dann eine Kreissäge und eine Schrotmühle. Die drei Dinge sind am wichtigsten. Also wurde eisern gespart, und die drei Dinge kamen ins Haus. Ja richtig, ein elektrisches Bügeleisen kauften wir uns auch. Wir waren froh, denn wir mußten die Stagel nicht mehr in die Herdglut legen.

Wenn ein schweres Gewitter war und der Strom ausfiel – wegen Blitzschlag, oder es wurde abgeschaltet –, waren wir unglücklich. Die Mutter holte sofort eine Kerze – diese war immer griffbereit – und zündete sie an. Meistens kam im selben Moment das elektrische Licht wieder. Wir schrien jedesmal „Gott sei Dank!"

Eine fünfundachtzigjährige Frau erzählte mir, als sie zur Schule ging, hatten sie in der Klasse Petroleumlampen. Von acht bis neun Uhr mußten sie Kopfrechnen, weil es für Schreibarbeiten zu dunkel war. Ab neun Uhr wurde dann geschrieben.

Im Jahr 1944 brachte uns ein Wiener einen Volksempfänger, damit wir Nachrichten und den Fliegeralarm hören konnten. Der Apparat war an den Strom angeschlossen.

Barbara Passrugger

wurde 1910 in Filzmoos in Salzburg geboren. Als Bäuerin
und Sennerin lebte und arbeitete sie bisweilen mit elektri-
schem Licht, bisweilen mit Kerze und Petroleumlampe, ehe
sie auf ihrem Hof in Haidegg 1957 endgültig elektrischen
Strom erhielt.

Wenn ich zurückdenke an meine Kinderzeit, sehe ich
meine Großmutter, die noch beim Kienspan gesponnen
hat. Wenn wir dann beim Spinnen, Flicken, Stopfen oder
Nähen – das alles mußten wir Mädchen schon in den
letzten Schuljahren lernen – den Docht von der Petroleumlampe oder sonst einer Funzel höher hinaufschraub-
ten, um etwas besseres Licht zu haben, schimpfte gleich
der Vater und drehte wieder hinunter. Er sagte dann:
„Was hätte wohl die Großmutter getan? Die hat bei
Kienspan gesponnen, schöner als ihr bei dem ohnehin
schon guten Petroleumlicht!"
Wegen dem Licht – oder, besser gesagt, keinem Licht –
habe ich auch oft geweint. Wenn ich am Abend im Winter
nach dem Spinnen um zwanzig Uhr noch außer Haus
ging, zu Freunden oder Freundinnen, und der Vater
bemerkte es, da gab es als Strafe für mich Lichtentzug.
Samstag- und Sonntagabend durfte ich kein Licht haben.
Ich habe abends noch so gerne gelesen, wenn ich nur
irgendwie Lesestoff gefunden habe. Es mußte auch die
Werktagskleidung wieder in Ordnung gebracht werden
für die kommende Woche: gewaschen, geflickt und
gestopft. Diese Arbeit mußte sonntags am Nachmittag

gemacht werden. Wenn ich Samstag und Sonntag am Abend zu Bett ging – im Winter doch relativ früh – und kein Licht hatte, dann weinte ich mich in den Schlaf, und der Kopfpolster war in der Früh noch naß davon. Es gab zu der Zeit – in den zwanziger und Anfang der dreißiger Jahre – bei uns noch keine Taschenlampe. Auch nicht die guten Sturmlaternen, die man heute kaufen kann, mit denen man im Freien gehen kann und die bei Wind nicht verlöschen. Laternen, wie wir sie hatten, wurden vom geringsten Luftzug gleich ausgelöscht. Auch sonst konnte man mit Laternen die größte Angst ausstehen. Sind sie einem herab- oder irgendwie umgefallen, dann mußte man gleich Brandgefahr befürchten, denn Petroleum zündete sofort.

Einmal kam ich in eine gefährliche Situation. Ich war in der Nacht mit Stallarbeit beschäftigt und mußte die Kühe zur Tränke aus dem Stall treiben. Die Laterne hängte ich an einem Nagel nahe an der Stalltür auf. Eine Kuh spießte beim Hinausgehen mit dem Horn die Laterne herunter und bekam sie auf den Kopf. Dadurch erschrak sie fürchterlich und rannte in panischer Angst im Hof herum. Ich hatte nicht weniger Schrecken und schrie, was ich konnte, schlug mit einem Stock auf die Laterne am Kopf der Kuh, bis alles in Scherben war. Zum Glück verlor die Kuh in der Nähe vom Wassertrog die noch immer brennenden Trümmer der Laterne. Das verschüttete Petroleum hatte sich entzündet. Ich schüttete Wasser drauf, soviel mir in meinem Schreck noch möglich war.

Zu meinem großen Glück konnte ich noch alles löschen. Es war wieder stockdunkle Nacht. Mir pochte das Herz, und ich zitterte noch am ganzen Körper. Aber auch Erleichterung spürte ich, denn nach alldem hätten es helle Feuerflammen werden können. Wenn ich daran denke, schaudert's mich heute noch.

Nun, Laterne hatte ich außer dieser nun total zerbrochenen keine mehr. Ich mußte die Lampe aus der Küche holen. Überall war es stockfinster. Im Hof krachten die Glasscherben von der Laterne unter den Füßen. Es waren auch die Kühe noch herum. Endlich brachte ich das Lampenlicht zusammen.

Nun wieder in den Stall: Da gab's ein Durcheinander. Bevor ich nämlich zuerst die Tür zumachen konnte, rannten zwei Kühe zurück in den Stall. Da sie nicht angekettet waren, machten sie nur Unfug. Die Futterkörbe und Eimer – alles war umgeworfen und zusammengetrampelt. Ich wußte nicht, wo ich die Lampe hinstellen konnte. Aufhängen wollte ich sie nicht. Mit Geduld und nach langer Zeit kam wieder halbwegs Ordnung zustande. Auch das Tageslicht kam schon. An ein Schlafengehen brauchte ich nicht mehr zu denken.

In der finsteren Jahreszeit war es oft wirklich trostlos. Es waren immer Unannehmlichkeiten mit den Petroleumfunzeln oder dem Kerzenlicht. Kerzen hatten wir in früheren Zeiten nur selbstgemachte. Die gaben auch nur wenig Licht. Es wird mir, glaube ich, niemand übelnehmen, daß ich überglücklich war, als ich zum Schalter gehen konnte, und „es war Licht".

Es war in den späten zwanziger Jahren, da sah ich in meinem Heimatort Filzmoos das erstemal elektrisches Licht. Der junge Schmiedemeister hatte es zustande gebracht – zuerst nur für das eigene Dorf. Die Höfe Bögrein und Mandlingbauer kamen auch noch in diesen Bereich hinein. Der Schmiedemeister war sehr tüchtig und verstand auch vom Elektrischen sehr viel. Gelegenheit hatte er auch, da er die Wasserkraft von der Mandling nutzen konnte, die ganz nahe an seiner Schmiede und seinem Haus vorbeifließt.

Zuerst machte er die Installierungen, und dann kam bald Strom und damit Licht. Ich hatte mich sehr darüber gefreut, denn nun konnte ich in der Nacht handarbeiten, bei doch ganz anderem Licht als einer Ölfunzel. Ich durfte es nur nicht gar zuviel übertreiben – es ging oft auf Mitternacht –, denn der Strom kostete natürlich auch Geld. Hätte ich damals geahnt, daß ich noch darüber schreiben werde, hätte ich es aufgeschrieben, was der Strom zu der Zeit gekostet hat. Zuerst, weiß ich nur noch,

mußte nach der Lampenanzahl gezahlt werden. Daher
wurde auf diesem Gebiet sehr sparsam umgegangen. Bei
uns war in keinem Raum mehr als eine Lampe. Stecker
hatten wir nur in der Küche einen. Am Anfang war nur da
Licht, an etwas anderes hat ohnehin niemand gedacht.

Bögrein war so unter den ersten Höfen, wo im Sommer
Fremde kamen – Gäste sagt man heute –, ein Paar aus
Wien und eines aus Graz. Kinder hatten sie keine, aber
beide Paare hatten einen Hund. Sie blieben fast jedesmal
vier bis fünf Wochen. Es fiel allerhand Wäsche an, vor
allem wegen der Hunde, die hatten sie nämlich nur im
Bett. Die verschmutzten viel, überhaupt bei regnerischem
Wetter. Waschmaschine wäre damals ein Fremdwort
gewesen. Die Wäsche bügeln konnte ich nur mit einem
Kohlenbügeleisen. Immer wieder mußte ich heiße Kohlen
nachgeben. Beim Bügeln bekam ich oft arge Kopfschmer-
zen, und ich mußte auch erbrechen. Aber zu meiner
größten Freude schenkte mir der Schmiedemeister ein
elektrisches Bügeleisen. Doch das Schöne ging allzu
schnell vorbei, und ich mußte im Herbst 1931 anstatt
meiner Schwester in mein Geburtshaus Rettenegg. Meine
Schwester hatte meinen Ziehbruder Georg geheiratet,
und meine Ziehmutter war im Jänner 1931 gestorben.

In Rettenegg war kein elektrisches Licht, kein Strom.
Von allem, was mir so viel Freude gebracht hatte, mußte
ich Abschied nehmen. Mein Bruder Stefan bemühte sich
sehr, um zu elektrischem Strom zu kommen. Er studierte
viel in Fachbüchern und erwarb sich etwas Fachwissen. Er
baute dann ein Kleinkraftwerk in der Nähe vom Haus.
Eine Quelle wurde aufgefangen und ein kleiner See
angelegt. Rundherum wurde aufgeböscht, um das Wasser
aufzustauen. Es war eine Mordsplagerei mit bloßer
Handarbeit. Wenn es dunkel wurde – im Herbst und
Winter natürlich sehr früh –, wurde die Klappe aufgemacht, und das Wasser schoß in Rohren zum Kraftwerk-
hütterl hinunter, in dem sich Turbine und Lichtmaschine
befanden. War der Herbst trocken, dann war auch wenig
Wasser, und nach dem Abendessen war es meistens mit

dem Licht wieder zu Ende. Gab es mehr Wasser, dann hatten wir auch noch zum Spinnen Licht, ansonsten mußten wir wieder eine Ölfunzel anzünden. Von Ende November bis Mitte März mußten wir jeden Tag bis zwanzig Uhr spinnen. Das war Samstag und Sonntag nicht, dafür war das Rosenkranzbeten eine Stunde oder länger. Aber dazu konnten wir auch im Finstern herumknien.

Stefan bemühte sich bei Vaters Sägewerk noch mehr, zu einem Kraftwerk zu kommen, aber es wurde nichts Rechtes daraus. Im Herbst 1938 kam ich an die Haushaltungsschule nach Oberalm. Da gab es im Haus überall Licht, und die Ställe waren voll beleuchtet. Es gab auch einige Elektrogeräte. Ich habe über alles gestaunt. Nach der Schule, im Mai 1939, kam ich nach Radstadt auf den Wenghof. Da war auch an Licht und Strom keine Not.

Ich wurde Sennerin, und auf der Alm gab's wieder nichts Elektrisches. Aber auch „im Dunkeln ist gut munkeln". Im Sommer spürte man es nicht so sehr, durch das lange Tageslicht. Im Herbst wurde es schon schlimmer. Nun, da haben wir Mitte Oktober jedes Jahr der Finsternis „Ade!" gesagt. Es kam aber wieder ganz anders: Im Mai 1946 starb mein Bruder Stefan an Kriegsfolgen, dem das Haideggütl nach dem Bruder Florian gehörte. Meine anderen Geschwister wollten, daß ich es übernehme. Nun, da stand ich wieder im Finstern.

Alle Nachbarn hatten elektrisches Licht und elektrische Kraft. Einer davon hatte während der Kriegszeit Gelegenheit, ein Kleinkraftwerk zu bauen. Er war etwas älter und brauchte nicht in den Krieg. Die anderen halfen mit bei der Arbeit, weil auch überall noch einer oder zwei daheim waren. Hier in Haidegg war niemand zum Helfen, da meine Brüder alle in den Krieg mußten. Mit vielen Bitten gaben sie uns dann doch für ein paar Lampen Strom ab. Ich war schon glücklich darüber. Aber im Winter 1949, in der Nacht vom 15. auf den 16. Jänner, hat uns ein Orkansturm das Dach vom Wirtschaftsgebäude und ein Drittel vom Hausdach abgetragen, sechzig Meter über das Haus hinauf. Die Elektroleitung war kaputt, es hingen die Drähte herab. Von da an bekamen wir von den Nachbarn keinen Strom mehr.

Darüber war ich oft sehr traurig. Wenn die Feld- und Gartenarbeit vorbei war, mußte ich in der Nacht stricken, flicken, waschen und nähen. Auch die Stallarbeit fiel oft in der Nacht an. Kälber, Kühe, Mutterschweine hatten wir auch und andere Tiere, und es war sehr schwer, bei meist ganz schwachem Petroleum- oder Kerzenlicht zu arbeiten. Gerade zu dieser Zeit kamen alle Kinder. Es kam aber dann doch das große Glück: Ich könnte es heute noch keinem Menschen sagen, wie glücklich ich war, als wir im Hochsommer 1957 von der SAFE [Salzburger AG für Elektrizitätswirtschaft] Licht- und Kraftstrom erhielten. So glücklich war ich vorher nur einmal in meinem Leben.

Elektrizität ist ein wahres Wunder. Ich brauche nur die Zeit überdenken, wo mir das erstemal da in Filzmoos (Bögrein) dieses Wunder zugute kam. Es werde Licht, und es war Licht. Welche Herrlichkeit! Erst, was seitdem dahingehend noch alles geschaffen wurde – überhaupt mit Kraftstrom! Vorher mußte das ganze Getreide, das damals noch angebaut wurde, mit den Dreschflegeln gedroschen werden. Später gab es dazumal einen Göpel, an dem die armen Ochsen und Pferde stundenlang im Kreis gehen mußten. Wie taten die mir oft leid! Die Leute, die dieses Gespann leiten mußten, wurden schon ausgetauscht. Aber es mußten auch die Männer die Dreschmaschine treiben. Die waren davon oft zum Umfallen erschöpft. Das Brennholz richten – alles Handarbeit mit der Zugsäge. Dann erst recht bei Bauarbeiten: Wir mußten unser Haus 1951 noch fast zur Gänze mit Handarbeit aufbauen. Lediglich das Bauholz wurde mit der Säge geschnitten. Früher mußte auch dieses Holz mit Breithacken ausgehackt werden. Ich sehe noch meinen Vater und meinen Bruder Bauholz aushacken. Sie machten es sogar im Takt. Darauf achtete der Vater. Es war dies eine sehr anstrengende Männerarbeit.

Daß wir nun auch Kraftstrom hatten, hat mich sehr gefreut. Was damit alles an Erleichterung kam! Mit Motor und Seilwinde konnten wir sehr vieles tun. Vor dem Hausbau mußten wir eine Güterseilbahn zustande bringen. Einen Dieselmotor brauchten wir dazu. Es gab immer Schwierigkeiten damit. Einmal ging der Kraftstoff aus, ein andermal mußte eine Reparatur sein. Männerkraft mußte dasein, daß er überhaupt zum Anspringen zu bewegen war. Es war eine Genossenschaftsseilbahn mit sechs Teilhabern. Es war oft kein Diesel im Motor, wenn gefahren werden sollte. Man kann es sich vorstellen, keiner wollte vorher den Diesel verbraucht haben. Das brachte oft Unstimmigkeiten. Da wir nun Strom am Oberberg hatten, wurde auch die Seilbahn angeschlossen.

Von den Mitgliedern wurde gemeinsam ein Elektromotor gekauft, und alles was wir brauchten, konnte flott vom Tal heraufgebracht werden. Auch mußten wir, bevor wir den Strom bekamen, mit Ochs, Pferd oder Kuh das Heu im Sommer von den unteren Feldern zum Haus heranbringen. Die Zugtiere waren sehr geplagt dabei. Einer mußte vor den Tieren gehen, sonst hätten sie die Flucht ergriffen. Da an heißen Tagen die Bremsen- und Fliegenplage arg war, mußte bei den Tieren eine stärkere Person sein, nicht nur ein Kind. Das war auch manchmal sehr gefährlich. Zu anderen Zeiten im Sommer gibt es die Dasselfliege. Vor dieser haben Ochs und Kuh große Angst. Dem Menschen nicht wahrnehmbar, hören und riechen alle Rindviecher diese Fliege sofort, und momentan, ohne daß der Mensch es ahnt, geht es mit allem Drum und Dran im Saus davon. Wenn auch meist Ochsen gemächliche Zugtiere sind – aber in einem solchen Fall können auch sie galoppieren.

Zu meiner großen Freude kauften wir im Frühjahr 1958 einen Elektromotor und eine Seilwinde. Nun konnten wir im Sommer mit Strom das Heu zum Haus hinaufbringen. Eine Person bei Seilwinde und Motor zum Schalten, und die anderen konnten mit Ruhe auf dem Feld die Heufuder zurechtmachen. Das war eine große

Erleichterung. Vieles konnte noch auf diese Art gemacht werden: Der Mist wurde zu den steileren Hängen gebracht. Die Erde vom Umackern konnte wieder hinaufkommen. Die unteren zwei Furchen vom Umackern mußten hinaufgebracht werden, sonst wäre die Erde herunten zuviel geworden. Beim Brennholzabschneiden mit der Zugsäge brauchte ich nicht mehr mitzuhelfen. Das tat nun die Kreissäge. Beton brauchte nicht mehr mit Handarbeit gemischt zu werden. Dazu war nun die Mischmaschine da. Und wie vieles noch, woran man erst denkt, wenn einmal Stromausfall ist, was sehr selten der Fall ist, und wenn, dann nur für kurze Zeit.

Nun kamen auch die mir so wertvollen Heinzelmännchen ins Haus: Bügeleisen, Waschmaschine, Gefriertruhe, Kühlschrank, Mixer, Kochplatte, Elektroherd, Heizgeräte und nicht zuletzt das geschätzte Radio. Nur zum Guten gebraucht, ist elektrischer Strom eine wahre Wohltat. Wie oft in meinem Leben sah es dunkel und stockfinster aus, aber immer wieder kam Licht, und es wurde hell und wunderschön. Wenn ich irgendetwas einschalte, denke ich oft daran, wie glücklich ich war – und heute noch gleich bin –, als wir hier Licht und Kraftstrom erhielten. Bei hellem Licht kann ich lesen oder schreiben. Wie bin ich glücklich! Wenn es nur so bleiben möchte, wäre mein großer Wunsch.

Es war ein paar Monate, nachdem wir den Strom schon hatten. In Radstadt haben auch die Radiohändler erfahren, daß es nun am Oberberg in Filzmoos auch Licht und Strom gibt. Eine Zeit vorher hat ein Nachbar den Händlern versprochen, daß er bei ihnen ein Radio kauft. Eines Tages brachten zwei Männer dem Nachbarn ein Radio, aber der hatte schon von jemand anderem ein Radio, und er wollte vom Kauf nichts mehr wissen. Die Händler waren enttäuscht und fühlten sich betrogen. Da sagte ihnen der Nachbar: „Geht nach Haidegg (also zu uns), die haben noch kein Radio." Nun, die beiden ließen sich das nicht zweimal sagen und kamen zu uns. Aber da stießen sie auf Granit bei meinem Mann. „Ein Radio? Na, na, da gibt's nix!" sagte er ihnen. „Wir müssen arbeiten und nicht Radio losen (hören)." Ich habe meinen Mann auch gebeten, das Radio zu kaufen. Hätte ich einen Stein drum gebeten, wäre es genau nicht anders gewesen.

Mein Mann ging aus der Küche. Aus, fertig! Den Männern gab ich eine kleine Jause, und wir begannen uns schon abzufinden mit dem Resultat. Da gibt's nix! Da kamen gerade die Buben von der Schule heim, schauten mal groß und betrachteten das Radio. Zum Spaß sagte einer der Männer: „Na, was sagt ihr dazu, der Vater hat euch das Radio gekauft." Beide machten einen Luftsprung vor Freude. Bald brachte es keiner mehr zusammen, die Buben so zu enttäuschen und zu sagen, daß es nicht wahr sei. Einer der Männer sagte: „Wenn ihr den Vater bittet, dann kauft er schon das Radio." Der ältere Bub ging zu ihm aufs Feld, der jüngere wollte nicht mit, der fühlte immer viel eher, daß es vom Vater nichts gab.

Nach kurzer Zeit kam der Bub wieder und sagte zu mir, ich solle zum Vater rauskommen. Ich ging hinaus und dachte mir, daß ich Schimpfe bekommen werde, weil die Männer noch immer da sind. Aber er sagte, wenn ich ihm verspräche, daß ich noch ein Kind bekäme, dann kauft er das Radio. Nun stand ich wiederum ratlos da. Mit vierunddreißig Jahren (1944) hatte ich das erste Kind; bis 1955 waren es sechs. Dann war ich wieder schwanger, aber im zweiten Monat verlor ich das Kind. Das war damals gerade vor drei Monaten gewesen. Ich sei schon bald achtundvierzig, gab ich ihm zu bedenken. Aber er sagte, wenn ich wolle, dann ginge es schon. Mir war nicht gut zumute, aber vielleicht . . . Er kaufte das Radio zur Freude der Kinder. Wegen meines Versprechens konnte ich mich nicht darüber freuen. Ich konnte auch nichts dazutun, es kam kein Kind mehr. Das ließ mich mein Mann hart büßen. Das Radio einzuschalten, hat er mir dann verboten. Nur abends, solange er auf war, hat er eingeschaltet. Er ging aber immer früh schlafen. Nachher gab es kein Radiohören. Nur wenn er irgendwo in Arbeit war, getraute ich mich einzuschalten, aber auch das war gefährlich, denn er konnte unverhofft zurückkommen. Meistens ließ ich's lieber bleiben. Erst als die Kinder dann älter wurden, mußte er seinen Widerstand aufgeben. Seit zweieinhalb Jahren kann ich das Radio zu meiner Freude einschalten, wann ich gerne mag.

Nun etwas zum Schmunzeln bezüglich des Lichts. Wir hatten erst kurze Zeit das elektrische Licht. Ich mußte jeden Tag auf die Alm gehen, die Kühe melken; das war eine halbe Stunde Gehzeit. In der Früh mußte ich sehr zeitig gehen, um vier Uhr, während mein Mann mit den Buben – zwölf und zehn Jahre – noch daheim im Haus und die kleineren, die Dirndln, noch im Bett waren. Am späten Nachmittag mußte ich die drei Dirndln mitnehmen. Eine wollte gar nicht mehr mit. Ich sagte: „Du bist dumm! Ganz allein da, das wird dir bestimmt nicht passen." Nach einer kleinen Weile kam sie mit einer Tasche in die Küche. Als ich fragte, was sie denn mit der Tasche wolle, sagte sie: „Darf ich dein Nachtkasterllicht mitnehmen, weils drüben in der Almhütte so finster ist?"

Die zwei älteren Mädchen saßen bei der Hausaufgabe. Sie zankten sich wegen der Tischlampe. Die eine rückte sie hin, die andere her. Die Zankerei wurde immer heftiger. Ich sagte dann: „Jetzt aber Schluß! Die Lampe bleibt in der Mitte! Ich habt beide genug helles Licht. Ich hab' in eurem Alter noch gar kein so schönes Licht gesehen, geschweige denn gehabt. Nun ist mal Ruhe!" Aber bald darauf sagte die Schulanfängerin: „Warum haben die Leut net früher schon dem Herrn Gott gesagt, daß er das Licht macht?" In der Religionsstunde hatte sie gehört, daß der Herrgott sprach: „Es werde Licht!" Das verwechselte sie mit einem Herrn Gott, der nur sagen braucht: „Es werde Licht!" So unbeschwert leben die Kinder. Wenn man das als Erwachsener noch könnte! Aber das nur nebenbei, es kommt mir gerade in den Kopf.

Nun will ich betreffs Licht im Zusammenhang mit Geistern einiges selbst Erlebtes und auch aus Erzählungen schreiben. Ich mußte mir die Geistereien durch den Kopf gehen lassen, denn, ganz ehrlich gesagt, konnte ich zuerst die Geister mit Elektrizität nicht ganz vereinen. Aber wenn ich weiterdenke, dann ist wohl ganz logisch, daß lichtscheues Gesindel, ob auf Mensch oder Tier bezogen, die Finsternis bevorzugt, denn wie würde so ein Geist heute wohl dastehen, wenn auf Ruck-Zuck jeder Raum und Winkel hell erleuchtet wäre. Die Geister würden Reißaus nehmen, darum gibt es sie heute wohl nicht mehr. Die Geister waren doch nur hinterlistige, boshafte Menschen oder eben Tiere, die sich von Natur aus in der Finsternis zurechtfinden können.

Diesen zwielichtigen Gestalten – was Menschen anbelangt – stand ich schon als Kind kritisch gegenüber. Das kam auch daher, daß ich unter mehreren Dienstboten aufgewachsen bin, und diese hatten mich – oft zu ihrer Gaudi" – „gfuxt" (sekkiert, traktiert), und sie redeten viel von Geistern. Abends, wenn es schon finster war und ich wurde in die Keller, den Dachboden oder die Ställe geschickt – wenn überhaupt mit Licht, mit einer ganz schlechten Funzel (Tegel) –, dann sagten sie: „Paß auf, daß dir der Geist nit kimmt!" Das war dann der Kellergeist, Dachbodengeist oder Saustallgeist usw. Und erst wenn ich, schon etwas älter, ins Freie mußte, da hat's wieder gewimmelt von Geistern: der Nachbargeist, Waldgeist, der Betläutgeist (wurde auch Betläutputz genannt). Erst wenn man im Finstern am Friedhof vorbeigehen mußte! Da hat es dem Sagen nach rudelweise Geister gegeben. Ich ging oft zu meiner Mutter Grab, da es schon Nacht wurde oder war, habe aber nie einen Geist gesehen. Die wurden von Leuten erfunden. Einige hatten Spaß daran, Leichtgläubigen Furcht einzujagen, andere wieder schlugen Kapital daraus; hinterlistige Gründe waren immer dabei.

Wenn man als Kind schon wußte, man muß Befehle befolgen, ob einem ein Geist kommt oder nicht, dann wird man als Kind schon kaltblütig den Geistern gegenüber.

Hätte ich auf Geistereien gehört, wäre mein Leben eine Schreckenszeit gewesen. Im siebzehnten Lebensjahr allein auf einer Alm, wo schon bald in Armlänge ein dichter Hochwald gewesen ist und alles Wildgetier oft schauerlichen Lärm machte! Auch in der Hütte gab es genug solche Geister. An solches Gerumpel in der Nacht muß man sich gleich gewöhnen. Das Viehzeug arbeitet in der Nacht, und das geht nicht mit Ruhe vonstatten. Da gibt es die Wiesel, Mäuse, Ratten, eigene und fremde Katzen, die aus Eifersucht raufen, daß alles runterfliegt, oder mitunter ihre Hochzeit halten, mit unmöglichen Lauten und Tönen und Gerumpel. Diese „Geister" haben oft viel geleistet. In den Butterkübel trugen die Ratten Moos hinein, und das ganz schön viel. Meine Ziehschwester hatte mir gesagt, den Butterkübel müsse ich offenlassen, sonst komme ein unguter Geschmack hinein, und die Ratten würden nur wieder anderen Unfug treiben. Aber jedesmal saubermachen brachte viel Arbeit. Da muß man zu allem eine dicke Haut bekommen, sonst könnte man aus der Haut fahren, wie es so heißt, was bekanntlich doch nicht geht.

Auch von einem „Egg-Geist" wurde geredet. Der Eggweg, das war der Weg, den wir früher von Filzmoos nach Mandling oder umgekehrt gehen mußten. Mandling war unsere Bahnstation, bevor die Straße nach Eben gebaut wurde. Es war ein oberer und ein unterer Gehweg. Am oberen wurde der Geist gesehen. Gewesen ist es ein Lehrer, der schon über eine Taschenlampe verfügte. Er ging am oberen Weg nach Filzmoos. Auf der Vis-à-vis-Seite wurde das Licht von Leuten gesehen. Geisterhaft! Den Schein warf es einmal dorthin, einmal dahin. Aber durch die Herumrederei kam es zutage, wer der Geist war. Dann verstummte die zuerst geglaubte Vermutung doch wieder. Das war ein ungewollter, harmloser Geist.

Es gibt in der Natur schon Zufälle, die Furcht auslösen. Meine Schwester und noch ein Mädchen waren bei einem Bauern Haferschneiden. Es war im Spätherbst, und es wurde sehr früh schon dunkel. Also mußten die Mädchen im Finstern auf dem Heimweg an einer Waldlichtung vorbei. Da sahen sie oberhalb vom Weg mehrere Lichter.

Darüber haben sich die beiden sehr erschreckt und liefen heim, was sie konnten. Umzuschauen getraute sich keine mehr. Leichenblaß kamen sie an und konnten fast nichts reden. Am anderen Tag haben sie noch vor Schreck geweint. Mein Bruder sagte mir, er habe die Stelle, wo diese Lichter von den Mädchen gesehen wurden, untersucht, und er verdächtige ein oder zwei Wurzelstöcke, welche schon etwas in Moder übergingen. Wenn die richtige Witterung und auch sonst noch Zutreffendes zusammenkomme, dann leuchteten solche Wurzelstöcke an mehreren Stellen, erzählte er mir.

Einige Jahre später konnte ich zu meiner Freude ein solches schönes Naturwunder erleben. Ich ging von einer Theaterprobe heim. Neben dem Weg, so zirka fünf bis sechs Meter entfernt, das wußte ich sowieso, stand ein Wurzelstock. Einmal – es war nicht arg finster, ich konnte den Stock noch ausnehmen – waren vier oder fünf wunderschöne Lichter dran. Kleinere Lichter tauchten auf, verschwanden aber bald wieder. Es leuchtete in allen Farben. Jedes Licht war anders gestaltet. Eine Weile betrachtete ich das Wunderschöne. Da fiel mir ein: „Ich gehe schnell heim und hole mir ein Messer und schneide ein Licht heraus. Das wird in der Dunkelheit leuchten", stellte ich mir vor. Wie war ich enttäuscht, als ich zurückkam; es war kein Licht mehr am Stock. Nur das einemal konnte ich bis jetzt diese Herrlichkeit sehen und betrachten. Damit dies in der Natur zustande kommt, glaube ich, muß viel zusammentreffen.

Mein Onkel war Zimmermann. Er war auswärts bei einem Bergbauern zum Stallaufbauen in Arbeit. Ich hatte Gelegenheit, ihn zu besuchen. Das ging erst am Abend nach der Arbeit. Als ich in die Nähe von dem Haus kam, fragte ich mich, ob ich da wohl richtig dran sei, denn ich sah nirgends ein Licht, das ganze Haus war finster. Nur der halb aufgebaute Stall ließ es mich vermuten. Ich tastete mich durch das Vorhaus und klopfte an der Tür, wo ich Stimmen vernahm. Als ich in den Raum kam – es war eine Wohnküche, Stube und Küche zugleich –, sah

160

ich so gegen das Fenster hin Leute beim Tisch sitzen, und ich ahnte bloß, daß sie aßen. Es wurde „guten Abend" gesagt, weiter nichts. Mein Gott, dachte ich mir, die haben kein Licht. Elektrisches Licht gab es nicht, aber auch ein anderes wurde nicht angemacht. Nach dem Essen ging mein Onkel ein Stück mit mir bis zur Straße. Da sagte ich zu ihm: „Wie könnt ihr denn in dieser Dunkelheit essen?" Da meinte er: „Die Dunkelheit wäre nicht so schlimm, den Mund findet halbwegs noch jeder, aber die haben so viele Fliegen in der Küche, daß es ganz schwarz ist, die sind dann auch in der Kost drin, da gratschelt es immer unter den Zähnen." Da hat mich das Grausen geschüttelt, wenn ich daran denke, heute noch.

Ein Bauer, er war ein Nachbar von uns, der hat mir oft erzählt, wie es ihm einmal ergangen war. Er hatte einen Ochsen aus unserer Gemeinde zu einem anderen Bauern hingebracht; teils zur Fütterung den Winter über, teils konnte der Bauer den Ochsen zur Arbeit gut gebrauchen. Es war jedem geholfen. Im Frühjahr holte der Nachbar seinen Ochsen wieder. Es war ein nettes Diskutieren, und es wurde später, bis er mit dem Ochsen zum Abfahren kam. Zirka ein Viertel von der Strecke führte er den Ochsen. Aber dann kam ein dichter Hochwald, und mit der Sicht war es aus. Er sagte, daß einfach alles schwarz vor den Augen war. Da kam ihm ein guter Gedanke: „Vielleicht findet sich der Ochs in dieser Finsternis zurecht?" Er faßte ihn am Schwanz. Zu seiner Erleichterung führte ihn der Ochs den ganzen Weg sicher, bis hin zu seiner Stalltür.

Jedes Jahr im Herbst mußte ich zu einem Bauern gehen, zum Frühjahrsgetreideschneiden (Frühjahrskorn, Hafer, Weizen). Auch zwei bis drei Mädchen von anderen Bauern kamen dazu. Es war ein großer Bauernhof, und wir mußten jedesmal eine ganze Woche über bleiben. In der Früh, es war noch stockfinster, schlug die Bäuerin mit einem Holzscheit auf das Stiegengeländer, und das machte Krach. „Aufstehn, Dirndln, zum Aufstehn is!" schrie sie dazu. Also raus aus dem Bett. Gleich darauf wurden wir zur Arbeit eingeteilt. Außer der Schnitterzeit war die Bäuerin allein als Weibsperson, eine starke, robuste Frau. Eine Sennerin und eine Dirn waren auf der Alm. Also, eine von uns Mädchen mußte den Söller, die Stiege, Stube, Vorhaus und den Gang auskehren; die zweite Schweinefutter aus dem Krautgarten holen und hacken (das waren außen herum von den Krautköpfen die Blätter); die dritte Stall putzen und einfüttern (zwei Kühe blieben auf dem Heimhof im Sommer). Zwei bekamen eine Ölfunzel zugeteilt, das waren bei uns auch die Tegerl, ganz was Kleines, schon nicht mehr eine Funzel, sondern nur mehr ein Finserl von Licht. Eine bekam eine halbwegs passable Laterne, nämlich die Schweinefutterhackerin. Mit der Vorwarnung: „Dirndln, daß ma eppa ja ka Liacht nit brechts!" wurden wir unserem Schicksal überlassen. Ich war die Auskehrerin und mußte mein sparsam leuchtendes Ding immer auf dem Boden weiterstellen, aber das mußten wir auch daheim so praktizieren, wenn wir im Finstern in der Früh die Arbeiten machten.

Ich war gerade auf dem Gang kehren, da gab es bei der Schweinefutterhackerin ein Geschepper und einen Schrei. Ich ging sofort hin zu ihr, es war alles finster und roch stark nach Petroleum. Sie hatte die Laterne an einem Nagel aufgehängt, holte mit der Hand zu weit aus und schlug mit der Harke – so heißt das Werkzeug, das man zu dieser Arbeit braucht – die Laterne vollkommen zu Scherben. Herzerweichend fing das Mädchen an zu jammern und meinte: „Sagt bitte zur Kathl nix." (So hieß die Bäuerin.) Ich sagte: „Das geht nicht. Wir müssen ihr die Lichter wieder übergeben." Nun wollte sie davonlaufen. Es war schon der letzte Tag. „Fünf Tage wirst du umsonst gearbeitet haben, wenn du jetzt wegläufst. So schlimm wird's schon nicht werden", redete ich ihr zu, damit sie mit uns – die vom Stall kam auch dazu – zur Bäuerin ginge. Das tat sie dann auch. Aber da brach dann der Weltuntergang aus. Da hätte einer schon geglaubt, ein Unheil sei passiert mit Millionenschaden. Der ganze letzte Tag war verpfuscht, auf den wir uns die Woche über gefreut haben. Das Mädchen hat immer wieder darüber geweint, daß gerade ihr das passieren mußte. Erst am Abend, als sie den vollen Lohn bekam, kehrte unser Frohsinn wieder ein.

Es wurde eine lustige Heimwanderung, wenn auch im Finstern, aber zu uns kamen gut aufgelegte Begleiter. Denen wurde dann der Tageskummer erzählt. Einer war ein recht lustiger Holzarbeiter. Der sagte: „Mach ma a Gaudi und kaf ma da Kathl a fesche Latern!" Das geschah dann auch am Kirchtag in Radstadt. Die Laterne haben wir der Kathl feierlich übergeben. Sie hat sich gefreut darüber, es war eine viel bessere, als die, die gebrochen wurde. Nur meinte sie, die Dirndln hätten allein kommen sollen (sie war nie verheiratet, war nur die Schwester vom Bauern, der auch nie geheiratet hat). Aber einer konnte es recht gut mit ihr, sodaß wir eine Jause mit Brot, Speck und Schnaps bekamen. Danach gingen wir auf die Alm, da wurde es dann die richtige Gaudi. Es kam in allem wieder Licht ins Dunkel.

Nun noch von den selbstgemachten Kerzen. Ich kann mich erinnern, daß es eine heikle Arbeit war, mit viel Vorsicht und Genauigkeit getan. Genommen dazu wurde Bienenwachs, Rindertalg – das ist das Fett von den Gedärmen der Rinder beim Schlachten –, auch von den Schafen und Ziegen wurde das Gedärmefett genommen. Und auch Baumharz (Pech) kam dazu. Die Vorrichtung kann ich nicht so richtig beschreiben. Ich weiß nur, daß es ein Brett war mit Löchern. Oberhalb der Löcher wurde der Docht angebunden, an Querstangen. Den Kerzendocht spinnen durfte nur die beste Spinnerin. Der Faden mußte am besten aus Flachs und ganz gleichmäßig sein. Meistens spann ihn die Mutter selbst. Sie kaufte auch etwas Baumwollgarn. Mit diesem Garn waren es die besseren Kerzen. Das Gemisch von Wachs, Talg, Fett und Pech wurde bis zu einem bestimmten Punkt erhitzt und dann die Kerze gegossen. Wenn ich von der Schule heimkam, sah ich schon die fertigen Kerzen hängen. Mithelfen bei dieser Arbeit mußte der Mutter die ge-

schickteste Dirn. Auch eine Nachbarin ist meistens dazugekommen. Mit dieser hat die Mutter auch ausgetauscht.
Die Nachbarn hatten Bienen und daher auch Wachs, die
Mutter hatte mehr das schlechte Fett, weil auf dem
großen Hof mehr geschlachtet wurde. Als ich dann älter
wurde, gab es immer mehr und mehr die gekauften
Kerzen. Das Selbsterzeugen hörte sich langsam auf.

Elektrische Beleuchtung in der Kirche gibt es, seit die
SAFE den Strom liefert. Auch die Kirchenglocken und
-uhren sind seit einigen Jahren auf elektrische Schaltung
eingestellt. Aus meiner Kinderzeit erinnere ich mich, daß
es in der Kirche nur Kerzenlicht gab. Es waren viele und
schönere Kerzen, als sie für den Haushalt gekauft oder
selbst gemacht wurden. Außer den Roraten und der
Christmette wurde in der Kirche wohl fast alles bei
Tageslicht abgehalten. Einige Leute, die bei Roraten im
Gebetbuch lesen wollten, hatten selbst kleine Kerzenleuchter mit Kerzen oder Wachsstücken mit, welche sie
neben sich auf die Kirchenbank hingestellt hatten.

Wachsstöcke waren meist richtige Kunstwerke. Sie
wurden für einen selbst oder als Mitbringsel für die
Daheimgebliebenen als Andenken an einen Wallfahrtsort
gekauft. Die Wachsstöcke wurden geweiht und standen
hoch in Ehren. Sie wurden zu besonderen Anlässen
angezündet. Zum Namenstag – Geburtstagsfeiern gab es
damals nicht –, zu Jahresgedenktagen der Verstorbenen,
bei Hochgewittern und um Wertvolles wiederzufinden
wurden Wachsstöcke angezündet. Meine Ziehmutter hatte verschiedene Größen an Wachsstöcken. Kleine, zierli-
che zündete sie zu den Sterbetagen ihrer Kleinkinder an
und große für die erwachsenen Verstorbenen. Dabei hat
sie immer gebetet. Ich habe auch mitgebetet, schlief aber
manchmal ein, das war ihr gar nicht recht, sie hat mich
aber nie bestraft deswegen. Auch an Samstagabenden
wurden zum Rosenkranzbeten geweihte Kerzen oder
Wachsstöcke angezündet und die Petroleumlampe, wenn
sie vorher schon gebraucht wurde, ausgelöscht. Nach dem
Rosenkranzbeten geschah wieder das Umgekehrte. Der

Wachsstock wurde nie zu einem direkten Beleuchtungszweck hergenommen. Er wurde den Begebenheiten nach auch am hellichten Tag angezündet.

Am Ostersonntag mußten wir sehr früh aufstehen – schon lange vor dem Tageslicht – und mit einer Kerze, welche am 2. Februar (Lichtmeß) geweiht wurde, auf den Kalvarienberg gehen. Es waren die Leute vom Dorf dabei und die nächstliegenden Bauern. Es wurde der Kreuzweg gebetet und bei jeder Station ein Weilchen haltgemacht. Die Kerze wurde meist von jüngeren Leuten getragen, ob Bursch oder Mädchen war gleich. Sie mußte offen getragen werden, denn es soll dem Sagen nach der Ostersonntagmorgen so windstill sein, daß es die Kerze offen brennen läßt. Ansonsten sei kein gutes Jahr zu erwarten.

Bei der Endstation, der Kreuzwegkapelle, wurde dann der Glorreiche Rosenkranz gebetet – „... der von den Toten auferstanden ist ...“ – und erst nachher die Kerze ausgelöscht. Je schöner die Kerze abgebrannt war (nicht viel abgetropft), desto sicherer wurde gehofft auf ein gutes Erntejahr. Das ist wohl auch sehr von der Güteklasse der Kerze abhängig gewesen. Die Kerze wurde jedes Jahr von einem anderen Teilnehmer genommen. Dieser Kreuzweggang wurde von Böllerschüssen begleitet. Es krachte manchmal ganz fürchterlich, ganz nahe der Kreuzwegkapelle. Nach der Kreuzwegwanderung ging's gleich heim nach Hause zur Stallarbeit und dann gleich wieder in die Kirche zum Hochamt. Der Hochaltar in der Kirche war zu den festlichen Jahreszeiten – Ostern, Pfingsten, Fronleichnam, Erntedanksagung (Rupertitag, 24. September) – mit Kerzen hell erleuchtet.

Auch das Ewige Licht ist in der Kirche. An einem Seil hängt das Lämpchen von der Decke vor dem Hochaltar herunter. Es ist ein kleines Lichtlein mit einem rotleuchtenden Zylinder darüber. Mit welchem Brennstoff das Licht gespeist wird, weiß ich nicht. Es heißt bei jedem einfach das „Ewige Licht“. Wie ich des öfteren in den Jugendjahren spät vor dem Dunkelwerden in die Kirche ging, brannte immer das rotleuchtende Lichtlein vor dem Hochaltar.

Zur Erstkommunion in früheren Zeiten wurden die Kerzen auch sehr geschätzt. Nach der Kommunion wurde die Kerze, meist von der Mutter, aufgehoben und erst nach dem Schulaustritt dem Kind wiedergegeben. Das hatte den Zweck, daß für diejenige Person die Kerze als Sterbekerze genommen wurde. Die Kommunionskerze wurde so lange bei dem Verstorbenen gelassen, bis sie abgebrannt war. Es kommen dann die großen Kerzenständer zur Bahre, welche von der Kirche ausgeliehen werden. Früher waren die Kerzen spärlicher. Aber jetzt sind es schöne, große Kerzen, die von den Angehörigen gekauft und auch von Verwandten geschenkt werden. Diese Kerzen brennen dann Tag und Nacht, solange der Verstorbene aufgebahrt ist. Es muß in der Nacht eine verläßliche Person dabeibleiben, zur Nachtwache, damit nichts geschieht bei den offenen Lichtern. Meistens war das immer dieselbe Person, eine schon ältere Frau in der Gemeinde.

Einmal, ich erinnere mich noch sehr gut, wäre beinahe ein Malheur passiert. Ich war damals nicht Erstkommunionskind (ich war schon etwas älter). Wie jedesmal bei der Erstkommunion wurden alle Schüler von der Schule mit Blasmusik in die Kirche begleitet. Bei den Erstkommunikanten wurden die Kerzen vor dem Abmarsch in die Kirche angezündet. Es ging gerade ein arger Wind über dem Kirchenplatz, und schon übersah ein Kind, daß das längere Haar eines Mädchens Feuer fing. Zum Glück waren Erwachsene nebenbei und konnten sofort löschen. Aber das Haar und das Kleidchen waren schon sehr beschädigt. Bei offenem Licht war es immer sehr gefährlich, es mußte streng darauf geachtet werden.

So begleitet, kann man wohl sagen, das Licht den Menschen von der Kindheit bis zum Grab.

Theresia Ebner

wurde 1924 in Bad Hofgastein geboren. Auf dem elterlichen Anwesen, dem „Fazibauerhof", wurde in den zwanziger Jahren schrittweise elektrifiziert.

Ich erinnere mich noch sehr gut, als wir mit einer Kerze der Mutter im Stall leuchteten, beim Kühemelken oder sonstiger Arbeit. Meistens mußte eine Petroleumlampe für das ganze Haus genommen werden: die Zündhölzer knapp, das Petroleum teuer!

Eines Tages war Strom im Haus – das war ein Gefühl, nicht zu beschreiben! Ich konnte meine Aufgabe bei elektrischem Licht machen. Für mich war es himmlisch, denn wir kamen von der Schule, und es war dunkel. Man brauchte sich nicht zu fürchten, man sah in jede Ecke, trotz der schwächsten Birne. „Schalt auf, das Licht!" befahl die Mutter. – „O ja, o ja!"

So war es zuerst in der Stube, im Stall und langsam, als wir es uns leisten konnten, in anderen Räumen. Der alte Stall im Winter: voll mit Tieren, es dunstete und war feucht; so passierte es oft, wenn wir aufschalteten, daß es funkte da und dort, und wir rannten davon, wieder vor Angst. Alle Jahre wurde etwas verbessert. Zuerst wurde ein kleiner Motor zusammen mit Nachbarn angeschafft, zum Getreideverarbeiten; ein kleiner Kocher wurde uns einmal spendiert, das war herrlich: in Kürze eine heiße Milch oder Tee. Wir redeten immer von einem Bügeleisen, das konnten wir später mal kaufen. Diese Freuden vergißt man allmählich. Weil man heute alles hat.

Ludmilla Misotic

wurde 1925 in Bad Vellach in Kärnten geboren. Ihre Kindheit verbrachte sie in dem Dorf Leše bei Prewali in Slowenien, wo der elektrische Strom 1935 eingeleitet wurde.

Jeder Mensch hat sie auf andere Art erlebt, gefühlt, jene Zeit, als die Zivilisation noch nicht so fortgeschritten war; ohne elektrisches Licht, ohne Wasser.

Apropos Wasser: ohne Wasser kein Strom. Heute braucht man ja nur an Schaltern zu drehen oder auf einen Knopf zu drücken, und schon wird es überall hell. Ja, und Wasser? Es ragt ein Rohr aus der Mauer, und man braucht ja nur an dem Hahn zu drehen, und schon rinnt, je nach Wunsch, warmes oder kaltes Wasser. Ach wie schön und bequem; aber so schön und bequem hatte ich es vor fünfundfünfzig Jahren nicht.

Ich lebte damals bei meiner Großtante in einem kleinen Holzhaus, weit weg von der Großstadt, in einem winzigen, abgelegenen Dorf. Es war weit und breit von Elektrizität weder etwas zu sehen noch zu hören. Wir hatten auch kein Wasser, ganz zu schweigen von einer Wasserleitung. Mitten im Dorf war ein Brunnen, aber hier mußten wir sehr sparsam mit dem Wasser sein. Es war zum Trinken und zum Kochen. Für Gartenbewässerung wurde das Wasser aus dem Bach geholt, aber auch genauso für die Tiere. Die Großmutter und die Großtante haben Ziegen und Schweine gezüchtet.

Mit einfachen Mitteln wurde die Schmutzwäsche behandelt und saubergewaschen: Am Abend vor dem

Waschtag war die Wäsche in Sodalauge oder aber in Holzaschenlauge eingeweicht. Am nächsten Tag wurde warmes Wasser dazugeschüttet, an einer hölzernen Wäscherumpel kräftig mit beiden Händen auf- und abgedrückt. So, nun wurde die Wäsche in ein Holzschaffel gelegt, auf den Kopf gehoben und so zum Bach, der eine halbe Stunde vom Haus entfernt war, gebracht. Hier wurde die Wäsche nochmals auf einem glatten Brett, das hier angebracht war, geschlagen und noch ein paarmal gut geschwemmt und tüchtig ausgewunden, dann ging es wieder heimzu.

Die bunte Wäsche wurde auf die Leine gehängt, die weiße aber wurde sorgfältig auf der Wiese ausgebreitet. Schien die Sonne sehr stark, so mußte die Wäsche jede Stunde mit klarem Wasser besprizt und gewendet werden! Diese Prozedur hat zwei oder drei Tage gedauert. Dafür aber war die Wäsche auch sauber und blütenweiß.

Mit dem Bügeleisen, das immer auf dem Sparherd stand, wurde nur das Notwendigste gebügelt. Aber auch nur dann, wenn im Sparherd ein Feuer war, ohne Feuer im Herd war das Bügeleisen kalt. In diesem Fall aber wußte sich die Großtante zu helfen. Sie besaß auch eine Bügelpresse, da wurden die Wäschestücke ganz genau zusammengelegt, danach unter der Walze (ich sagte immer: der „Nudelwalger") aufgeschlichtet. So blieb die Wäsche eine Nacht fest zusammengepreßt. Am nächsten Tag hat die Tante die Einzelstücke durch die Walze gelassen, nachdem sie mit voller Kraft an der Kurbel gedreht hat. Na – und so war die Wäsche faltenfrei gebügelt.

Für diese Arbeit war ich ja noch zu klein und zu schwach; aber nicht zu schwach, um das Wasser zu holen. Mit einem kleinen Eimer lief ich ein paarmal am Tage zum Bach, und ich war sehr stolz, wenn ich nicht allzuviel Wasser aus dem Eimer verschüttet habe. Denn ich mußte ja eilen, bevor es finster wurde. Es brannte ja nirgends ein Licht, keine Straßenbeleuchtung. Wurde es langsam dunkel und war kein Mondschein, so hat man nur schwer

169

einen Weg gefunden. Die Beleuchtung von den Häusern durch die kleinen Fenster war auch nur matt, obwohl man überhaupt keine Vorhänge hatte, damit das Licht des neuen, angebrochenen Tages einen rechtzeitig aufweckte.

Ja, mit dem Licht war das so eine Sache: Im Haus meiner Großtante waren dreierlei Beleuchtungskörper: eine Kerze, die der Großonkel selbst aus Bienenwachs hergestellt hat, aber die wurde nur angezündet, wenn man den Rosenkranz gebetet hat. Vom Brand dieser Kerze roch die ganze Stube nach Bienenhonig. Die zweite Beleuchtung war eine Petroleumlampe. Sie diente nur in der Küche beim Abendessen, aber auch nur dann, wenn es sein mußte. So zum Beispiel im Winter, wo die Abende sehr lang waren. Die Nacht wäre zum Schlafen auch zu lang gewesen – so hat man sich mit echt winterlicher Arbeit beschäftigt. Der Großonkel hat die Wolle kertatscht (über den Kamm gezogen), und die Tante hat sie auf dem Spinnrad zu Garn gesponnen und hat dabei entweder ein Märchen erzählt oder aber gesungen. Und dabei bin ich dann eingeschlafen. Apropos eingeschlafen: man hat ja zu damaliger Zeit viel mehr geschlafen. Es gab kein Radio und auch keinen Fernseher. Es hat wohl irgendwo Strom und auch ein Radio gegeben, aber davon wußten wir noch nichts.

Der dritte Beleuchtungskörper war eine Laterne. In diese viereckige, mit Glasscheiben versehene Laterne wurden nur kurze, sogenannte Kerzenreste hineingestellt. Diese Laterne wurde in erster Linie im Stall bei der Viehbetreuung verwendet, aber auch zum Kirchengang, der eine Stunde Gehweg erforderte. Die Ortschaft, in welcher sich die Kirche befand, hatte auch kein elektrisches Licht. Aber sie waren schon etwas fortgeschrittener als wir. Die Hauptstraße entlang bis zur Kirche standen lange, eiserne Stangen und ganz oben drauf waren auch so Laternen wie die unsrigen. Nur waren die sehr, sehr groß. Für mich war es wie ein Alptraum. Nun sah ich einen Mann mit einer langen Leiter, der trug sie von einer

Laterne zur andern, zündete bei jeder die Kerzen an. Später hat das Gas die Kerze abgelöst.

Nun komme ich noch zu einer anderen Beleuchtung. Mein Onkel Hansi war im Kohlenbergbau tätig. Alle Arbeiter in der Grube, die einige hundert Meter tief war, benötigten Licht, und das war eine geschlossene Karbidlampe. Draußen vor dem Eingang brannten Öllampen. Hier wurde Tag und Nacht gearbeitet. Draußen vor dem Kohlewerk lagen riesiggroße Berge von Kohle. Von früh bis abends wurde die Kohle mit Pferdefuhrwerken zur Bahn gefahren und auf die Waggons verladen. Ich hatte von meinem Onkel eine ganz kleine Rückenkraxe zum Geschenk bekommen, und damit durfte ich die Ausschußkohle aufklauben und nach Hause tragen.

Und nun zurück zur Karbidlampe. Man wußte ja, daß es uns nicht so ganz gutging. Kerzen und Petroleum, das alles hat viel Geld gekostet. Aber da bringt eines Tages der Onkel Hansi eine Karbidlampe und auch etwas Karbid mit. Ich sehe noch heute die Großtante – sie hatte vor der Lampe eine höllische Angst. Sie meinte, mit Karbid tut man ja nur schießen und es könne explodieren.

Doch der Onkel Hansi war anderer Meinung. Er fing an der Lampe zu drehen an und zeigte der Großtante, wie man sie bedient: „Hier am Boden legt man ein paar Karbidbröckelchen hinein, danach wird der Filter eingesetzt und im oberen Teil wird ein wenig Wasser hineingeschüttet. So, nun wird die Lampe zusammengeschraubt, ein paar Minuten muß man abwarten, bis das Wasser das Karbid angefeuchtet hat. Dann dreht man ganz wenig an dieser Schraube und probiert nun an diesem Teil, wo es brennen soll, anzuzünden. So, siehst du? Es brennt schon; sollte die Flamme zu groß sein, dann dreht man die Schraube etwas zurück." Es war eine Sensation. Ein neues Licht. Es hat sich herumgesprochen, und schon bald brannte in jedem Haushalt eine Karbidlampe. Ja, dies war in unserem abgelegenen Dorf.

Mein Mann hat mir sehr viel aus dieser Zeit berichtet, wie es bei der Eisenbahn war. Er mußte schon als Kind mit

seinem Vater, der bei der Eisenbahn gedient hat, die
Strecke abgehen und die Lichter bei den Weichen
wechseln. Zuerst waren es Öllampen, die immer wieder
erneuert werden mußten. Da das Öl ja auch nicht von
der besten Qualität war, waren die Scheiben von den
Weichenlichtern auch sehr schnell verrußt, so mußten
sie ständig geputzt werden. Aber diese Arbeit war so
selbstverständlich, es hat sich auch keiner darüber be-
klagt oder an eine andere Beleuchtung gedacht. Mein
Mann weiß noch zu berichten, sogar die Lokomotive
hatte die Öllampen-Beleuchtung. Zwei waren seitlich
und eine ganz oben in der Mitte angebracht, die hat der
Heizer betreut. Innen in den Personenwaggons war an
der Decke ein runder Glasluster angebracht, den der
Schaffner mit seiner Öllampe anzündete, er leuchtete
aber nur ganz matt. Und diese matte Beleuchtung war
schon Gas.

Ich greife noch einmal zurück zum Wäschewaschen,
als noch kein Strom und sehr wenig Wasser vorhanden
war. Es ist eine Episode, die ich nie vergessen werde:

Eines Tages kamen ins Dorf ein Mann und eine Frau.
Sie sind mit einem Pferdefuhrwerk mitten auf der Straße
stehengeblieben, haben den beladenen Wagen ausgeladen
und dann die Menschen zusammengetrommelt. So wie
die Menschen neugierig waren, war bald der Mann von
der Menge umkreist. Alle schauten, was da wohl passieren
soll, als der Mann nach etwas Holz und Wasser verlangte.
Nur zögernd kamen die Leute seinem Wunsch nach. Aber
bald schon brannte ein Feuerchen, worauf ein runder,
großer, mit Wasser gefüllter Topf gestellt wurde. Nun
nahm der Mann aus einer Pappschachtel ein weißes
Pulver. Alle dachten, es wäre Zucker oder Mehl. Und wir
Kinder haben uns gefreut, wir bekommen was Gutes zu
essen. Nun, es war eine Enttäuschung, es war nichts zu
essen. Der Mann schüttete das weiße, uns unbekannte
Pulver in den Topf und schrie dabei ganz laut: „Radion
wäscht allein, gebt eure schmutzigen Taschentücher heraus, und ihr werdet sehen, wie weiß *der* Radion wäscht!"

172

Die unbekannte Frau sammelte von den Leuten die Taschentücher ein, und der Mann warf sie in den Topf, in welchem das Wasser bereits kochte. Mit einem großen Holzstab hat er in dem Topf herumgerührt. Die Großtante war sehr um ihr Taschentuch besorgt und schüttelte immer wieder den Kopf, mit der Bemerkung: „Du lieber Himmel! Fetzen kochen, das hab ich nie gesehen! Bleibt wohl mein Taschentuch ganz?" Die Sorge um das Taschentuch war überflüssig. Es war sauber und auch ganz geblieben. Ab nun an wurde die weiße Wäsche gekocht und nicht mehr auf der Wiese gebleicht.

Ich war noch keine zehn Jahre alt, als in unserem Dorf das Gerücht aufkam, es kommt Elektrizität. Sie wird auch in jedes Haus eingeleitet, aber es wird auch etwas kosten. Große Aufregung – die Großtante und der Onkel haben sogleich abgelehnt, und zwar mit der Begründung: „Bei Strom kennen wir uns nicht aus, unser Haus ist aus Holz, und alles kann abbrennen. Nein, nein, damit wollen wir nichts zu tun haben!" Nur durch langes, gutes Zureden von verläßlichen Personen ließen sich die zwei alten Menschen überreden.

Quer durch die Gärten und Wiesen wurde gegraben. In die tiefen Löcher wurden lange Masten gestellt, gut mit Erde zugeschüttet, drauf mit Füßen getrampelt. Nun standen diese Masten da wie tote Bäume. Nach etwa einem Monat erschienen neue Männer. Sie hatten alle gleiche Bekleidung, eine Blaumontur. Ja, und sie kamen mit einem Wagen, der nicht von den Pferden gezogen wurde. Er fährt ganz von allein? So dachte ich bei mir selber. Auto soll es geheißen haben, so hat man mir gesagt. Ich hatte es vorher noch nie gesehen. Und nun luden die Männer von dem sogenannten Auto große Bündel Draht heraus und trugen sie zu den Masten. Zwei Männer, einer nach dem anderen, kletterten hinauf; sie hatten an den Schuhen etwas angebunden, es hat ausgesehen wie eine Sichel. Später wußte ich, es waren Greifer. Fast an der Spitze des Mastes schlugen die Männer Haken hinein. An diesen Haken wurden Porzellanschalen angebracht und der Draht herumgewickelt. Nun stiegen die Männer wieder hinunter und rollten die übrigen Drahtbündel zum nächsten Mast. Hier wurde dieselbe Arbeit wie bei dem ersten Mast getan.

Heute sehe ich noch die Großmutter und die Großtante, wie sie zu den Drähten hochschauten. Da sagte die eine: „Wäre es nicht so hoch, könnt' ma ja die Wäsche aufhängen."

Nun war es soweit. Ein paar Monate später kamen die Männer auch in die Häuser, wo die Elektrizität eingeleitet werden sollte. Mit großem Mißtrauen und Abneigung sahen die alten Leute den Arbeitern zu. Aber die Großtante ließ sich nicht lumpen. Sie kochte Klötzennudeln, und das sehr ausreichend. Die Arbeiter wurden gesprächiger, sie scherzten und lachten. Zum Trinken gab es Most, und so entstand eine lustige Atmosphäre. In der Küche und in der Stube wurden Drähte gezogen. Nun wurden diese Drähte mit Blechhülsen abgedeckt und mit Nägeln befestigt. Nun waren die Schalter an der Reihe, einer in der Stube und einer in der Küche. Eine Steckdose hat man damals anscheinend noch nicht gekannt. Auf alle Fälle hat man in unserem Haus keine montiert. In beiden Räumen hing in der Mitte vom Plafond, in Gummi gewickelt, der Draht herunter. Und hier, so hieß es, wird das Licht herunterleuchten. Und da haben die Männer lange zu tun gehabt, bis es soweit war.

Aber nichts dauert ewig, auch diese Arbeit war beendet. Doch Licht, nein, das Licht hat auf sich warten lassen. Erst ein paar Monate später, als überall alles montiert war, dann haben sie erst den Strom in die Hauptleitungen hereingelassen, und dies war wiederum eine Zwischenstation. Das wußten wir ja nicht. Es mußte ein Transformator gebaut werden, und dazu haben die Leute noch ein weiteres Jahr auf das Licht gewartet.

„Na endlich!" rief die Großtante, als ein paar sehr gut gekleidete Männer ins Haus kamen. Die Männer brachten Glühbirnen, einen „Räuber" und die Rechnung. „Räuber" hat dieser Teil deshalb geheißen, weil man hier,

wo die Glühbirne eingeschraubt wurde, auch das Bügeleisen oder einen Kocher anschließen konnte. Doch die
Großtante wollte vom Räuber nichts wissen. Sie wollte
nur das Licht und basta! Na gut, der Mann ließ sich
überreden, schraubte in der Küche und in der Stube die
Glühbirnen ein, drehte am Schalter – und es wurde Licht.
Ja, Licht war da, Elektrizität, die man heute so selbstverständlich nimmt.

Also das Licht, ich meine das elektrische Licht, hatten
wir. Aber noch keine Waschmaschine, kein elektrisches
Bügeleisen, keinen Kocher, kein Radio; na, von einem
Fernseher hatten wir ja überhaupt noch keine Ahnung.
Aber dies alles war ja anderswo schon längst vorhanden.
Und heute weiß schon jedes kleine Kind, was die
Elektrizität bedeutet.

So möchte ich meine Philosophie beenden und wünsche der ganzen Welt, man möge den Bogen nicht
überspannen, um den heutigen Fortschritt würdigen zu
können.

Leopoldine Brunner

wurde 1924 in Wieselburg an der Erlauf in Niederösterreich geboren. Sie wuchs in Traun in Oberösterreich auf, wo in den dreißiger Jahren die Verwendung von Petroleumlampen noch weit verbreitet war.

Mit der Krämerei meiner Eltern aufgewachsen, war in den dreißiger Jahren Petroleum für mich ein fixer Bestandteil des Sortiments. Als Kind ohne Geschwister mußte ich sehr viel arbeiten, und Petroleumnachfüllen wurde mir oft aufgetragen. Das Petroleum wurde im Einhundert-Liter-Eisenfaß angeliefert und mußte am behördlich kommissionierten Platz gelagert werden. Bei uns war das auf einem Betonplatz auf der Kellerstiege. Neben dem Faß standen geeichte Zimente von einem Viertel- bis zu einem ganzen Liter. Eine Metallpumpe mußte ich durch einen geöffneten Schraubverschluß führen und ähnlich einer Fahrradpumpe ziehen; tat ich das zu schnell, rann mir das Maß über; es roch dann lange nach Petroleum, und Mutter zog meine Zöpfe dafür schmerzhaft in die Länge. Ich kann mich nicht erinnern, wer das Öl anlieferte, welche Herkunftsländer und Transportmittel und Preise es gab. Finanzbeamte kontrollierten öfters das Faß.

Wichtig war, daß alle Bestandteile für Petroleumlampen, wie das Glas, die Nüsse und Dochte sowie Zylinder (und dies alles in Größen von einem Viertelliter Petroleum über Tischlampen bis drei Viertel Liter und Hängelampen bis ein Liter), vorhanden waren.

Natürlich gab es alles in verschiedenen Ausführungen, aber ich spreche von Traun, und da gab es viele Fabriksarbeiter und arme Leute, vereinzelt Bauern und Geiß-Weiberln und Kaninchenzüchter, also war die Handelsware „billigste Konsumware".

Eine miese Arbeit war es, die Zylinder mit Seiden- oder Zeitungspapier zu putzen; dabei oder bei zu großer Flamme (da verrußten sie schneller) ging oft einer kaputt.

Für das „Ewige Licht" verkauften wir Glas, Öl und Schwimmer, das gab es außer in der Kirche auch, besonders in katholischen Familien, während des ganzen Jahres.

Josefine Oberlechner

wurde 1923 in Reischach bei Bruneck in Südtirol geboren.
Der Gasthof ihrer Eltern hatte schon seit 1921 elektrisches
Licht, während dieses auf dem Bauernhof, auf dem Frau
Oberlechner im Dienst war, erst 1937 eingeleitet wurde.

In meiner Heimatgemeinde Reischach bei Bruneck in
Südtirol wurde im Jahr 1921 nur in einzelnen Häusern
sowie in der Schule und auch in der Pfarrkirche das
elektrische Licht installiert. Mein Vater war Bürge des
Brunecker E-Werkes. In unserem Wohnhaus und auch in
den Stallungen brannte ab April 1921 überall nur das
elektrische Licht.

Ich bin 1923 geboren und kam im Alter von achteinhalb
Jahren wegen unverschuldeter Armut meiner Eltern als
Arbeitskind zu einem Bauern. Dort gab es im Jahr 1932
noch keinen elektrischen Strom. Ich mußte jeden Tag
einige Zylinder und fünf bis sechs Laternen putzen. Das
Petroleum-Nachfüllen war auch meine Arbeit. Wehe,
wenn ein Zylinder zerbrach, dann gab es bittere Strafen.
An Kerzen mangelte es nicht, weil der Bauer über
zweiundzwanzig Bienenstöcke besaß. Das Bienenwachs
wurde in der Nachbargemeinde Pflaurenzen verarbeitet.
Diese echten Bienenwachskerzen verbreiteten in der
Küche einen herrlichen Duft. Auch in unserer Schlafkammer brannte abends beim Schlafengehen eine echte Bienenwachskerze.

Erst im Jahr 1938 wurde in das Wohnhaus und in das
Wirtschaftsgebäude der elektrische Strom eingeleitet. Die

Romantik ging damit verloren. Wir hatten ja keine Ahnung von der Kraft des Stromes. Ich mußte vor dem Kirchweihfest – Peter und Paul – mit der Großmagd die getäfelte Bauernstube mit Aschenlauge blankputzen. Ich stand am großen Bauerntisch und wollte die Holzdecke mit der Bürste und dem Reibfetzen recht sauber reinigen, da sprühten die E-Leitung entlang Funken, dann gab es mir einen festen Stoß, und ich fiel vom Tisch hinunter auf den Boden. Erst im nachhinein wurde der Lichtstrom, der nicht unter Verputz verlegt war, abgeschaltet. Seither habe ich vom elektrischen Strom immer ein wenig Angst.

Durch die Elektrifizierung wurden besonders auf dem Bauernhof sehr viele Arbeiten erleichtert. Nur der Personalstand wurde bei Bauern nun kleiner, und so mancher alte Brauch – sagen wir die Wassermühle – wurde durch die elektrische Mühle verdrängt. Viele Mühlsteine und Mühlenruinen geben Zeugnis davon. Wenn ich nach Hause komme, dann kommen mir oft die Tränen, denn ich sah früher oft mit Bewunderung dem Müller zu. Die heutigen Kinder haben keine Vorstellung mehr, wie schwierig und doch schön die Bauernarbeit war: das Dreschen, die Windmühle, die das Korn reinigte, das Futterschneiden mit der Sense und das stolze Pferd im Stall. Ich gehöre noch nicht zur noch älteren Generation, die sicher das elektrische Licht gar nicht vermissen würde, weil sonst Romantik dadurch verlorenginge.

Hedwig Duscher

*wurde 1924 in Hörleinsödt bei Haslach an der Mühl in
Oberösterreich geboren. Als sie mit dreizehn Jahren zu
Bauern in den Dienst kam, arbeitete sie erstmals bei
elektrischem Licht. Ihr Elternhaus – das „Häusl" eines
größeren Bauernhofs – verfügte erst nach dem Zweiten
Weltkrieg über Strom.*

Bei uns gab's nur Petroleum und Kerzen. Eine Lampe
gab's beim Webstuhl; wenn Vater im Winter abends
gewebt hat, brauchte er ein gutes Licht. Eine kleine
Lampe war beim Ofen, und die Mutter hatte noch eine
Laterne für den Stall. Die nahm sie auch zum Schweine-
füttern mit in die Laube. Jeden Tag vor dem Anzünden
wurden die Zylinder mit Zeitungspapier geputzt, die
wurden jeden Tag schwarz, so mußten sie auch jeden Tag
gereinigt werden. Die Lampen, das heißt das Gefäß, wo
das Petroleum drinnen war, waren verschieden groß. Die
Lampen und Laternen konnten auch geschraubt werden,
für größeres und kleineres Licht. Wir hatten auch eine
Karbidlampe, die war noch sparsamer als Petroleum.
Ansonsten wurde alles im Finstern gemacht. Die Ziegel
zum Bettenwärmen, die haben wir Kinder ohne Licht
ausgetragen; oder wenn wir vor dem Zubettgehen noch
aufs Klo mußten, da gab's kein Licht. Wir waren alles von
klein auf so gewöhnt, und wir brauchten kein Licht. Vor
halb sechs abends wurde nie Licht angezündet, und wenn
die Mutter im Stall fertig war und auch beim Ofen, so
wurde alles gelöscht, nur die Webstuhllampe brannte

noch. Auch die Aufgabe machten wir Kinder unter dem Webstuhl, das ging ganz gut.

Von April bis Allerheiligen brauchten wir ohnehin kein Licht zum Arbeiten. Aber die Mutter hatte immer ein Licht zur Hand bei Nacht, wenn sie mal die Kleinen versorgen mußte. Beim Bauern war's schon anders, wo alle Räume viel größer waren. Da war der Kuhstall, da gab's auch nur eine Lampe, die reichte gerade, daß wir beim Melken halt ein wenig Licht hatten. Im Ochsen- und Pferdestall gab's auch nur eine Lampe. Also der größte Teil im Stall war finster. Da gab's noch die Gewölbe, die nahmen auch das Licht von den Laternen noch weg. Wir mußten auch noch jeden Abend in den Heuboden gehen, die Futterkrippe für den nächsten Morgen mußte nach der Fütterung aufgefüllt werden, aber ohne Licht. Wir wußten ohnehin genau, wo das geschnittene Futter und die Gosse war. Rechen und Gabel mußten auf demselben Platz liegen, damit wir nur hinzulangen brauchten. Es gibt auch im Winter Tage – wenn der Mond scheint –, da ist es auch nicht so finster. Das kann man wohl sagen, alles war nur Schatten. Wir hörten die Rinder fressen, die Kälber schreien, das Wasser beim Schöpfen. Das waren so richtige Geisterstunden.

Für die Pferde zum Ausfahren gab's die Sturmlampen. Die waren so sicher, damit hätten wir auch in den Heuboden oder Stadl gehen können. Beim Holzfahren zur Säge oder beim Getreide-zur-Mühle-Fahren, da waren die Knechte auch öfter unterwegs, wenn es schon finster war. Da gab's auch noch die Glocke für die Pferde, und jeder konnte so ein Fuhrwerk hören. Vor dem Lichtanzünden abends gab's noch die Jause, da brauchten wir auch kein Licht. In unserem Dorf durften die Dienstboten ein wenig Schlittenfahren, das heißt, wer Lust hatte, bis zur Stallarbeit ein- oder zweimal hinunterfahren, mehr Zeit war ohnehin nicht.

Wir bekamen den Strom erst einige Jahre nach dem Krieg. Ich weiß nicht mehr, wie es in der Schule war. Ich kann mich nicht erinnern an ein elektrisches Licht.

Beim ersten Bauern, wo ich war, hatten wir schon eines, als ich hinkam: eine Lampe im Vorhaus und zwei in der Stube beim Tisch und beim Ofen. Das war schon herrlich beim Handarbeiten. Aber aufgedreht wurde auch erst zur Stallarbeit um halb sechs. In den Schlafkammern und im Stall gab's noch die Laterne. Der Schalter im Vorhaus, der elektrisierte so schrecklich, und ich traute mich gar nicht aufzudrehen. Ein Holzstecken lehnte dort, mit dem drehten wir auf und ab, wenn wir Licht brauchten zum Schweinefutterherrichten. Ich jedenfalls kam mit der Laterne genauso zurecht.

Eigentlich ist es ganz gut, wenn zurückgedacht wird. Die meisten Menschen mußten gezwungenermaßen sparen, die Häuslleut und Kleinbauern, überhaupt alle Arbeiter. Damals gab's wenige, die sich was leisten konnten.

Wer von uns möchte das elektrische Licht noch missen? Aber ich glaube doch, das Sparen würde in unserer Zeit auch nicht schaden; die Menschen, die nach uns kommen, wollen auch noch leben.

Therese Wagner

wurde 1912 in Wien geboren. Um 1930 gab es in der elterlichen Wohnung im einundzwanzigsten Wiener Gemeindebezirk elektrisches Licht, das nach dem Kriegsende 1945 auch in der Stadt wieder vorübergehend fehlte.

Was das Licht betrifft, so gab es in meiner Kindheit und Jugend Gasbeleuchtung. Unsere Großmutter hatte noch Petroleumlicht. Wir hatten in allen vier Räumen Gaslicht. Das Rauschen machte meine Mutter nervös. Im großen Zimmer, wo wir uns abends aufhielten, hatten wir eine Lampe mit Schnörkeln und einem großen Glassturz aus Milchglas, wodurch das Licht noch mehr gedämpft wurde, in der Mitte ein Glaszylinder und ein Auer-Strumpferl, das sehr leicht brach. In der Wohnung wurde täglich angezündet. Auf dem Gang brannte eine Spar-flamme. Abends zog man dann an einem kleinen Ketterl, und das Licht flammte auf.

Ähnlich war die Straßenbeleuchtung: die alten, grünen Gaslaternen, die so gut in die Gegend unseres Außenbezirkes paßten. Sie standen im Schatten großer Platanen. Jeden Abend kam der Laternenanzünder mit einer langen Stange, oben mit einem Haken. Den fädelte er in einen an der Lampe befindlichen Hebel und zog: Das Licht flammte auf. In gewissen Abständen kam er mit der Leiter, putzte die Laterne und wechselte, wenn nötig, das Auerstrumpferl. Das änderte sich alles mit der Einleitung des elektrischen Stromes. Bei uns war es zirka 1930.

Das war eine Wirtschaft im ganzen Gebäude wie auch

in der Wohnung! Alle Räume mußten frisch ausgemalt werden, und nun hatten wir elektrisches Licht. Wie einfach, nur den Schalter zu drücken! Und so hell! Wir bekamen auch ein Radio mit Lautsprecher. Das war eine Freude. Ich empfand das Licht für meine Handarbeiten besonders günstig und konnte jetzt auch Petit point sticken. Und da ich als Beruf Kunststopfen erlernte, waren die Bindungen der Gewebe bei dem hellen Licht gut zu erkennen. Meine Mutter konnte nun abends auch lesen. Die Schwester nähte viel. Hätte sie damals schon eine elektrische Nähmaschine mit Zick-Zack gehabt, wäre ich nicht so oft zum Überwindeln der Nähte herangezogen worden.

Oder das Bügeleisen. Was war das für eine Qual gewesen! Wenn wir im Herbst heizten, wurde der Stagl in die Glut gelegt und dann glühend in das Eisen geschoben. Schlimmer war das Holzkohleneisen. Mir wurde immer schlecht beim Bügeln. Auch das Gasbügeleisen war schwer und stank. Jetzt plätte ich bei meiner Tochter die Wäsche und Kleider mit Dampfbügeleisen, leicht und praktisch mit der regelbaren Wärme.

1944, als die Wohnung meiner Mutter ausgebombt wurde, evakuierte man mich mit dem Kleinstkind in die Oststeiermark. Dort wurde ich durch den Einschlag einer russischen Bombe obdachlos. In einem Bergbauernhof fand ich Aufnahme. Dort gab es noch Rauchküche und Kienspanlicht. Nur sehr sparsam wurde in der großen Stube eine Petroleumlampe gebrannt. In meiner Kammer gab es nur Kerzenlicht. Man empfand das in dieser Zeit, wo es ums Überleben ging, gar nicht so schlimm. Stand man doch auf, sobald es hell wurde, und hatte, wenn es finster wurde, genügend Bettschwere vor Müdigkeit.

Schlimmer war dann der Winter 1945/46 wieder daheim in Wien. Früh und abends nur eine Stunde Strom. Im Schleichhandel erwarb ich eine elektrische Kochplatte. Zuerst kochte ich das Papperl für das Kind, wärmte anschließend das Waschwasser für uns beide. Dann war der Strom aus, und der Kocher wurde in Tücher gehüllt und ins Bett gelegt. Denn zum Heizen gab es fast nichts. Wie gut geht es uns jetzt. Strom in allen Bereichen, aber ich geh sparsam damit um, schon aus finanziellen Gründen.

Jetzt ist vieles elektrisch: Waschmaschine, Geschirrspüler, der bei sieben Essern fast unentbehrlich ist. Wie leicht habe ich es jetzt in Wien mit dem Staubsauger. Die jungen Leute wissen ja gar nicht, wie schwer sich eine Mutter getan hat, wenn sie den Teppich zur Klopfstange schleppen mußte und ihn ohne Hilfe nicht drüberhängen konnte. Wo noch ein Vater lebt, ist auch Hilfe da, aber was macht eine alte Frau allein bei schweren Arbeiten? Zum Glück kann man sich auf elektrische Geräte umstellen.

Der Strom ist ein Segen für die Menschheit. Atomstrom ist nach dem Ereignis in der UdSSR allerdings gefährlicher, als man dachte. Zum Glück haben wir Wasser, das für Kraftwerke ideal ist. Ich könnte mir ein Leben ohne Strom nicht mehr vorstellen. Wenn ich abends mein „Glotzophon" anknipse, bin ich nicht allein.

Computertechnik erfaßt mein Gehirn nicht mehr, auch die modernen, neuesten Untersuchungsgeräte, die den Patienten in Kürze ein genaues Krankheitsbild übermitteln, sind für mich wie ein Wunder, weil es mein Geist nicht mehr erfaßt. Wir waren damals schon glücklich, als es Strom gab, daß auch das WC und der Keller genügend ausgeleuchtet wurden. Sogar die Schulglocke, mit der wir Beginn, Pause und Ende läuteten, konnte von der Wohnung aus bedient werden.

Vater war stolz auf seine Schreibtischlampe und spielte mit meinem Verlobten manchmal so lange Schach, daß dieser die „Blaue", die letzte Straßenbahn, versäumte und zu Fuß vom einundzwanzigsten in den sechzehnten Wiener Gemeindebezirk gehen mußte. Für ein Taxi reichte es nicht. Wir waren arm, aber über jede Kleinigkeit glücklich. Könnte es die heutige Jugend auch sein, das wäre erfreulich.

Hilde Haferlbauer

wurde 1926 in Weibern im Bezirk Grieskirchen in Ober-österreich geboren. In ihrem Elternhaus wurde in den frühen dreißiger Jahren der Strom eingeleitet.

Als in meinem Elternhaus das elektrische Licht einge-leitet wurde, muß ich noch sehr klein gewesen sein. Ich glaube, ich war zirka fünf Jahre alt. Es müßte also im Jahr 1932 gewesen sein. Man war stolz auf diese neue Errun-genschaft, und es wurde trotzdem recht damit gespart. So erinnere ich mich daran, daß meine Mutter strickend in der Stube am Kachelofen lehnte und nur der Lichtschein aus der Küche, in der meine Großmutter hantierte, den Raum erhellte. Vorher war die Beleuchtung im Raum eine Petroleumlampe. Noch heute besitzen wir eine wunder-schöne Petroleumlampe. Am Samstag wurde bei uns immer der Lampenschirm gereinigt. Der war sehr leicht zerbrechlich, und man mußte sehr sorgsam dabei umge-hen.

Wenn man im Keller oder im Stiegenhaus oder sonstwo zu tun hatte, dann ging man mit einer Kerze, die in einem Kerzenleuchter steckte, der je nach Länge der Kerze höher- oder tiefergeschraubt werden konnte.

An einen Nikolausabend erinnere ich mich noch ganz genau. Die Großmutter war im Stall, um die Kühe zu melken. Der Großvater ging fort, um sich noch etwas zu rauchen zu holen. Wir, mein kleiner Ziehbruder Fritzl und ich, mußten im Finstern in der Stube sitzen. Natürlich waren wir an so einem Tag besonders brav. Ich erzählte dem Kleinen Märchen. Nur das Feuer aus dem Ofen leuchtete manchmal ein bißchen. Wenn vor dem Haus ein Lichtschein vorbeizog, zuckten wir zusammen. Da plötzlich kam der Großvater heim. Seine große Gestalt stand im Türrahmen. Da hörte ich hinter ihm ein leises Kettenklirren. Ich sprang auf und lief so schnell ich konnte in den Stall zur Großmutter. Der Melkstuhl fiel um, und die Kuh stampfte. Wir Kinder aber waren diesmal dem Krampus entkommen.

Das Sparen mit dem elektrischen Strom ist mir eigentlich geblieben. Ich greife nicht zum Lichtschalter, wenn es nicht sein muß.

Ich glaube auch, daß mir der Sternenhimmel nie schöner geschienen hat wie damals, als noch nicht so viel Beleuchtung war.

Gisela Staudecker

wurde 1915 in Triest geboren, wo ihr Vater bei der k. u. k. Staatsbahn beschäftigt war. Neben ihren eigenen Erinnerungen hat Frau Staudecker auch die von Karl Ofer (geboren 1904) aus der Zeit des Ersten Weltkrieges niedergeschrieben.

1936 in Deutschgriffen in Kärnten: Privat gab es nur die Petroleumlampe, die Kerze und die Taschenlampe. In der Schule, einer Lehrerbildungsanstalt, fragte uns der Physikprofessor: „Was braucht eine Lehrerin auf dem Lande?" Er gab selbst die Antwort: „Einen Spirituskocher und eine Taschenlampe."

So war ich also bestens ausgerüstet ausgezogen. Auf dem einfachen Spirituskocher kochte ich mir täglich meine Erbswurstsuppe und ähnliches, manchmal einen Tee und wärmte zum Frühstück meine Milch. Die Taschenlampe diente zur Beleuchtung, wenn ich bei Dunkelheit noch Wasser vom Dorfbrunnen holen oder nachts schnell auf das am offenen Hausgang (Balkon) gelegene Plumpsklo gehen mußte. Die Petroleumlampe leuchtete mir beim Verbessern der einhundertsechsundneunzig Schulhefte – täglich! Wegen des geringen Einkommens machte ich alle schriftlichen Arbeiten möglichst sofort nach Dienstschluß – und, so lange es nur möglich war, ohne Beleuchtung.

Ich erinnere mich noch, daß meine Großmutter, um Petroleum zu sparen, ein Glastiegerl hatte, das ungefähr zwei Zentimeter hoch mit Wasser gefüllt war, darüber lag eine Schichte Öl, und darin schwamm so ein kleines, rundes Plättchen, durch das ein winziger Docht gezogen war. Diese Beleuchtung reichte gerade nur so zur Orientierung im kleinen Raum.

In der Schule hatten wir für die ganze Klasse – achtundneunzig Schüler – zwei kleine Glühbirnen ganz oben an der Zimmerdecke. Im Winter oder während eines Gewitters oder bei Regenwetter ließen die zwei verhältnismäßig kleinen Fenster nur sehr wenig Tageslicht herein. Die beiden Glühbirnen, à vierzig Watt, brachten noch weniger. Außerdem flackerte das Licht sehr. Es war nur ein kleines Triebwerk an unserem Dorfbächlein aufgebaut. Bei Trockenheit gab es wenig Strom, bei Gewitter oft gar keinen. Dann mußte der E-Werk-Besitzer, ein Bauer und Gastwirt, hinausgehen, um die Wasserzufuhr zu regeln, eine Verklausung zu lösen und ähnliches.

Auch das Wirtshaus war an dieses Werklein angeschlossen. Wenn dort alle Lampen brannten, blieb für die restlichen Stromabnehmer eben weniger übrig.

Die Kirche war nur durch Kerzen erhellt. Wenn jemand aus seinem Gebetbuch lesen wollte, stellte er sich eine mitgebrachte Kerze auf das Betpult seiner Bank.

Bericht von Karl Ofer: Für die Herstellung der Späne wurde bei uns Föhrenholz verwendet, weil es sehr harzhältig ist und dadurch besser brennt. Bei der Schlägerung der Föhren wurde „feinlassiges" Holz – das ist Holz mit sehr engen Jahresringen – ausgewählt, weil dies zum Spalten für feine Späne besonders geeignet ist. Bei uns wurden die Späne als Abendarbeit von acht- bis zehnjährigen Buben gemacht, während die älteren Frauen und das Gesinde beim Spinnrad saßen, strickten oder etwas flickten.

Einer der Buben mußte auch das Spanleuchten übernehmen. Dazu gab es einen Spanleuchter in Eisenkonstruktion, der auf einem eineinhalb Meter hohen Gestell aufgesteckt wurde. Der Beleuchter hatte die brennenden Späne in diesen „Leuchter" einzuklemmen und fallweise auszuwechseln. 1916 bis 1918 wurde bei uns noch so geleuchtet, weil während des Krieges die Petroleumzuweisung sehr gering war.

Von 1909 bis 1913 hatten meine Eltern ein Landgasthaus in Lieding bei Straßberg im Gurktal. Die Beleuchtung bestand aus verschiedenen Petroleumlampen. In der Küche war eine gewöhnliche mit einem flachen Docht, ein „Flachbrenner". Im Gastzimmer war ein sogenannter „Rundbrenner", eine Lampe mit rundem, ringförmig angeordnetem Docht. Die Zylinder dafür waren verschieden. Sie mußten täglich geputzt werden, der Docht mußte „geschneuzt", das heißt geschnitten werden.

In den Fremdenzimmern gab es ausnahmslos nur Kerzenbeleuchtung. Das erste elektrische Licht sah ich auf unserer „Sautratten". Das kam so: Wir hatten Wiener zu Gast, von denen einer die Hochschule besuchte. Die machten Versuche mit elektrischem Strom. Zu diesem Zwecke bauten sie am Bach hinter unserem Stadel ein Wasserrad und betrieben damit einen Dynamo, den sie mitgebracht hatten. Sie zogen eine zirka zehn Meter lange Leitung und schlossen eine kleine Glühlampe an. Es war für mich als Bub hochinteressant, wie sie die richtige Spannung des Umlaufriemens zwischen der Antriebsscheibe am Wasserrad und der am Dynamo herstellten. Und auf einmal leuchtete das Licht auf! Alles, was im Haus anwesend war, staunte über das neue Licht. Für mich war es *das* Wunder.

Wir waren 1914 in die Gegend oberhalb Feldkirchens in Kärnten übersiedelt, nach Wachsenberg, einem Streudorf. Unser Hof war an ein Bauern-Elektrizitätswerklein angeschlossen. Es stand an unserem Mühlbach.

Der Dynamo wurde mit Hilfe eines hölzernen Mühlrades angetrieben. Die Übersetzung vom Mühlrad zum Dynamo erfolgte mittels Treibriemen. Der war auf der Verbindungsstelle geleimt und ein Stückchen verdoppelt. Dadurch war die Riemenspannung nicht gleichmäßig, und die Stromstöße schwankten in gleichem Maße. Das Licht flackerte ständig.

190

An dieses „Werkl" waren vier Bauernhöfe angeschlossen. Die Stromverrechnung war pauschal; es zählte nur die Anzahl der Glühbirnen. So sparte keiner beim Einschalten. Da gab es oft so wenig Strom für den einzelnen, daß man den Kohlefaden der Lampe gerade noch glühen sehen konnte, der Raum aber war dunkel. Und der Spruch ging um: „Heut brauch ma a Kerzen, daß ma's Elektrische sicht!" Nach Jahren wurde eine leistungsfähige Turbine eingebaut. 1966 zerstörte diese ein Hochwasser. Sie wurde nicht mehr hergestellt.

Frieda Moshammer

wurde 1929 in Peuerbach im Hausruckviertel in Oberöster-
reich geboren. Während es in ihrem Elternhaus seit 1933
elektrisches Licht gab, mußte Frau Moshammer zwanzig
Jahre später als Lehrerin in einem entlegenen ländlichen
Gebiet ohne elektrischen Strom auskommen.

Ich wurde im Jahr 1929 in Peuerbach im oberösterrei-
chischen Hausruckviertel geboren. Das Häuschen am
Ortsrand war mit steinbeschwerten Schindeln gedeckt
und gehörte einer jungen Wienerin, die hier gelegentlich
ihre Sommerfrische verbrachte. Sie bewohnte dann ein
winziges Mansardenzimmer neben dem Dachboden.
Ganzjährig aber wurde das Haus von drei Familien mit
Kindern bewohnt. Jede hatte eine für heutige Verhältnisse
kleine Wohnung. Wir hatten eine Wohnküche, ein Schlafzimmer und eine Kammer. Diese war höchst primitiv und
hatte einen Fußboden aus Ziegelsteinen. Sie war sozusagen ein Mittelding zwischen Speise- und Rumpelkammer.
Trotzdem hatte dieses feuchtkalte „Loch" elektrischen
Strom wie die anderen Räume auch. Die Leitungen
waren, wie es damals üblich war, „auf Putz", also
sichtbar, verlegt. Die Schalter waren schwarze, runde
Hartgummidosen mit großen Drehschaltern. Mir war
also das Lichtmachen mit einem Handgriff seit Kindes-
beinen eine Selbstverständlichkeit und in meiner Erinnerung kaum von Bedeutung, hätte es diese Kammer nicht
gegeben. Heute ist es mir unverständlich, wie sehr man
damals der bedienungsfreundlichen Technik „Strom"

vertraute und wie wenig man sich ihrer Gefahren bewußt war.

Das Schaltergehäuse in der finsteren Kammer war nämlich irgendwann durch Gewaltanwendung zur Hälfte abgebrochen, und das elektrische Innenleben lag frei. Ich – ein Knirps von vier oder fünf Jahren – war gerade groß genug, den Schalter zu erreichen. Angst, Faszination und Neugierde zugleich verspürte ich jedesmal, wenn ich barfuß und oft auch mit feuchten Fingern den Drehschalter suchte. Denn dieses kleine schwarze Etwas versetzte mir dann immer einen ungeheuren Schlag, wenn ich ins Loch tappte. Ich erinnere mich nicht, daß mich jemand vor diesem „Killer" gewarnt hätte. Erstaunlicherweise habe ich diese Kraftkur überlebt.

An meinem ersten Dienstort als Lehrerin an der österreichisch-bayrisch-böhmischen Grenze (Kriegwald, Gemeinde Julbach) mußte ich dann ohne elektrischen Strom leben. Im Winter 1949/50 war in Kriegwald nicht einmal Petroleum zu kriegen. So mußte ich meine Vorbereitungen längere Zeit bei Kerzenlicht schreiben. Wenn ich nach ein paar Ferientagen wieder nach Kriegwald zurückkam, griff ich regelmäßig nach einem imaginären Lichtschalter, so wie ich es von zu Hause gewöhnt war.

Grete Bahr

wurde 1923 in Wien geboren und verbrachte die dreißiger Jahre in einem Wohnhaus an der damaligen Gemeindegrenze zwischen Wien und Atzgersdorf.

Soweit ich mich erinnern kann, hatten wir in meinem Elternhaus, einem Siedlungshaus in Altmannsdorf, während meiner frühesten Kindheit bereits elektrisches Licht. Während der Weltwirtschaftskrise verlor mein Vater als technischer Kaufmann und Prokurist seinen guten Posten und machte sich mit zwei Kompagnons selbständig. Dazu brauchte er natürlich Kapital, und aus diesem Grund wurde das Haus und alles, was zu Geld zu machen war, verkauft. Und damit begann für meine Familie, die bis dahin aus meinen gutsituierten Eltern, meinen drei Brüdern und mir als zehnjährigem Mädchen bestand, im Jahr 1934 im wahrsten Sinn des Wortes „die dunkle Zeit". In einer sogenannten „Goldzins-Wohnung", die wir, nachdem mein Vater endgültig arbeitslos war, bezogen, hausten wir in Zimmer und Küche, und zwar in Atzgersdorf an der Grenze zu Wien. Die Gassenseite, in der wir wohnten, bestand aus Ein- und Zweifamilienhäusern, und die andere Seite, die nach Wien gehörte, begrenzte größtenteils eine große Wiese.

Meine Eltern hatten zuwenig Geld, um eine Stromrechnung bezahlen zu können, und obwohl in unserem Haus Strom eingeleitet war, wurde bei uns mit Petroleum für Beleuchtung gesorgt; aber auch da mußte gespart werden. Für mich persönlich wirkte sich das deshalb unangenehm aus, weil ich während der Wintermonate erst nach Einbruch der Dunkelheit nach Hause kam und so kämpfen mußte, daß ich noch die Aufgaben machen durfte. Weil unsere Gassenseite nicht zu Wien gehörte, mußte ich den weiten Schulweg nach Atzgersdorf gehen, weil das damals noch eine eigene Gemeinde war. Es hat aber nicht nur im Elternhaus „Lichtprobleme" gegeben, sondern auch der Schulweg war von der Dunkelheit überschattet. Die Breitenfurter Straße war vom Linienamt an – da war die Gemeindegrenze – bis nach Atzgersdorf hinaus zwar spärlich elektrisch beleuchtet, aber eben nur spärlich. Zwischen einzelnen Wohnhäusern und Fabriken gab es immer wieder Wiesen. Außerdem war es noch eine richtige Allee, und als ängstliches Kind jagte ich so während der Wintermonate immer von einer Lampe zur anderen. Es war eine dunkle Zeit, innerlich und äußerlich. Erst nach dem Tod meiner Mutter (1940) übersiedelten wir nach Neu Erlaa. Mein Vater verdiente wieder gut, und es gab endlich elektrisches Licht.

Die Herrlichkeit dauerte freilich wieder nicht lange, denn es war bereits Krieg, und so war es wieder dunkel in und um uns. Ich selbst war bei der Luftwaffe dienstverpflichtet, und der Bombenangriffe wegen mußte verdunkelt werden. Das heißt, es durfte kein Licht ins Freie dringen. Wirklich „Licht" wurde es erst nach dem Kriegsende; und trotz aller Verluste und Stromeinschränkungen, weil so vieles zerstört war, begann 1945 „ein Leben im Licht" – eben auch ein Leben mit elektrischem Strom.

Anna Siebenhandl

wurde 1926 in Alt-Waldhäusl bei Münichreith am Ostrong in Niederösterreich geboren. An den Wohnorten ihrer Kindheit gab es kein elektrisches Licht.

Es liegt zwar die Zeit meiner Kindheit noch nicht so weit zurück wie bei jenen, die noch auf das Ende des 19. Jahrhunderts zurückblicken können, aber an elektrisches Licht kann ich mich trotzdem nicht erinnern. Ich kam 1926 in einem sehr kleinen Ort zur Welt, die Häuser waren fast zur Gänze noch sehr armselige Keuschen. Gewiß gab es damals schon elektrischen Strom in den Dörfern und größeren Orten, aber ich kann mich nicht mehr erinnern, ob es auch schon Straßenbeleuchtungen gab.

Nachdem ich zirka im vierten Lebensjahr war, kamen wir von dem einsamen Walddörfchen in ein größeres Dorf, wo wir im Gemeindehaus einen Raum als Wohnung bekamen. Der Raum war zwar nicht sehr klein, aber in einem Raum alles unterzubringen, war auch nicht gerade leicht. Man hatte zwar nicht sehr viel, aber Schlafzimmer, Wohnraum und Küche in einem ergibt zeitweilig schon Probleme. Unsere Mutter war eine ausgesprochen gute und liebevolle Mutter, aber sie konnte nicht verhindern, daß durch die mißlichen Lebensumstände von sieben Kindern drei starben und eines tot geboren wurde. Gewiß hatte sie auch um die Kinder geweint, aber es war gottgewollt und vielleicht auch besser so, denn es wäre unvorstellbar gewesen, so viele Kinder unter solchen Lebensbedingungen großzuziehen.

Ja, und nun möchte ich über das Licht erzählen, wie ich es zu dieser Zeit erlebte und empfand. Es war, soweit ich mich erinnern kann, damals auch nicht so sehr problematisch, man kannte ja gar nichts anderes. Sogar bei Bauern sah ich gelegentlich in Ställen noch die Laternen. Das waren luftsichere und wetterfeste Sturmlaternen. Aber zum Teil konnte man auch noch diese Zylinderlampen sehen. Oftmals war der Zylinder derart verrußt, daß die Lampe nur ein äußerst spärliches Licht verbreitete.

Wir hatten auch so eine Zylinderlampe, eigentlich heißt sie Petroleumlampe. Was mich aber am meisten störte, war, daß das Petroleum so fürchterlich stank. Aber es half ja nichts, das war unausbleiblich und mußte eben hingenommen werden.

Der Vater hatte aber auch eine schreckliche Gewohnheit, er mußte alle seine Sachen griffbereit auf dem Tisch haben. Wenn man ihm etwas davon weglegte oder wegstellte, wurde er böse. Beim Aufgabenmachen mußten wir die Sachen ganz zusammenrücken; genauso beim Essen, wir waren ja doch vier Personen. Der ältere Bruder kam schon sehr früh fort. Trotzdem wußten wir oft nicht, wie wir essen sollten, aber es mußte so sein und nicht anders.

Da waren ja so viele Sachen, die der Vater brauchte. Zum ersten seine Pfeife, die war am wichtigsten, dann der Tabak und das Feuerzeug, das natürlich noch zusätzlich stank. Der Pfeifenstierer durfte nicht fehlen, ein Fetzen zum Benzinlackerl wegwischen und natürlich seine ganze Lektüre. Was ich zum Guten sagen kann, er war sehr belesen, konnte sehr schön schreiben und war durchaus nicht unintelligent. Aber ihm etwas wegzuräumen, das war nicht drin.

Wenn die Lampe angezündet wurde, dann trat erst einmal das Feuerzeug in Aktion. Nebenbei wurde eventuell eine Kerze angezündet, die Prozedur mit der Lampe dauerte ja auch eine Weile, bis diese einwandfrei brannte. Oft während der Woche mußte die Mutter die Lampe entzünden, weil wir ja in die Schule mußten und der Vater nicht so früh aufstand. Er war arbeitslos, und wenn er da später fortkam, auf Arbeitssuche, machte ihm das weniger aus. Die Mutter aber machte das Lampenanzünden schneller und praktischer.

Zu Weihnachten wurde der Christbaum am Plafond an einem Haken aufgehängt, wir hätten ja keinen Platz gehabt, diesen irgendwo hinzustellen. Wenn dann alle Kerzen entzündet wurden, das war der schönste Augenblick. Gebannt und mit leuchtenden Augen schauten wir, bis sie die Mutter aus Sparsamkeitsgründen wieder auslöschte, worüber wir wieder traurig waren.

Ich kann mich nicht mehr so sehr erinnern, wie ich die Dunkelheit damals empfand. Jedenfalls, soweit ich mich erinnern kann, mochte ich Dunkelheit nicht, und ich verabscheue sie auch heute noch. Ich liebe Helligkeit und Licht. An eines kann ich mich noch gut erinnern, nämlich daß in der Nacht auch oft die Lampe brannte. Sie war ganz zurückgedreht, sodaß sie nur einen ganz schwachen Schein abgab. Tagsüber war es an trüben Tagen sehr dunkel, es war vor unserem Fenster zu allem Überdruß auch noch ein Schuppen angebaut, sodaß auch wenig natürliches Licht einfiel. Heute könnte man sich das nicht mehr vorstellen.

Damit wäre eigentlich das Wissen über das Licht von damals erschöpft.

Als ich aber mit zehn Jahren von zu Hause fortkam, auf einen großen Bauernhof, war das Licht für mich neu, denn dort gab es schon das elektrische Licht. Überall nur einen Schalter zu betätigen und das Licht flammte auf, das war für mich nicht nur neu, sondern auch sehr schön. Diese Helligkeit war ein wohltuendes Gefühl, und das Leben nahm eine ganz andere Form an und hätte eigentlich schön sein können, wenn nicht dieses böse Heimweh gewesen wäre.

Was mich an das frühere Licht noch erinnerte, waren die Sturmlampen. Sie wurden dort benützt, wo das elektrische Licht nicht hindrang, zum Beispiel in Scheunen, in hinterste Winkel oder wenn eine Strompanne war.

Auch wurden diese Lampen benützt, wenn man in der Dunkelheit am frühen Morgen zur Rorate ging. Aber auch die Burschen gingen vielfach zum Fensterln damit, wie das auf dem Land damals üblich war.

Sehr gut erinnere ich mich auch noch an die Karbidlampen. Diese wurden an den Fahrrädern befestigt. Wenn die Männer ins Wirthaus fahren wollten oder zum Fensterln oder sonst irgendwohin, dann wurden diese Lampen mit Karbid gefüllt, das war ein so komisches graues Pulver, so silbrig bröselig; es wird, glaube ich, aus dem Bergwerk geholt, ähnlich wie Graphit für die Bleistifterzeugung. Der Schwiegervater arbeitete im Waldviertel in einem Graphitwerk tief unter Tag, und mit Hunten wurde das Graphit zutage gefördert. So, nehme ich an, war es auch mit dem Karbid für diese Lampen. Das hatte auch so einen abscheulichen Geruch. Ich ging immer aus dem Weg, wenn die Männer sich diese Lampen zum Fortfahren herrichteten.

Im Winter, wenn die Tage kurz und die Nächte lang sind, da wurde auch beim Waldfahren oder beim Mistfahren zeitig am Morgen die Sturmlaterne an den Wagen gebunden.

Als ich dann verheiratet war und wir in einem Gutshof beschäftigt waren, hatten wir auch eine schöne Wohnung. Da war auch schon überall das elektrische Licht. Sosehr ich Licht und Helligkeit liebe, aber nachts muß das Licht aus sein, aber gerade deshalb hatten wir anfangs heftige Differenzen. Der Mann war es wohl länger gewöhnt, daß nachts immer ein kleines Funzerl brannte; ich glaube, das taten die meisten, wenn sie des Nachts aufstehen mußten, daß sie sich zurechtfanden. Es gab ja auch weit und breit kein Straßenlicht.

So behauptete er, daß er auch zum Schlafen das Licht brauche. Ich hingegen konnte mit Licht nicht einschlafen. Wenn ich später schlafen ging, knipste ich auch seine Nachttischlampe aus. Wenn er dann wach wurde, wurde er böse und knipste sie wieder an. So kamen wir lange Zeit nicht auf gleich und stritten uns immer wieder wegen

„Licht an oder aus". Er war extrem eigenwillig, und ich wollte in dieser Weise auch nicht nachgeben. Nach öfteren zermürbenden Differenzen kamen wir mit der Zeit doch auf gleich: Manchmal akzeptierte ich das Lichtbrennen, manchmal wieder drehte ich ab, wenn er schlief. Dann akzeptierte es auch der Mann wieder, wenn er aufwachte und das Licht aus war. Es schien ja sowieso das Straßenlicht direkt in unser Schlafzimmer, das genügte vollkommen.

Später, als dann die Kinder kamen, legte ich von vornherein Wert darauf, wenn ich sie schlafen legte, daß ich sofort das Licht ausknipste. Sie schliefen viel schneller ein, und es war die ganze Nacht Ruhe.

Hanna Dorrek

wurde 1923 in Heidenreichstein im Waldviertel in Nieder-
österreich geboren. In den dreißiger Jahren waren die Häuser
in Heidenreichstein nur vereinzelt mit elektrischem Strom
versehen; das Elternhaus der Autorin wurde 1939 an das
Stromnetz angeschlossen.

Obwohl ich Ihnen aus Kärnten schreibe, wo ich seit
dreißig Jahren verheiratet bin, bin ich doch eine geborene
Waldviertlerin. Im Jahr 1928 bauten meine Eltern ein
kleines Häuschen in Heidenreichstein. Es war eine
schwierige Sache; mein Vater war schwer kriegsgeschä-
digt und hilflos. Damals erhielt er nach schweren Kämpfen eine kleine Rente. Mutter machte Heimarbeit. Licht,
das heißt Elektrizität, hatte im Ort nur, wer es sich leisten
konnte: Firmen und Handwerker, Geschäftshäuser, doch
nicht alle. Auch wir konnten noch keinen Strom einleiten
lassen.

Im „Zimmer" – so wurde der Raum benannt, der
Wohn- und Schlafraum zugleich war – gab es eine
schönere, größere Petroleumlampe aus Metall, mit vielen
schönen Verzierungen, dunkel, und wenn man dran
herumputzte, kam es ein wenig golden hervor. Sie hatte
zwei schöne, verzierte Griffe. Oben war die Öffnung, wo
das Petroleum eingefüllt wurde, dann kamen die „Nuß"
mit dem Docht und der Zylinder drauf. Der Zylinder
mußte jeden Tag schön geputzt werden. Da er sich nach
oben hin stark verengte, wickelten wir unseren Putzfetzen
um ein Staberl und fuhren damit in das enge Zylinderteil.

Dabei geschah es des öfteren, daß das Glas krachte und zersprang. Meist gab es dann eine große Aufregung – denn soviel Geld war ja nicht da, um Zylinder auf Vorrat zu kaufen. Und wo nun schnell einen hernehmen? Aber es gab ja noch in der Küche eine Lampe. Die war aus Glas, bläulich getönt, und die Nuß war golden. Beide Lampen hatten einen Docht, der flach war.

Von einer Tante aus Wien bekamen wir einmal einen „Luster". Das war für meine Kinderaugen ein Prachtstück: eine goldene Ampel mit drei Armen, ein Glassturz darüber mit einem Durchmesser von gut sechzig Zentimeter, blau, mit weißen und gelben Seerosen, dunkelgrünem Schilf und Blättern. Ich konnte mich nicht sattsehen an diesem schön bemalten Glassturz. Diese Lampe hatte einen Docht, der rund war und weitaus mehr Licht verbreitete als Lampen mit flachem Docht. Das Zimmer war dann immer sehr schön hell. Meine Mutter brauchte auch gutes Licht, denn sie hatte immer Heimarbeit, die sie meist abends verrichtete; tagsüber hatte sie den pflegebedürftigen Mann zu betreuen, Haus, Kinder, Garten und einen Stall voll Kleintieren. Zum Klosett wurde eine Kerze genommen, und mußte man in das „Vorhaus" oder Kabinett, wurde die Küchenlampe genommen. Eine Hand hielten wir vor die Lampe, damit der Luftzug beim Gehen das Licht nicht aufflackern ließ, denn dann rußte die Lampe, oder der Zylinder zersprang. Also immer schön langsam und sachte!

Als ich dreizehn Jahre alt war, mußte meine Mutter nach Wien zu einer Augenoperation. Ich mußte von der Schule zu Hause bleiben – dies war damals ohneweiters möglich (1936) –, und ich verrichtete alle Arbeiten, die so in Haus und Garten, mit der Pflege des kranken, damals schon bettlägrigen Vaters anfielen. Auch die Kleintiere waren zu versorgen.

Ich machte alles, wie ich es verstand und vermochte, und putzte auch immer schön die Zylinder, worauf meine Mutter viel Wert legte. Als der Abend kam, wo sie wieder nach Hause kam, war auch der Zylinder schön geputzt.

Aber, o weh, wohl durch die Freude ein wenig abwesend mit den Gedanken, hatte ich den Docht nicht in der richtigen Höhe eingestellt, und die Lampe begann zu rußen. Gleich darauf kam Mutter zur Tür herein. Später hörte ich sie dann sagen, der Zylinder wäre nicht geputzt gewesen. Zu bemerken ist noch, daß auch der Docht jeden Tag gereinigt und etwas beschnitten werden mußte. In den Stall ging meine Mutter immer mit Kerzen. Passiert ist aber nie etwas.

Unser Nachbar baute im gleichen Jahr wie wir sein Haus. Er war Tischlermeister und konnte sich das elektrische Licht gleich einleiten lassen. Wie bewunderten wir ihn immer und wünschten nun den Tag herbei, wo es auch bei uns einmal soweit sein würde. Aber es vergingen noch Jahre. Des Nachbars Töchterl, ein Jahr älter als ich, war meine Freundin. Im Winter, wenn bei uns abends die Lampen bald gelöscht wurden und nur auf Mutters Arbeitstisch eine brannte, da zog es mich mächtig ins Nachbarhaus. Da war Licht und Helligkeit, wir saßen dann alle um den großen Küchentisch. Wir machten entweder Handarbeiten für die Schule oder strickten Socken und Pullover; oder es wurden Federn geschleißt.

Straßenlicht gab es nur auf dem Marktplatz, auf dem Bahnhofsplatz und in den Kolonien: Es gab eine „Honigkolonie", benannt nach dem Besitzer einer großen Strumpffabrik in unserem Ort, und eine Eisertkolonie, benannt nach einer Leder- und Metallwarenfabrik, deren Besitzer die Brüder Eisert waren. Alle anderen Gassen waren abends schon unheimlich zu begehen. Alle Spukgeschichten, die beim Federnschleißen erzählt wurden, machten einem dann Angst.

Erna Mayrhofer

wurde 1917 in Magyarovár in Ungarn als Offizierstochter geboren. Die Autorin berichtet über die erste Elektrifizierung, die sie und auch ihr Mann als Kinder in Wiener Innenbezirken erlebten, und über jene zweite Elektrifizierung, die infolge der Zerstörungen des Zweiten Weltkrieges durchgeführt werden mußte.

Mein Mann Ing. Karl Mayrhofer (Jahrgang 1913) lebte als Kind in einem alten Haus in der Stumpergasse im sechsten Wiener Gemeindebezirk. Sein Vater mußte im Ersten Weltkrieg einrücken und kam dann in sechsjährige russische Gefangenschaft. In Armut lebte nun seine Mutter mit zwei kleinen Buben in einer Zimmer-Küche-Kabinett-Wohnung, Wasserleitung und Klo auf dem Gang. Im Zimmer gab es einen Gaslichtluster. Die Kinder gingen früh schlafen, die Mutter nähte Krawatten und Ajoursäume für Blusen in Heimarbeit. Anfang der zwanziger Jahre kam elektrisches Licht. Arbeiter kamen und verlegten außen, entlang der Türstöcke, stoffisolierte, zusammengedrehte Drähte, die in Abständen von einem halben bis einem Meter auseinandergebogen und um einen Glas- oder Porzellanknopf – Isolator – gelegt wurden. Es war ein freudiges Ereignis, als nun in jedem Raum und auf den Gängen elektrisches Licht brannte.

Auf der Straße hatte es bis jetzt Gaslaternen gegeben, die von Laternanzündern betreut wurden. Mit weißem Mantel waren die Männer unterwegs. Anfangs kamen sie jeden Abend mit einer langen Bambusstange und öffneten den Gashahn, wodurch die immer in Betrieb befindliche Zündflamme den Glühstrumpf zum Leuchten brachte. Später war in den Gaslaternen eine Schaltuhr eingebaut. Die Laternen wurden wöchentlich gereinigt und die Glühstrümpfe instand gesetzt.

Statt der Laternen wurden nun hohe, gußeiserne, schön verzierte Masten mit Lichtbogenlampen in den Straßen montiert, zur gleichen Zeit auch in der Mariahilfer Straße. Das war nun ein helles Licht. Die Mutter meines Mannes war darüber sehr froh, denn das Licht der Straßenbeleuchtung erhellte sogar das Zimmer, sodaß man zwischendurch das Licht nicht andrehen mußte. Die Steckdosen waren aus Porzellan, auch die Schalter nicht in die Mauer versenkt.

Kaum gab es elektrischen Strom, kamen Vertreter von Elektrogeräten. Ich wohnte im fünften Bezirk und kann mich noch genau erinnern, als ein Vertreter mit einem Staubsauger kam. „Leeren Sie die Asche aus dem Ofen auf den Teppich!" meinte er. Auf unseren alten, schönen Knüpfteppich Asche leeren? Voll Staunen standen wir drei Kinder dabei, als der Staubsauger alles „schluckte". Der Staubsauger wurde bestellt, und mit uns bestellten noch andere Parteien im Haus.

Begeistert war meine Mutter über das elektrische Bügeleisen. Sie hatte ein Holzkohlebügeleisen, ein Gasbügeleisen, das mit einer Gasflamme aufgeheizt wurde, und ein Bügeleisen mit einem Stahlstagel. Dieses Bügeleisen besitze ich noch. Es hatte oben einen Holzgriff, hinten einen Schuber, der hochgezogen wurde, sodaß man den Stagel, der ein Loch hatte, mit einem Schürhaken aus der Ofenglut nehmen und in das Bügeleisen schieben konnte. Man mußte immer erst ausprobieren, ob das Bügeleisen nicht zu heiß sei.

Nun gab es das erste elektrische Bügeleisen! Natürlich ohne Temperaturregelung, aber das war eine große Erleichterung. Zuerst waren hinten nur die beiden Stekker, dann diese mit Blech umgeben, dann mit Porzellan isoliert. Auch dieses Bügeleisen besitze ich noch.

Das nächste war ein Radioapparat in einem Holzgehäuse. Bis zu diesem Zeitpunkt hatten wir einen „Detektor", eine schwarze Holzkiste mit Drahtspule und Kristall; mit einer Drahtspitze suchte man den Musikkontakt herzustellen. Wir hatten Kopfhörer, die, längere Zeit auf den Ohren, ganz schön drückten. Nachher gab es auch noch einen Radioapparat mit Akkumulator, den wir immer zum Aufladen tragen mußten. Doch der hatte schon einen Lautsprecher.

Erst später kam ein Kühlschrank ins Haus! Welche Wohltat im Sommer! Vorher hatten wir eine doppelwandige, mit Blech ausgekleidete Kiste. In den Zwischenraum kamen Eisstücke, die wir vom Wirt holten. Der bezog sie vom „Eismann", der in einem besonderen geschlossenen Waggon Eisblöcke lieferte. Er legte auf seine Schultern mehrfach zusammengelegte Tücher, lud einen zirka einen Meter langen Eisblock auf die Schultern und lieferte so die „Kälte".

Als ich 1939 heiratete und nach Hietzing zog, waren in den Straßen von Lainz Gaslaternen. Als diese dann abmontiert und durch Straßenbeleuchtung mit elektrischem Licht ersetzt wurden, waren wir über diese Entwicklung traurig und freuten uns gar nicht. Viele holten die abmontierten Gaslaternen in ihre Gärten zur Erinnerung. Man unterließ es schließlich, die alten Gaslaternen auszugraben und installierte elektrische Glühlampen in den alten Laternen, die es in der Gotergasse und in Ober St. Veit noch gibt.

1945! Wir glaubten in Hietzing vor Bomben sicher zu sein. Doch im März und Anfang April fielen in Lainz Bomben, in nächster Nähe unseres Hauses. Ein Haus wurde ganz zerstört, andere Häuser schwer beschädigt. Die Fensterscheiben unseres Hauses, obwohl geöffnet, waren auf einer Seite zersplittert, das Dach schwer beschädigt, der Strom war durch die kaputten Außenleitungen nicht vorhanden. Aus Angst vor weiteren Bombenabwürfen übersiedelte ich mit meinem eineinhalbjährigen Kind in unser kleines Landhaus nach Mauerbach. Hoch über der Straße am Waldrand gelegen, waren wir vor Bombenabwürfen sicher. Doch dort gab es kein elektrisches Licht, weder im Haus noch auf der Straße. Als das Haus 1930 gebaut wurde, hatte man auf einen eventuellen Stromanschluß Bedacht genommen und unter dem Innenverputz „Bergmann-Rohre" mit eingezogenen Drähten montiert. Doch Elektrizität fehlte. Das war für mich hart! Diese Dunkelheit auf der Straße, die Dunkelheit im Haus! Wir hatten mehrere Petroleumlampen, die ich ebenfalls aufbewahrt habe.

Da saßen wir nun am Abend um die Petroleumlampe, und ich strickte aus Wollresten einen bunten Pullover für meinen Buben. Wir gingen früh schlafen und standen zeitig auf, wenn es hell wurde. Wieder mußte ich mit dem alten Holzkohlebügeleisen bügeln, mit dem Bügeleisen mit dem Stagel. Es gab keine elektrische Kochplatte. Um zu kochen, mußte in einem „Herd" eingeheizt werden.

Im Juli 1949 brachten Traktoren Holzmasten, deren untere Enden in Teeröl getaucht waren, um gegen Fäulnis geschützt zu sein. Sie wurden so weit eingegraben, daß sie genügend fest stehen konnten, wobei sie aber gegen den einseitigen Zug durch im Boden verankerte Stahlseile gesichert wurden. Über Porzellanisolatoren wurde nun der Strom zu unserem Haus geleitet. Als am ersten Abend elektrisches Licht brannte, feierten wir mit unseren Nachbarn bis spät in die Nacht das frohe Ereignis.

Nun wurde wieder mit elektrischem Bügeleisen gebügelt, es gab eine elektrische Kochplatte mit zwei Kochstellen, einen Radioapparat. Später kam der Kühlschrank hinzu, eine der bedeutendsten Errungenschaften im damaligen Haushalt. Leider war die elektrische Anlage so schwach, daß beim Einschalten mehrerer Stromstellen immer ein Kurzschluß war. Dann wurde die Zuleitung zum Haus und die Anlage im Haus verstärkt, sodaß nun Radio, Kochplatte, Staubsauger, Elektromäher eingeschaltet sein können, ohne daß es zu einer Katastrophe im Haushalt kommt.

Wenn man mit älteren Menschen über dieses Thema

spricht, hört man immer wieder sagen: „Es war weniger das elektrische Licht, das unser Leben veränderte, als vielmehr die Geräte, die durch den elektrischen Strom das Leben erleichterten."

Für mich haben zum Beispiel die elektrische Nähmaschine und das Rührgerät in der Küche große Hilfe gebracht; für meinen Mann der elektrische Rasenmäher – der nicht so laut wie ein Motormäher ist – und ein Elektromotor zum Anschließen einer Heckenschere, eines Bohrers, eines Schleifgeräts usw.

Durch den elektrischen Strom war es möglich, im Brunnen eine Unterwasserpumpe einbauen zu lassen. So bekamen wir im Haus Wasser. Das kräfteraubende Wasserpumpen und Schleppen von vollen Wasser- und Gießkannen fielen weg.

Die Anschaffung der verschiedensten Elektrogeräte brachte nun viel mehr Freizeit.

Margareta Schaber

wurde 1917 in Gartenau bei Hallein in Salzburg geboren.
Bis in die frühen vierziger Jahre lebte sie in und um Salzburg
an verschiedenen Orten, von denen nicht alle an ein
Stromnetz angeschlossen waren.

1917 wurde ich in einem Schloß in der Nähe von
Salzburg geboren. Im Klo war schon die Wasserspülung.
Beim Haus befanden sich zwei Brunnen. Das Wasser kam
direkt von den Quellen. Ich hatte immer eisige Hände,
weil ich immer im eiskalten Wasser pritschelte. Mutter
hatte mir das Gesicht mit Glyzerin eingeschmiert, das
höllisch brannte. Ja, wir hatten auch elektrisches Licht.
Die isolierten Drähte waren an den Wänden und an den
Decken befestigt. Im Winter hatten wir Schwalben und
auch Rotkehlchen in der Küche einquartiert. Auf den
Leitungen hingen und saßen sie besonders gerne. Die
Bauern hatten selten Strom, nur Petroleumlampen in
verschiedenen Ausführungen, Hängelampen und solche,
die hinter dem Zylinder einen Glasspiegel oder nur
Weißblech hatten. In den Knecht- und Mägdekammern
gab es nur Kerzen.

1925 zogen wir nach Aigen, wo Vater ein Bauernhaus
pachtete. Kein Leitungswasser, nur ein Ziehbrunnen,
Plumpsklo und schon gar kein elektrisches Licht. Die
Umstellung fiel uns schwer. Die Hausaufgaben litten
darunter. Meine Schwester besuchte die Staatsgewerbe-
schule. Sie hatte es besonders schwer. Meine Handschrift
war vorher nicht schön, wurde aber noch schlechter.

1928 kaufte Vater ein Zinshaus, wohl am Stadtrand. Meine erste Frage war, ob wir jetzt elektrisches Licht haben. Mutter sah Vater an, der sehr verlegen tat. Also wieder nichts.

Die Petroleumlampe war weiter in Aktion. Petroleum vom Krämer holen und täglich den Zylinder putzen waren meine Angelegenheit. Am Abend saßen wir um diese eine Lampe herum, nähten, strickten und schrieben die Hausaufgaben. Meine Schwester und ich haben für ein Geschäft Salzburger Stutzen gestrickt, um für die Schule Hefte kaufen zu können. Meine Eltern hatten Sorgen genug und kein Geld. Die Inflation hatte ihnen zuviel genommen.

Ich kann mich noch gut erinnern, daß sie an den Fahrrädern Karbidlampen hatten. Diese stanken, und ich konnte diesen Geruch nicht vertragen. Das schlimmste für uns Kinder war aber, daß wir für das Vieh das Heu mit der Handmaschine schneiden mußten. Das große Schwungrad verlangte von uns viel Kraft, bis es einmal herumgedreht wurde.

1939, der Krieg war schon in vollem Gange, drängte ich darauf, das Licht einleiten zu dürfen. Den Anschluß für das Haus – einhundertfünfzig Reichsmark – habe ich gezahlt. Das war für mich sehr viel Geld. Mutter kaufte ein elektrisches Bügeleisen. Vorher hatten wir ein Holzkohleneisen.

Niemand fragte mich, ob sie nicht auch zum Hausanschluß einen Beitrag leisten sollten, obwohl jetzt alle Menschen Arbeit hatten. Für mich war es eine große Enttäuschung. Aber plötzlich brannte bei allen Mietparteien das elektrische Licht, obwohl sie bei allen meinen früheren Vorschlägen ablehnten. Mit der Elektrizität wollten sie nichts zu tun haben, das sei zu gefährlich. Auch hätten sie früher mit der Petroleumlampe das Auslangen gefunden, und die Kinder wären auch groß geworden. Diese Leute sind mir aber bis auf zwei bereits vorausgegangen. Was würden sie heute sagen zu unseren Errungenschaften? Meine Eltern mühten sich ab, ohne

Waschmaschine, ohne Kühlschrank. Früh ins Bett und zeitig auf, um das Tageslicht auszunutzen. Bevor wir das Licht einleiten ließen, kaufte ich einen Volksapparat mit Akkumulator. Letzteren mußte ich immer wieder wegbringen, wenn er leer war. Mit dem Lichtanschluß fiel das auch weg. Ja, wir gehörten schon zur Stadt Salzburg, und trotzdem waren wir so lange rückständig, weil es so viel Arbeitslose und Ausgesteuerte gab. In unserem Hause gab es eben nur Arbeiterwohnungen mit Küche und Zimmer. Trotzdem hausten darin vier- bis sechsköpfige Familien.

Mit siebzehn Jahren bekam ich Mutters Fahrrad. Das war schon eine Sensation. Meiner Tochter habe ich zu ihrem vierzehnten Geburtstag ein solches gekauft. Vor zweiundzwanzig Jahren erstand ich das erste Auto. Ein kleines zwar, aber es genügte. In meiner Wohnung bin ich vollautomatisch eingerichtet. Wie würden meine Eltern, die längst nicht mehr hier sind, dies sehen? Sie würden sich in unserer Welt wohl nicht mehr zurechtfinden ...

Anton Kriebert

wurde 1926 in Erlauf in Niederösterreich geboren. Sein Wohnort wurde in den vierziger Jahren elektrifiziert.

Licht – ja, Licht, Luft und Wasser. Wie sind sie doch alle der Veränderung ausgesetzt! Ich wohne neben der Autobahn, wir brauchen uns über Luft nicht unterhalten. Wasser: hatten früher alle ihre Brunnen, so sind heute fast alle an ein Ortsnetz gebunden, und über die Qualität erfahren wir genug in den Nachrichten. Aber Licht: darüber etwas ausführlicher.

Bis zum Anschluß Österreichs an Hitler-Deutschland war die Petroleumlampe neben der Kerze mit einem besonderen Kerzenleuchter die gebräuchlichste Lichtquelle im Haushalt, auf dem Fahrrad die Karbidlampe, auf dem Wagen Laternen mit Kerzen oder Petroleum. Alle Arten waren gegen starken Wind empfindlich, und dann war alles finster.

Manche Leute mögen die Dunkelheit. Als Kind mußte ich Samstag abends einen Kilometer in den Ort gehen und fünf Schilling für meine Eltern in den Sparverein tragen und zur Einzahlung bringen. Es gab doch keine Straßenbeleuchtung wie heute, und so hatte ich vor jedem Obstbaum Angst, es könnte jemand dahinterstehen – einmal gar nicht so unberechtigt, da, als ich fast zu Hause war, wirklich ein Mann auf einem Apfelbaum saß und sich seine Äpfel besorgte.

Als nach 1938 Österreich zu Großdeutschland gehörte, wurde 1939 mit dem Bau der Reichsautobahn begonnen.

Dazu waren viele Leute notwendig. Man bedenke: von der Trasse der Autobahn wurde der Humus mit den kleinen hölzernen Schiebetruhen – auch die Räder waren aus Holz – abgetragen. Zu diesem Zweck wurde ganz in unserer Nähe ein Barackenlager errichtet. Da ergab sich zum erstenmal die Möglichkeit zu einem elektrischen Lichtanschluß. Es waren nur drei Häuser, und es kostete eine schöne Stange Geld, da nicht nur der Anschluß, sondern auch die Hausinstallation fehlte. Die Freude dauerte nicht lange.

1941 wurde der Autobahnbau eingestellt, das Lager wurde abgerissen, und es war wieder finster. Die drei Hausbesitzer einigten sich über den Bau einer eigenen Leitung, diesmal von der anderen Seite her, vom Ort her. Wieder viel Geld und Arbeit. Da mit der fortschreitenden Modernisierung die Leitung zu schwach wurde, bauten wir nochmals, diesmal auf einer dritten Seite, einen Anschluß ans NEWAG-Netz. Diesmal war auch ich finanziell und arbeitsmäßig beteiligt.

Während des Krieges gab es für Petroleum Bezugsscheine, wir brauchten aber nicht soviel. So konnten wir meinem Firmpaten etwas überlassen. Dieser war aber fünfzehn bis zwanzig Kilometer von uns entfernt. Die Mutter sammelte in einem Kanister, den sie auf dem Rücken in einem Rucksack mit mir zu Fuß überbrachte. Es war ein heißer Tag, sodaß sie gewiß schwitzen mußte, so merkte sie auch erst viel zu spät, daß der Kanister nicht ganz dicht war. Daß sie am Buckel die Haut verlor, war ihr Trinkgeld.

Abgelegene Häuser mußten lange warten, bis sie sich wegen der langen Freileitungen den elektrischen Strom leisten konnten. Und wenn mich nicht alles täuscht, gibt es heute noch vereinzelte Häuser ohne Elektrisches.

Flora Gappmaier

wurde 1924 in Traming bei Tamsweg in Salzburg geboren.
Auf einem Einzelhof, sechs Kilometer von Traming entfernt,
hatte sie das Alltagsleben ohne elektrischen Strom genau
kennengelernt, ehe auch ihr Elternhaus 1942 elektrischen
Strom erhielt.

Wo ich zu Hause bin wurde der Strom während des Krieges, und zwar zwischen 1942 und 1943, in allen Häusern eingeleitet. Die Arbeit machten zwei gefangene Franzosen, und ein älterer Herr aus unserer Gegend half so als Chef mit, aber ausgekannt haben sich bei der Arbeit die Franzosen besser. Sie konnten nicht viel Deutsch – doch zeigten sie immer: „Da Stecker – da Dose", und der Chef meinte: „Ja, so paßt's."

Ich war damals so neunzehn Jahre, und wir haben auch manchmal zugeschaut und uns ein bißchen mit ihnen unterhalten, es war ja um diese Zeit überhaupt nichts los, und wir waren froh, wenn wir ein bißchen wen zum Reden hatten; auch haben wir manchmal mitgeholfen beim Drahteinziehen, es wurde alles in so biegsame Rohre eingezogen und bei den alten Holzhäusern einfach außen an der Wand angemacht; durch das Holz wurden Löcher gebohrt und so von Kammer zu Kammer gefahren.

Sie machten alles ganz fleißig; bezahlen brauchten wir die Gefangenen nicht, nur zu essen bekamen sie. Mutter hat da schon drauf geschaut. Sie sagte immer, wenn es uns so ginge und wir müßten in einem anderen Land sein ... Schlafen durften sie nicht bei uns, sie mußten alle Tage ins

Franzosenlager, das war auch eine Stunde zum Gehen. Viele halfen bei den Bauern in der Landwirtschaft mit; die Woche zweimal kam ein Aufseher nachschauen und fragen, ob alles stimmt. Wir mußten immer loben, es waren ja ganz tüchtige Männer.

Für das Licht brauchte man Masten. Lichtstangen mußten die Bauern selbst geben, auch die Löcher mußten sie selbst graben, es war ja genau berechnet, wieviel jeder. Alles andere wurde von der SAFE gemacht, wo auch viele Gefangene mithalfen. Wieviel für alles zu bezahlen war, weiß ich leider nicht – aber sicher nicht viel, es waren nämlich alle gleich einverstanden, als es hieß, wir bekämen elektrisches Licht, bis auf einige, wie halt immer.

Die Arbeit dauerte über den ganzen Sommer, bis in unserer Ortschaft alles fertig war. Am 1. November, so wurde allen versprochen, brennt zum erstenmal das Licht – wir konnten den Gedanken fast nicht zu Ende denken, so spannend war alles.

Zwar waren wir mit unseren Petroleumtegerln und Laternen ganz gut vertraut, wir kannten ja nichts anderes. In der Stube stand auf dem Tisch ein Blechtegerl mit Glaszylinder, das war das vornehmste Licht im Haus; wir mußten den Zylinder immer schön putzen und hatten auch Angst dabei, daß er nicht bricht. In der Küche stand nur ein kleines Tegerl mit freiem Lichterl, nichts drüber, und zum Stall- und Scheunegehen hatten wir Petroleumlaternchen mit vier Glasfensterln außen und innen einem kleinen Tegerl. Ins Heu wurde eine Gabel gesteckt und auf den Stiel die Laterne gehängt; im Stall das gleiche. Auch war an einem Holzbalken ein Bretterl befestigt, und drauf stand auch ein offenes Tegerl – mich wundert's, daß nicht mehr passiert ist. Heute würden wir mit dieser Beleuchtung fast nichts mehr sehen, es war doch nur einige Meter ums Licht hell, alles andere nur so ein heller Schatten. Man mußte halt alles so am Griff machen, und es ging.

Dazu wurde früher bei den Bauern so früh aufgestanden – überall so um halb vier bis vier Uhr. Wenn es da in den Häusern noch finster war, dann hieß es: „Diese faulen Hucker!" Es hätte sich jeder geschämt, länger zu schlafen. Das war Bauernstolz, und so mußten wir – im Winter bis fast acht Uhr – in unseren finsteren Ställen mit den kleinen Lichtlein arbeiten. Wie froh waren wir, wenn der Tag länger war und wir nicht mehr soviel Licht brauchten. Der Stall war ja meistens ein Stück vom Haus entfernt, und wir mußten viel vom Haus in den Stall und auch umgekehrt – Milch herauf- und Schweinefutter hinuntertragen. In einer Hand war die Laterne, und so mußten wir mit der anderen Hand so am Knie alles Schwere tragen; oder auf dem Kopf, dann waren die Hände frei – es ging halt alles mühselig und langsamer. Es wundert mich nur, daß nicht mehr angezündet wurde durch die offenen Lichter; es war richtig gefährlich überall in Stall und Scheune.

Mutter hat uns noch erzählt, wie sie mit dem Holzspan als Beleuchtung gearbeitet haben. In der Küche waren ja noch die Eisenzarken, wo die Späne hineingesteckt wurden. Auch war die Mutter noch immer gewohnt, wenn wir in den Keller oder in die Futterküche gingen und kein übriges Tegerl da war: „Nehmts halt an Span!" Mir ging da immer das Feuer aus, aber Mutter konnte ihn so richtig halten, bei ihr ging es ganz gut.

Die alten Leute gingen früher sehr viel im Advent zur „Rorate" – das ist die Frühmesse um sechs Uhr. Sie mußten im Winter schon um halb fünf bis fünf Uhr morgens von zu Hause fortgehen, die Bauernhäuser waren ja weit weg. In einer Hand den Stecken und in der anderen Hand die Laterne, so stapften sie durch den tiefen Schnee zur Kirche. Meine Mutter ging mit siebzig Jahren noch immer den weiten Weg. Sie brauchte mit ihrem Alter schon fast zwei Stunden bis zur Kirche; wir Kinder gingen durch den Wald bis zur Straße oft mit, weil wir hatten Angst, Mutter bleibt im Schnee stecken und kommt nicht mehr weiter, aber sie ließ sich's nicht nehmen. Sie ging und ging. Die Leute hatten früher so einen starken Willen und Ausdauer, ich könnte mir diese

Mühe zu Fuß heute fast nicht mehr vorstellen – aber die waren so.

Nun zurück zum 1. November: Das Licht kommt, fast nicht zu erwarten, sie machten alles so spannend. Es wurde nicht etwa bei Tag schon der Strom eingeschaltet – nein, erst um sieben Uhr abends, wir mußten unsere Stallarbeit noch mit unserem Petroleumlicht fertig machen. Alle Schalter hatten wir natürlich schon aufgedreht, damit wir es ja nicht übersehen. Richtig, punkt sieben Uhr war es soweit, das Licht war da. Alle liefen wir in der Stube zusammen und kamen nicht aus dem Staunen heraus, so hell war alles im ganzen Haus – in jeden Raum gingen wir aufdrehen. Es war hell und überall noch heller. Wir gingen alles durch, auch Scheune und Stall; auch alle Kühe und Kälber waren ganz unruhig, sie kannten sich alle nicht aus, so hell war alles. Wir gingen an diesem Abend alle lange nicht schlafen, denn wir mußten das Licht genießen.

Mutter sagte: „Schade, daß ich schon so alt bin, jetzt wäre alles so leicht und schön bei diesem guten Licht." Wir freuten uns alle, jede Arbeit ging so leicht von der Hand, es ging einfach alles viel schneller. Alle Nachbarshäuser waren beleuchtet, überall vor dem Haus eine schöne Lampe – man konnte die ganze Umgebung überschauen, brauchte keine Laterne mehr anzünden. Es war eine Freude, das alles zu erleben. Unsere alten Lichtlein stellten wir alle auf den Dachboden, die konnten nun alle ruhn. So genossen wir unser Licht in vollen Zügen. Nur ein Druck auf den Schalter, und alles war hell. Die Bauern setzten sich auch zusammen und kamen nicht aus dem Staunen, wie leicht nun alles gegangen ist. Wir freuten uns immer auf den Abend, wenn wir wieder aufdrehen konnten – bei Licht arbeiten war schöner als bei Tag.

Das alles ging ganz schön zwei Monate dahin, nichts rührte und regte sich, aber dann kam die Stromrechnung zu jedem Haus – nun schaute die Sache anders aus. Alle machten ein langes Gesicht – was hat das Petroleumfla-

scherl gekostet, und was sollen wir jetzt zahlen! Die
Bauern gingen zusammen, das ginge einfach nicht so;
einige so Aufprotzige meinten überhaupt: „Es nützt
nichts, den Strom müssen's wieder abzwicken, soviel
zahlen, das geht einfach nicht!" Unser Vater sagte das
gerade nicht – aber jedes Licht mußten wir, wenn wir aus
dem Raum gingen, sofort abdrehen; am Abend sollten wir
auch nicht mehr lange auf sein, wenn es nicht sein mußte.
An gewissen Stellen, wo es nicht so wichtig war, drehte
Vater die Birnen heraus – es war nur mehr sparen und
wieder sparen.

Dann besuchte uns einmal ein Mann von der SAFE – er
ging eigentlich von Haus zu Haus, um allen ein bißchen
was zu erklären. Er meinte, es nütze halt einmal nichts,
was gut und praktisch sei, koste halt einmal ein bißchen
Geld, und er sagte, jeder Bauer müsse den gewissen
Grundpreis zahlen, ob dann ein bißchen mehr oder
weniger Strom verbraucht würde, fiele gar nicht mehr so
ins Gewicht, und wenn sie immer auf- und abdrehten,
ginge am Schalter mehr kaputt, als so eine kleine Birne
Strom koste. Er sagte, es sei am besten, wenn sie ganz
normal das Licht benützten, dann ginge sich's mit dem
Grundpreis am besten aus. Er konnte alles so gut bringen
und alle beruhigen, alle gewöhnten sich – auch an das
Zahlen. Auch sagte er den Bauern, wenn sie Maschinen
kauften und den Kraftstrom nützen könnten, dann
schaue die Sache anders aus. Aber momentan gab es ja
nichts als Licht, denn im Krieg gab es ja nichts zu kaufen.

Auch mein Bruder, der um ein Jahr jünger war als ich,
bekam die Einberufung und mußte einrücken – mit
achtzehn Jahren –, mit ihm auch der Nachbarssohn
Martin, beide Buben halbe Kinder, kann man sagen. Ich
sehe ihn noch fortgehen – jedem gab er kurz die Hand, zu
weinen schämte er sich, und doch konnte er die Tränen
nicht halten. So lief er bei der Haustür hinaus – wir alle
weinten, sicher auch er am ganzen Weg. Die Buben
bekamen vier Wochen eine kurze Ausbildung und wurden
sofort gegen die Partisanen eingesetzt. Sie alle wurden

richtig nur so hineingefüttert, ganz ohne Erfahrung, die meisten gingen ja gleich dabei zugrunde, auch der Nachbars-Martin war tot – schrecklich!

Mein Bruder hatte Glück, er kam trotz allem mit dem Leben davon. Mutter betete ja soviel. Er kam ganz kurz auf Urlaub, und stell dir vor, er hatte ein elektrisches Bügeleisen mit – er hat es irgendwo ganz billig bekommen, ein gebrauchtes war es, zwar schon ziemlich abgenützt, doch es funktionierte noch ganz gut. Es war wunderbar: nur anstecken und bügeln – damals fast nicht zum Denken, aber es war so. Das blieb dann nur in meinen Händen, und ich bügelte, was mir unterkam, bis dann auch Vater wieder dahinterkam, daß das Bügeleisen viel Strom brauchte, aber es ging trotzdem; ich bügelte, wenn Vater es nicht sah, denn es war ja so praktisch. Als ich 1947 heiratete, ging natürlich das Bügeleisen mit mir, ich konnte mich nicht davon trennen.

Auch Mutter bekam dann später von einer Frau aus Tamsweg für Butter und Eier einen alten Elektrokocher, der war ja auch so praktisch, für's Essen wärmen oder um schnell einen Tee zu machen. Sonst mußte am offenen Herd immer Feuer gemacht werden, wegen jeder Kleinigkeit. Mutter benützte ihn nur, wenn kein Feuer im Herd war, er war auch ihr Heiligtum. Während des Krieges gab es sonst nichts – außer den zwei Geräten; es gab einfach nichts zu kaufen.

Erst nach dem Krieg, als alles zu Ende war, kam einmal ein Vertreter mit einer alten Kreissäge zum Holzschneiden. Das mußten die Männer immer vor Ostern machen, das Holz fürs ganze Jahr zum Heizen mit der Zugsäge abschneiden, das war eine lange und mühselige Arbeit. Sie brauchten einige Wochen dazu, und nun sollte das mit der Kreissäge schneller gehen. Obwohl sie eine gebrauchte war, kostete sie ziemlich viel, Vater meinte, sie sei ihm zu teuer. Er ging zu den anderen Bauern, und durch das Hin und Her redeten sich alle zusammen und kauften die Säge miteinander. Da brauchte keiner soviel zahlen, und wenn es so schnell ginge, wie der Vertreter sagte, müßte sie für alle reichen. Die Säge kam und wurde bei meinem Heimathaus vorgeführt – wir machten alle Augen: Wie Butter gingen die Holzstämme durch die Säge. Sie brauchten nur einen Tag, und alles Holz war durch. Eine Säge reichte leicht für alle Bauern.

Im Herbst war es das gleiche mit der Dreschmaschine, aber die wurde neu gekauft. Wir hatten bis dahin nur einen Göpel, mußten mit den Kindern immer im Kreis herumfahren, damit sich die Maschine drehte, das war eine Sauarbeit. Nun sollte auch das der Strom machen. Wie herrlich das Dreschen war – nur mehr eine Spielerei. Der Strom nahm uns schon einige schwere Arbeit ab. Später kamen für die Bergbauern mit steilen Hängen noch die Seilwinden, das war eine ganz große Arbeitserleichterung. Am steilen Hang konnten Heu und Mist aufgeseilt werden; auch zum Pflügen war es sehr praktisch. Die Bauern sagten nun, der Strom koste zwar ziemlich viel Geld, aber sie könnten nun eine Arbeitskraft ersparen und das gleiche sich nun aus.

Ich habe dann geheiratet, und da, wo ich hinkam, gab es schon sehr viele Sachen, alles an den Strom angeschlossen, und heute kann man sagen, wenn der Strom ausfällt, bleibt der Betrieb stehen, alles hängt fast davon ab.

Eigentlich wollte ich Schluß machen – nun fallen mir noch die alten Mühlen ein, die gibt es heute nicht mehr, es ist schade drum. Auch wir hatten eine solche Mühle. Sie war vom Haus so eine halbe Stunde entfernt; da standen der Reihe nach an so kleinen Bacherln gleich hintereinander fünf solche Mühlen, alle von Bauern aus unserer Gegend. Gemahlen wurde meistens im Jahr zweimal – im Herbst und im Frühjahr. Natürlich mußte man immer die Zeit nach einer längeren Regenperiode nützen, damit genug Wasser war, um die Mühlräder zu treiben. Da redeten sich alle fünf Bauern zusammen. Sie machten das immer gemeinsam. Gemahlen wurden Roggen und Weizen, auch Gerste und Hafer geschrotet für die Tiere.

Die großen Getreidesäcke wurden mit Pferd und Wagen hingefahren, dazu ein Körblein Jause mit Speck und Schnapserl, denn die Bauern blieben fast eine Woche bei ihren Mühlen; die wurden Tag und Nacht nicht abgestellt. In der Mühle selbst war auch ein kleines Kammerl zum Schlafen und ein bißchen was zum Wärmen. Auf ein paar Steinplatten wurde Feuer gemacht und Tee gekocht, und an der Wand war eine „Pritsche" aus Holzplatten mit ein bißchen Stroh als Unterlage und einer Decke. Mehr gab es nicht, nur noch einen Tisch zum Kartenspielen. Tarockieren war ihr liebstes Spiel. Wenn die Mühle in Schwung und das Getreide aufgeschüttet war, dann war ja viel Freizeit, wo man sich's gemütlich machen konnte. Nur mußte immer nachgeschaut und das Sieb ausgewechselt werden, fortgehen konnte man halt nicht.

Zu Mittag trugen wir immer warmes Essen hin und zwischendurch Tee und Jause. Manchmal redeten uns auch wir Frauen zusammen, heute bringen wir den Männern das Essen. Natürlich gab's dann eine Gaudi. Es wurde Kramperl gemacht, dazu wurde Schnaps erhitzt und ein bißchen Butter und Honig hineingegeben, das schmeckte ihnen beim Kartenspiel. Freilich kam da Stimmung hinein, es wurden alle ganz lustig, auch wir mußten halt vorsichtig sein, daß es nicht zuviel wurde. Die Männer wurden ganz locker, einer erlaubte dem anderen: „Heut' darfst auch du meine Frau abbusseln und du meine." Auch die Männer nahmen sich gegenseitig um den Hals, sie wurden ganz brüderlich.

Es waren schöne Zeiten – diese Stimmung mußte man erleben, wenn wir heraußen beim Tisch saßen beim Jausnen, das Bacherl vom Berg herunterrauschte und nebenbei die Mühlen klapperten – diese Romantik ist fast nicht zu vergessen. Schön war die Welt, aber all das Schöne – diese Mühlen – gibt es nicht mehr, sie sind durch den Strom verschwunden.

Es mußten alle Jahre Reparaturen gemacht werden, über den Winter ging immer was kaputt. Nun sagten die Bauern: „Da immer Geld hineinstecken . . . Bauen wir die Mühlen aus, und stellen wir sie daheim auf, wir ham ja an

Strom und können neben der Arbeit mahlen und haben
Getreide und Mehl alles schön daheim, können die Arbeit
einteilen, wie es uns ausgeht, brauchen auf kein Wasser
schaun." – Aber daß das Wasser kein Geld gekostet hat,
das haben sie vergessen – so kamen die so romantischen
Mühlen zur Ruhe. Sie standen dann noch einige Jahre
ganz ruhig und still; bei großen Gewittern kam vom Berg
mal so viel Wasser und Holz – niemand schaute mehr
nach und kümmerte sich drum, so wurden auch alle
Mühlen, bis auf eine, mitgenommen – alles fort...
Manchmal sagen die alten Männer noch: „Schade, wir
haben bei den Mühlen schöne Zeiten und Stunden
verbracht." So geht es im Leben, durch das Praktische
muß auch Schönes sterben.

Elisabeth Nagl

wurde 1915 in Pabigen in der Gemeinde Weißenkirchen bei Frankenmarkt in Oberösterreich geboren und wuchs auf einem Bauernhof auf. Dort wurde erst nach dem Zweiten Weltkrieg elektrischer Strom eingeleitet.

In meinem Elternhaus wurde mit dem Petroleum so sehr gespart, daß beim Abendessen das Licht ausgeblasen wurde, wenn Vollmond war, denn Vorhänge gab es ohnehin keine. Wir hatten auch keine Küche, gekocht wurde am Herd in der großen Stube. Im Kachelofen befand sich das Backrohr und darüber das sogenannte Wandl (ein Warmwasserbehälter); das Wasser, welches mit einem Häferl herausgeschöpft werden mußte, wurde zum Geschirrabwaschen und für das Vieh im Winter warm verbraucht. Neben dem Ofen standen die große Anrichte und der Sockel für die Milchzentrifuge, an zwei Seiten des Ofens stand die allseits beliebte Ofenbank, auf welcher sich der Vater abends, wenn er müde von der Waldarbeit heimkam, mit seinem Tabakpfeifchen niederließ.

Auch die Großeltern und die Kinder hielten sich dort, am warmen Ofen, am liebsten auf. Dazu brauchten sie nicht viel Licht, denn das Öltegerl stand auf der Anrichte, weit zurückgeschoben, daß es die Kinder nicht so leicht auslöschen konnten. Zum Milchschleudern oder Abwaschen war es für die Mutter oder die Tochter noch gerade hell genug. Gelesen oder dergleichen wurde am Abend kaum.

In unserer Familie mußte mit allem gespart werden, nicht nur mit Petroleum, weil in den zwanziger Jahren überall Not am Mann war. Eine unangenehme Sache war das Heimtragen von diesem brennbaren Saft, gerade im Winter. Nach Frankenmarkt hatten wir zu Fuß vier bis fünf Kilometer zurückzulegen – und das meistens am Sonntag, verbunden mit dem Kirchenbesuch, denn die Geschäfte hatten vormittags offen –, in einer Hand die Einkaufstasche, in der anderen die Petroleumkanne, welche manchmal vom Krämer unversehens ein wenig überfüllt wurde und nicht mehr ganz sauberzumachen war. Der Kannenhals war verschraubt, sie hatte auch ein Ausgußrohr und einen Drahthenkel zum Tragen; Handschuhe oder Fäustlinge und Kleider blieben von diesem Gestank meistens nicht verschont.

In der Kirche wurden vor dem elektrischen Licht eben so viele Kerzen angezündet, wie zum Lesen nötig waren, auch auf der Kanzel, dem Predigtstuhl, um die unbedingt nötige Beleuchtung zu haben. Die ersten Gaslampen wurden in größeren Sälen angeschafft. Vorher waren die Petroleumlampen an der Decke, in welche große Haken eingedreht waren, aufgehängt worden. In meinem Elternhaus gab es eine Stehlampe, welche nur für den Schuster oder die Näherin, wenn sie abends länger arbeiteten, hervorgeholt wurde.

Im Stall hatten wir auch die von anderen Schreibern schon erwähnte viereckige Laterne mit dem Öltegerl; sie wurde auch an der Decke aufgehängt.

Bewundernswert sind die Handarbeiten, welche meine verstorbene Mutter bei diesen Lichtverhältnissen zustande gebracht hat, trotz ihrer langen und schweren Arbeitstage in der Landwirtschaft.

Am schwierigsten ist die Umstellung, wenn man bereits an das elektrische Licht gewöhnt ist – wie es bei mir zutraf – und dann wieder in ein Haus kommt, wo man noch nicht soweit ist.

In unserem Dorf war es während der dreißiger Jahre eine Sensation, als ein Gastwirt eine Gaslampe ankaufte für die Wirtsstube; er konnte sich damit Gäste anwerben, weil viele Leute dieses Wunderding sehen wollten.

In unserem Haus, das ich mit meinem Mann seit 1941 – den Krieg ausgenommen – bewohne, hatten wir auch bis 1947 am Heiligen Abend noch das Petroleumlicht. Einmal kippte es auf dem Tisch um, als das Büblein auf der Bank hin- und hertrippelte; mit dem linken Arm konnte ich das Lämpchen noch auffangen, aber die große Brandwunde machte mir lange zu schaffen.

Ja, es war eine große Wohltat, daß das Lichtherumtragen ein Ende hatte, daß wir nur mehr zu schalten brauchten, und der ganze Raum war hell. Jetzt macht man sich kaum noch Gedanken darüber, auch der Kühlschrank, die Waschmaschine und alle Apparate sind uns selbstverständlich geworden. Das gute Kohlenbügeleisen ist bei mir schon manchmal in Gebrauch, denn wenn gerade die Herdplatte warm ist und ein ausgebessertes Wäschestück zum Glätten bereitliegt, da kann ich den E-Strom entbehren.

Kerzengießen ist heute bei der Jugend wieder beliebt, für die großen Feste wie Weihnachten und Ostern, aber nicht für den täglichen Gebrauch.

Therese Egger

wurde 1919 in Pettenbach im Almtal in Oberösterreich geboren. Während am Almfluß schon früh elektrischer Strom verwendet werden konnte – in Eggenstein schon 1913 –, wurde auf dem im Weiler Brand gelegenen Bauernhof, abseits von Pettenbach, erst 1946 Strom eingeleitet.

Als das Licht kam! Wie war es, als ich auf meiner kleinen Landwirtschaft das Licht bekam? Es gibt nichts besonders Erfreuliches zu berichten über diese Zeit. Es gab keine weißgekleideten Mädchen, die Gedichte vortrugen. Auch an Ansprachen und schöne Reden kann ich mich nicht erinnern. Es war eher eine „Gnade", wenn einige abgeschiedene Kleinlandwirtschaften mit Strom versorgt wurden.

Im Jahr 1946 ging man daran, auf dem Land die Bauernhöfe an das Stromnetz anzuschließen. Mein Anwesen gehörte zur Gemeinde Pettenbach, einer großen Landgemeinde. Der Weiler Brand ist ein gutes Stück von der Hauptstraße entfernt und hatte damals eine schlechte Zufahrt. Meine Nachbarin hatte eine Wirtschaft mit vier Kühen. Sie war eine Kriegerswitwe mit vier Kindern und einer alten Mutter. Männerarbeit mußte bezahlt werden.

Ich hatte eine Wirtschaft mit zwei Kühen, die ich aber verpachtet hatte. Ich bewohnte dort lediglich ein Zimmer. Der Pachtschilling war ein minimaler Betrag, mit dem man keine großen Sprünge machen konnte. Als meine Mama 1946 starb, erbte ich als Pflichtteil eintausendfünfhundert Schilling. Nun, mit etwas Bargeld, wagte ich es, das Licht einleiten zu lassen. Aber man machte zur Bedingung, daß wir selber die Masten für die Freileitung stellen mußten. Auch die Löcher für die Masten mußten wir selbst graben. Holz hatten wir wohl, aber die Arbeit mußte von bezahlten Männern getätigt und alles fachgerecht bereitgestellt werden.

Es waren acht bis zehn Mastenlöcher, davon einige A-Masten. So habe ich allein mit meiner Muskelkraft mein Pensum geschafft. Dies war für meine geschwächte, zuvor ausgeheilte Lunge ein großes Wagnis. Aber um Geld allein bekam man damals keine Arbeitskraft. Eine gute Kost mußte auch beigestellt werden. Da ich von der Lebensmittelkarte leben mußte, war mir eine weitere Verpflegung unmöglich. Ja, ich war herzlich froh, wenn mir während dieser Schwerarbeit die Nachbarin ab und zu ein kräftiges Essen gab. Ich dachte mir damals, ich werde mein ganzes Leben diese Mastenlöcher nicht vergessen, die ich aushob. Unimprägniert wurden die Masten gesetzt, was zur Folge hatte, daß sie nach einigen Jahren ausgewechselt werden mußten.

Im Haus machte ich alle Stemmarbeiten selbst, was bei den Steinmauern keine leichte Arbeit war. Es waren zwei Wohnräume der Pächter, mein Zimmer und der Stall zum Anschluß vorgesehen. Auch die Verputzarbeiten machte ich selbst. Obwohl das Pächterehepaar den größten Nutzen vom Lichtanschluß hatte, halfen sie in keiner Weise mit. Im Gegenteil! Sie hatten ihre Wohnung äußerst sauber und waren über den Schmutz und Schutt im Hause höchst ungehalten. Für den Schaltkasten mußte ich ein großes Loch in der Steinmauer herausstemmen. Ein alter Flüchtling – er war einst Wagnermeister – verfertigte mir aus meinen Brettern den Holzkasten zum Einbau. Da ich den Mann für seine Dienste nicht mit Lebensmitteln entlohnen konnte, war er sehr ungehalten. Er meinte, wenn er dies gewußt hätte, daß seine Arbeit nicht mit Naturalien entlohnt würde, hätte er mir die Arbeit nicht gemacht. Ja, so schwer waren damals das Leben und der Existenzkampf.

Es gab zuerst keine Stromzähler. Je nach Anzahl der Räume und der Beleuchtungskörper wurde ein Pauschalbetrag eingehoben. Elektrogeräte – es gab zu Anfang kaum solche – mußten gemeldet werden. Nun reichte mein Geld nicht aus, um die Ausgaben zu bezahlen. Inzwischen war die Geldabschöpfung gewesen: Von meinen ererbten tausendfünfhundert Schilling bekam ich bei der Umwechslung fünfhundert Schilling. Nun war ich in der Klemme. Ich verkaufte einige Stämme Holz an einen Häuslbauer. Es dauerte lange, bis ich dieses Holzgeld bekam. Und noch dazu drückte mir der clevere Mann nochmals den Preis herunter. Gegen eine alleinstehende Frau wagt man sich allerhand herauszunehmen. Und was taten die Pächter? Die Frau ging zur Gemeinde und beantragte, man solle mich unter Kuratel stellen, da ich den ganzen Waldbestand nun schlägere.

An Elektrogeräten besorgte ich mir als erstes ein Bügeleisen. Hernach kaufte ich von einem Verwandten der Pächter ein zusammengepfuschtes Kochgerät. Eine Kochplatte, bei der die Drähte und Spiralen freilagen. Da das Stück sehr bald den Geist aufgab, meldete ich es nicht an, und es landete beim Abfall. Ich kaufte mir nachher im Geschäft eine tadellose Kochplatte mit beiliegender Rechnung, wegen der vorgeschriebenen Anmeldung. Ich erfuhr, daß die Pächter überall über meine vielen Geräte herumredeten. So bezichtigten sie mich bei der Ortsleitung der OKA [Oberösterreichische Kraftwerke AG] des Stromdiebstahles. Abends, wenn die Bauern im Stall und im Haus arbeiteten, war die Leitung überlastet. Das Licht war in diesen Stunden sehr schwach und zuckte oft bedenklich. Der Grund waren die verschiedenen größeren Anlagen. Aber meine Leute im Haus meinten, ich sei der Übeltäter. So kamen, wie ich erwartete, einige Herren von der OKA zu mir ins Haus, um nach dem Rechten zu sehen. Man redete von „Stromdiebstahl" auf mich ein. Ich zeigte den Herren das kaputte, ausrangierte Gerät, weiters die neue Kochplatte mit Rechnung. Diese wurde nun ordnungsgemäß angemeldet, und die Sache war in Ordnung. Erst nach ein paar Jahren kaufte ich mir das erste Radio. So war ich nicht mehr so sehr von der Außenwelt abgeschlossen.

Unsere kleine Pfarre Magdalenaberg wurde erst nach dem Zweiten Weltkrieg mit Strom versorgt. Der Pfarrherr bekam 1928 ein Radio mit Kopfhörer. Das wurde mittels Batterie und Akku betrieben. In der Schule brannte eine große Petroleumlampe. Um 1930 bekam unser Lehrer ein Radio mit Lautsprecher, ebenfalls betrieben mit Batterie und Akku. Es gab schon damals Schulfunksendungen. Wir durften ab und zu das Radio von der Lehrerwohnung ins Klassenzimmer tragen. Das war unsere erste Bekanntschaft mit dem Radio.

Das Reinigen der Zylinder war eine heikle Sache. Man hauchte hinein, stopfte Zeitungspapier nach und mittels Kochlöffel bemühte man sich, das Glas vom Ruß zu reinigen. Sehr leicht zerbrach das Glas. So manche Magd mußte von ihrem kargen Lohn einen neuen Zylinder kaufen. Beim Krämer gab es diese Stücke zu erwerben. Ebenfalls das Petroleum, das neben den Lebensmitteln seinen Platz fand. Aber wen kümmerte dies in jener Zeit?

Als die Bauernhöfe an das Stromnetz angeschlossen wurden, sah eine Frau die Leitungsdrähte von der noch nicht angeschlossenen Freileitung herabhängen. Eilig ging sie zum Vorarbeiter und berichtete, was sie gesehen hatte. Sie meinte: „Da rinnt enk ja der Strom au."

Ein Bauer mußte auf das Hausdach steigen, um dort am Dachständer den Kraftstromanschluß zu tätigen. Als er herunten war, wollte er den E-Motor einschalten. Die Verkabelung und die ganze Zuleitung müssen wohl zu Anfang sehr primitiv und unsachgemäß gewesen sein, denn der Mann bekam einen Stromstoß. Da meinte er verwundert: „Verfluchter Teufl! Is der scho da?" Man meinte wohl, es sei wie beim Wasser, wo der Zulauf eine Zeit dauert.

Wie stand es mit der Stromversorgung in der guten alten Zeit? Mein Mann wurde 1910 als Sohn einer Gerberfamilie geboren. Schon damals waren Haus und

Werkstätte mit Lichtstrom ausgestattet. In „grauer Vorzeit" wurde vom Wagrainer Bach ein Gerinne angelegt. Dieses Wässerlein durchfloß den Vormarkt und betrieb eine Anzahl Wasserräder. Es waren zwei Gerbereien mit einem Wasserrad, eine Nagelschmiede, eine Schlosserei und drei Huf- und Wagenschmieden. In einem Betrieb, beim Hemetsberger, waren sogar drei Wasserräder in Betrieb. Weiters waren es drei Sägewerke und zwei Mühlen, die sich das Wasser nutzbar machten. Zwei der verbliebenen Sägewerke und eine Mühle bauten sich in neuer Zeit Turbinen ein und hatten somit selbst Licht und Kraftstrom.

Bei unserer ehemaligen Gerberei stand ein „untergschlachtiges Wasserrad". Zuoberst des Rades war eine Schleuse zum Regulieren der Wassermenge. Vom Wasserrad weg ging ein mächtiger „Wellbaum" hinein in die Arbeitsräume. Von dort am Boden verlief ein Riemen hinauf zur Decke, wo die Transmissionsanlage war. Bei acht Riemen hingen dran und betrieben in zwei Räumen die Anlagen und Maschinen. Da waren in der nassen Werkstätte das Gerbfaß, die Haspel, Entschleisch- und Windemaschine. In der Trockenwerkstatt stand die Stollmaschine, die Pimsmaschine sowie die Stampf- und Kurbelwalke.

Im Sommer gab es weiters keine großen Probleme. Freilich, die Riemen rissen oft oder rutschten und mußten mit Pech eingerieben werden. Aber der Winter hatte seine Tücken. Das Wasserrad ächzte unter der Eislast. Meinem Mann oblag es, mit einem Schlögel das Eis abzuschlagen. Das war Schwerarbeit und nicht ungefährlich. Ja, der Bach trat bei starker Eisbildung aus dem Bett und überflutete die Arbeitsräume. Als erstes wurde der trockene Arbeitsraum unter Wasser gesetzt. Das war viel Arbeit, das Eiswasser aufzuschöpfen, da in diesem Raum kein Wasserabfluß war. Die Schleuse war nicht zu regulieren, weil auch dort dickes Eis drauf war. Mit viel heißem Wasser mußte sie mühsam aufgetaut werden, um sie wieder funktionsfähig zu machen. In alter Zeit war das

Gerinne überall offen und frei zugänglich. Ganz selten war ein Stück des Gerinnes mit losen Brettern abgedeckt. Später wurden Betondecken gemacht, und die Gefahr war etwas gebannt.

Einige Jahre nach dem Zweiten Weltkrieg, so um 1955, wurden neue moderne Gerbereimaschinen gebaut, die mit Kraftstrom betrieben wurden. So wurde innerhalb einiger Jahre der Betrieb modernisiert. Das alte Wasserrad hatte ausgedient und wurde abmontiert. Jene größeren Betriebe, die eigene Turbinen hatten, arbeiteten noch einige Zeit mit ihrem eigenen Strom. Seit den achtziger Jahren stehen auch diese „Werkl" still. Alle sind an die SAFE angeschlossen. So hat sich die jahrhundertealte Wassergenossenschaft aufgelöst. Das Bachbett ist zum Großteil zugeschüttet und verbaut.

Auf dem Hof meiner Mutter gab es schon bald nach dem Ersten Weltkrieg elektrisches Licht. Die Ortschaft Eggenstein lag nahe beim Almfluß am unteren Teil der Gemeinde Pettenbach. Mühlen und Sägewerke waren den Fluß entlang. Auch eine Anzahl kleiner Betriebe, wie Schmieden oder Knochenmühlen, nutzten das Wasser in irgendeiner Form. Da wurde in Eggenstein eine private Lichtgenossenschaft gegründet. Eine Turbine belieferte die Häuser in der Umgebung mit Lichtstrom. Es war eine 110-Volt-Leitung. Geräte, wie zum Beispiel Bügeleisen, durften oder konnten nicht angeschlossen werden. Die Drähte hingen bedrohlich an der Mauer, an der Decke. Aber was tat es? Niemand kontrollierte die Anlage und beanstandete solche – heute undenkbare – Schlampereien.

Herr Dickbauer, der Obmann dieser Lichtgenossenschaft, war ein strenger und genauer Verwalter und Aufseher. Während des Zweiten Weltkrieges wurde ein Radio angeschafft. Natürlich mit Batterie und Akku. Nach dem Zweiten Weltkrieg wurde das Werkl aufgelassen. Eine neue Freileitung wurde gebaut, im Hause alles neu unter Putz verlegt. Die OKA war der neue Herr. Neben Lichtstrom wurde der Kraftstrom eingeleitet. Das war für viele Arbeiten eine Wohltat. Zuerst mußte man mühsam vom Brunnen das „Naß" in Küche und Stall pumpen. Das war Schwerarbeit. Im Sommer mußten die Kinder Wasser pumpen. Oft wurde darauf vergessen, und es gab nachher Hiebe. Nun wurde der Brunnen mit Elektromotor betrieben, und eine unliebsame Arbeit fiel weg.

So war es auch mit der Jauche. Mühsam mußte zuvor die Jauche ins Faß gepumpt werden. Wer keine Pumpe hatte, mußte schöpfen. Nun war in einigen Minuten das große Faß voll, mittels Elektromotor. Unser alter Ahnl war nun gänzlich erblindet und kam mit den Erneuerungen nicht mehr mit. Wenn Vater erzählte, in wie wenigen Minuten das Faß voll ist, glaubte er es nicht. Das ging über seinen Horizont, und er tat dies als arge Übertreibung ab.

Manche Bauern, die mit ihrem Hof an einem Gerinne waren, hatten zusammen ein eigenes kleines Kraftwerk. Der Spannerbauer staute zu diesem Zweck den Bach auf und baute eine Turbine ein. Aber bei anhaltender Trokkenheit versiegte das Bächlein, und so konnte nicht immer Strom erzeugt werden. Es lieferte nicht nur Lichtstrom, dieses kleine Werkl, auch sollte mit dieser Kraft die Futterschneidemaschine betrieben werden, und da reichte oft der Strom nicht aus.

Beim Weinmeister stand ein großes Windrad. Dies lieferte die Kraft zum Futterschneiden und für ähnliche Arbeiten. Aber es gab auch windstille Zeiten, wo sich kein Lüftchen rührte, und da stand das Windrad still. Wenn aber der kalte böhmische Wind über die Anhöhe beim Weinmeister blies, drehte sich hurtig das Rad. Die alten Leute sagten: „Es waht der kalte Aasnwind (Ostwind) übers Land."

Wieder andere Bauern hatten einen Göpel. Der wurde mittels Pferden oder Ochsen betätigt. Stundenlang mußten die Tiere im Kreis gehen. Oberhalb, am Heuboden, wurde damit mittels Treibriemen die Futterschneidemaschine betrieben. Auch bei meinem Geburtshaus stand so ein Unding zum Gebrauch in der Göpelhütte.

Wo kein solcher Behelf vorhanden war, mußten die Leute mit Muskelkraft das große Schwungrad der Futterschneidemaschine an einer Stange drehen. Das war eine staubige und schwere Arbeit. Und im Winter die Kälte dazu! Einst wurde für alle Tiere das Futter kurz geschnitten vorgegeben. Genauso war es eine Schwerarbeit bei der Obstmühle. Heute sind die alten Steinmühlen ausrangiert.

Für die Frauen gab es in meiner Jugendzeit auf dem Land Nähkurse. Ich habe da ein Lichtbild von solch einer Gruppe Teilnehmerinnen aus dem Jahr 1933. Handnähmaschinen und Tretmaschinen hielten auch in den Bauernhäusern ihren Einzug. Man war bedacht, daß die Töchter im Nähen unterrichtet wurden. So erlernten sie, einfache Kleidung für den täglichen Gebrauch selbst anzufertigen. Die „Naherinnen" waren zuvor durchwegs mit einer Handnähmaschine zu ihren Kunden, zur Stör, unterwegs. Wer dachte in jener Zeit an eine Elektro-Nähmaschine? Das hätte man als Hirngespinst abgetan.

Als ich zur Schule ging, mußte ich oft in den Hauptort Pettenbach einkaufen gehen. Der Ort hatte schon lange elektrisches Licht. So erblickte ich eines Tages ein kleines Plakat mit der Aufschrift: „Koche elektrisch!" Ungläubig staunte ich über diese ominöse Ankündigung. Es war die erste Werbung für Elektrogeräte in jener Zeit. Uns Landbewohnern, die noch nicht an das Lichtnetz angeschlossen waren, erschien dies als eine Utopie, mit der man nichts anzufangen wußte.

Auch erinnere ich mich an die erste Werbung für Waschmittel. Es war dies ebenfalls um 1930, als man ankündigte: „Wasche Wäsche, ohne zu waschen!" Da war auf dem Plakat ein Holzbottich mit eingeweichter Schmutzwäsche abgebildet. Links oben leuchtete der Mond mit freudigem Lächeln herab. Rechts entstiegen der Schmutzwäsche zwei kohlschwarze Raben und flogen davon. Darunter stand in großer Schrift: „Der Schmutz fliegt nur so heraus. Schicht-Radion wäscht allein." Ich habe aber nie erlebt, daß vom Einweichen der Wäsche über Nacht der Schmutz einfach entschwindet. So hat man gleich zu Anfang der Waschmittelwerbung kräftig übertrieben.

Man mußte weiter die Wäsche bürsten und rumpeln, um sie sauberzubekommen. In den Bürgerhäusern hatte man Zugehfrauen für den Waschtag. Viele Frauen waren froh über den kargen Zuverdienst in jener Zeit. Zum Schwemmen ging man zum Teich, wenn einer vorhanden war. Bei meiner Mutter fuhren wir mit der großen Wäsche mittels Radlbock zum Almkanal. Dort waren Standplätze für die Wäscherinnen vorhanden. In Pettenbach war der Pettenbach, der dem Ort den Namen gab, im Ort aufgestaut. Ein großes Becken und ein dazugehöriges Waschhaus dienten den Frauen zum Wäscheschwemmen. Da war noch während meiner Schulzeit ein geschäftiges Treiben. Damals wurde die Wäsche noch mit dem „Waschploi" geklopft. Das ging schön im Takt, wie beim Dreschen, und man hörte es weithin.

Erst als ich zum erstenmal ins Welser Krankenhaus kam, sah ich die ersten richtigen rotierenden Waschmaschinen, die man damals schon für das Gewerbe baute. Das war um 1935. Es waren das einst noch keine vollautomatischen Maschinen. Nach dem Spülen mußten sie gekippt und entleert werden. Hernach fuhr man die Wäsche mittels einer fahrbaren Wanne zur elektrischen Zentrifuge. Diese mußte händisch gefüllt werden, was nicht immer paßte, wenn das Gewicht der Wäsche nicht richtig verteilt war.

An eine richtig funktionierende Waschmaschine für den Haushalt dachte man damals noch nicht. Man baute eine Menge Behelfsmaschinen. Trommelmaschinen für den Haushalt baute man erst ab zirka 1950. So hielt nach und nach die Elektrowaschmaschine ihren Einzug in die Haushalte, sehr zur Erleichterung der Hausfrauen.

Als nach der Jahrhundertwende das Fahrrad seinen Einzug hielt, wurden diese Vehikel mit Karbidlampen ausgerüstet. Das Karbid wurde angeblich aus dem Erz, den Rückständen der Aluminiumerzeugung, gewonnen. Es ist dies ein graues, brockenartiges Zeug, das den

Steinen ähnlich ist. Die Bergleute verwendeten das Karbid viele Jahre zur Beleuchtung ihrer Grubenlampen. Die Bedienung war nicht so einfach. Und so war dies immer nur Männersache. Die Frauen hatten ja noch lange Zeit keine Fahrräder. Diese Errungenschaft war lange Jahre den Männern vorbehalten. Und so bedienten sich auch die Herren der Schöpfung dieser Leuchten, falls sie bei Dunkelheit eine Fahrt in die Umgebung antreten wollten.

Die Beschaffenheit einer solchen Lampe ist wie folgt zu beschreiben: Im Unterteil der Lampe war ein Behälter für das Karbid. Obenauf war ein Wasserbehälter. Sobald mittels eines kleinen Schlauches Wasser nach unten tropfte, entstanden Gase, die einen penetranten Geruch verbreiteten. Hielt man nun ein brennendes Zündholz hin, entflammte das Gas und begann zu brennen. Oft hatten die Burschen einen weiten Weg bis zu ihren Herzallerliebsten. Da tat das Fahrrad schon, versehen mit einer solchen Leuchte, gute Dienste. Zu Fuß waren es oft ein paar Stunden. Wenn auch die Straßen schlecht, staubig und voller Schotter waren: Was tat's, man kam doch eher an das ersehnte Ziel. Oft ging die Fahrt über Berg und Tal, und das Radl mußte viel geschoben werden. Da war so eine Samstagnacht eine wahre Strapaz.

Wie gestalteten sich die Tanzveranstaltungen in der Zeit, als es noch kein elektrisches Licht gab? In den Wirtsstuben und im Saal brannten große Petroleumlampen. Auch sei gesagt, man legte oft keinen sehr großen Wert auf allzu grelle Beleuchtung. Die Musikanten spielten nach dem Gehör. Sie konnten alle Stückln auswendig. Sie kannten und brauchten keine Noten. Es waren lauter Naturtalente. Die Tänzer mit ihren Gstanzln wußten ebenfalls alles auswendig, was sie vorbringen wollten. Tonangebend war der Vortänzer, und alle richteten sich danach. Wer brauchte da schon ein gutes Licht? Etwas Dunkelheit war dem jungen Volk gar nicht so unangenehm. Man sagt nicht umsonst: „Im Dunkeln ist gut munkeln!“

Im Innviertel wurde einst bekanntlich bei Tanzveranstaltungen viel gerauft. Die ärgsten Raufereien gab es meistens bei den großen Hochzeiten. Besonders wenn eines der Brautleute aus einer anderen Gemeinde einheiratete, kam es oft zu Tätlichkeiten. Es kamen von auswärts die Burschen zum Tanz. Sobald ein solcher Eindringling eine dralle Dorfschöne anhimmelte, war das Maß voll. Eine zünftige Rauferei war bald im Gang. Man wartete nur auf das Losschlagen. Oft genügte eine zweideutige Bemerkung, ein schiefer Blick – und das Unheil nahm seinen Lauf. Wie es heißt, waren dabei in gewisser Form auch die Menscher daran beteiligt. Sobald die Kampfhähne aufeinander losgingen, löschten die Dirndln die Lampen aus. Ganz radikale Weiber schlugen sogar die Lampen herunter. So wurde es im Saal dunkel, und kaum wer konnte sagen, auf wen er eindrosch.

Die Mägde hatten einst als Stallbeleuchtung ein kleines Öllicht, das wenig Licht spendete. Dieses armselige Lichtlein beleuchtete nur die nächste Umgebung. Das Vieh, das weiter weg seinen Stand hatte, konnten die Mägde nur erahnen. Da mußten sie im Finstern tappen. Meine Ziehmutter erzählte mir, wie sie als Magd bei so einem schlechten Licht in den frühen Morgenstunden Kartoffeln und Getreidesäcke ausbessern mußte. Dabei überkam oft der Schlaf die Mägde, und sie nickten bei ihrer Arbeit ein. Als meine Ziehmutter später eine kleine Wirtschaft ihr eigen nannte, mußte sie während des Ersten Weltkrieges Milch abliefern. Da sie kaum Petroleum zugeteilt erhielt, war ihr dies in den langen, dunklen Wintermonaten kaum möglich. So wetterte sie auf der Gemeinde und beklagte sich bitter. Sie sagte, wenn sie keine Zuteilung an Petroleum bekäme, könne sie nicht liefern.

Ich erinnere mich, wie meine Ziehmutter zum Nähen auf der Tischplatte gesessen ist, nicht auf der Bank. Der Grund war, weil von dieser Stelle der Lichteinfall vom kleinen Fenster her besser war als auf der Bank. Sie hatte auch keine Lesebrille. Ihr Mann hingegen besaß so ein kostbares Stück. Nicht jeder alte Mensch konnte sich

damals eine Brille leisten. Ich mußte bei ihr als junges
Ding sehr früh aus den Federn, um die Stallarbeit zu
verrichten. Wenn ihr alter Vater zu Besuch da war,
ärgerte er sich gar sehr über das frühe Aufstehen in den
langen Wintermonaten. Er meinte, es sei schade um das
Petroleum, wegen der paar Kühe so früh aufzustehen.
Das war sehr vernünftig von dem alten Bauern, aber seine
Tochter ließ sich da nichts dreinreden. So wie man einst
mit ihr bei den Bauern verfahren war, so handelte sie nun
auf ihrer kleinen Wirtschaft.

Wie beschwerlich war doch damals der Haushalt! Wir
hatten ein schweres Schneiderbügeleisen, das auf der
Herdplatte erhitzt wurde. Weiters ein Messingbügeleisen,
wovon man den Stagel in der Glut erhitzen mußte. Als ich
schon aus der Schule war, kaufte ich ein Kohlebügeleisen.
Dieses Stück ist noch heute als Andenken an jene
beschwerliche Zeit in meinem Besitz. In der Stube hatten
wir eine Petroleumlampe und für den Stall einen Öltegel.
Natürlich war immer ein Kerzenleuchter zur Hand.
Damit ging man sogar auf den Heuboden. Mich wundert
es heute noch, daß das Haus nie abbrannte ob dieser
waghalsigen Handlungen. Größere Bauern hatten wohl
eine feuersichere Sturmlaterne. Beim Maschindreschen
taten solche Lampen ihren Dienst. Wir hatten lediglich
eine kleine Laterne mit einer Kerze, um bei Dunkelheit
außer Haus gehen zu können. Meine Zieheltern erlebten
auf dem Land den Lichtanschluß nicht mehr.

Als Schülerin – und auch nachher – besuchte ich im
Vaterhaus öfters die alte Großmutter. Im hohen Alter
verfertigte sie noch große Strickarbeiten wie Westen und
Pullover. Auch ich hatte meistens eine Handarbeit bei mir.
Wenn die Dunkelheit hereinbrach, sagte die Großmutter
immer: „Jetzt machen wir eine Weile Schluß. Halten wir
Schneiderfei(r)!" Es sollte wohl Schneiderfeier geheißen
haben. Bei den Bauern werden die Schneider und Nahterinnen auf der Stör abends ums Dunkelwerden eine Zeit
die Arbeit hingelegt haben, um das kostbare Licht zu
sparen. Stricken konnten die Frauen auch, ohne lang

hinzuschauen. Bei einfachen Strümpfen und Socken war das Licht nicht so wichtig.

Die Kerze war bis vor einigen Jahrzehnten in den Wohnungen, auf den Bauernhöfen und auch in der Kirche ein wichtiger Bestandteil. In den Wohnungen und Bauernhöfen verwendete man zum täglichen Gebrauch die billige, maschingefertigte Stearinkerze. Man steckte sie meist in einen aus Draht gedrehten Leuchter, wo man je nach Bedarf die Kerze hinunter- und hinaufdrehen konnte. Auch ein Henkel als Aufhängevorrichtung war vorhanden.

Mit dieser Leuchte ging man in den Keller, die Kammern und auch in die Ställe. Wenn nachts eine Kuh zum Kalben war, ging die Magd mit dem Kerzenlicht nachschauen. Die Futtererbuben zündeten dieses Licht an, wenn sie im Ochsen- oder Pferdestall dem Vieh Futter nachreichen mußten. Dabei mußte sparsam mit den Zündern umgegangen werden. Es wurde nicht gern gesehen, wenn nicht gleich das erste Zündholz die Kerze entflammte, und oft gab es deswegen eine Rüge. So sparsam war man in dieser Zeit. Einst hatte man große Packungen Schwefelhölzl. Diese konnte man an der Mauer entzünden, wenn man daran herunterstrich. Erst später kamen die kleinen Zündholzschachteln auf und verdrängten die großen Schwefelhölzl ganz.

Beim Brotbacken, beim „Einschiaßn" der Laibe, wurde in den Backofen eine Kerze hineingestellt, um bei dieser Arbeit etwas Licht zu haben. Das Brot mußte ja rasch, fein säuberlich in den heißen Ofen mit der Brotschüssel eingebracht werden.

Sittenstrenge Bäuerinnen gingen mit der Kerze in der Hand bei Nacht in die Mägdekammer, um nachzusehen, ob nicht etwa die Mägde Liebhaber bei sich haben. Dies soll ja auch öfter vorgekommen sein. Meine Taufgodl war über solche Einmengung in die privaten Dinge sehr erbost. Als sich die Bäuerin mit der Kerze in der Hand ihrem Bett näherte, hatte sie eine Mordswut im Bauch. Sie nahm sich vor, falls die Bäuerin ihr unter die Tuchent schauen wolle, schlage sie ihr zuvor die Kerze aus der Hand. Das hätte die resche Resl, so wie ich sie kannte, auch getan. Aber die Hausfrau ging, nachdem sie den Raum inspiziert hatte, wieder hinaus.

An den Samstagen wurde abends der Rosenkranz gebetet. Da wurde die Petroleumlampe zurückgedreht. Auf dem Tisch wurde eine geweihte Wachskerze angezündet.

Die Wachszieher hatten einst viel zu tun. Das war ein gar wichtiges Gewerbe. Meist war es verbunden mit Lebzelterei. Heute gibt es nur noch ganz selten einen kleinen Betrieb, wo die Wachsstöcke nach alter Form erzeugt werden.

Hingegen sind schöne, geformte und verzierte Kerzen wieder hoch im Kurs. Sie sind ein beliebter Geschenkartikel geworden und werden als Zierde in den Wohnungen aufgestellt.

Im Leben der Menschen, verbunden mit der Kirche, hatte die Kerze eine große Bedeutung. Da waren die vielen Wallfahrtsorte, wo die Wachskerzen und Wachsstöcke zum Verkauf angeboten wurden. Es gab da wunderbare Gebilde aus Wachs mit herrlichen Verzierungen, die man als Andenken behielt oder als Geschenk weitergab. Solch kunstvolle Wachsarbeiten haben heute einen Seltenheitswert und werden auf den Kunstversteigerungen in den Antiquitätengeschäften teuer verkauft. Ich habe selber ein paar solche schöne Sachen als Erbe bekommen: ein Hufeisen, ein Gebetbuch, das man öffnen und als Schmuckkassette verwenden kann. Da gab es turmartige, hohe Gebilde mit vielen zarten Dingen darauf. Die einfachen Kerzen und Wachsstöcke verwendete man im Haus und als Weihegeschenk an die Kirche.

Zu Maria Lichtmeß wurden in den Heimatkirchen die Kerzen zur Weihe gebracht. In jedem Haus gab es zu verschiedenen Anlässen bestimmte Kerzen.

Da war die Wetterkerze, die in meiner Heimat vielfach aus rotem Wachs gegossen war. Diese schmucklose Kerze wurde bei schweren Gewittern angezündet. Dazu wurden gewisse Gebete verrichtet. Ich erinnere mich gut, wie meine Firmpatin vor dem Haus aus dem Gebetbuch, das sie einst von ihrer Mutter übernahm, um Schutz vor Ungewitter betete. Dabei bekreuzigte sie sich nach allen vier Himmelsrichtungen.

In den Kirchen wurde am Blasiustag nach dem Gottesdienst der Blasiussegen erteilt. Zwei gekreuzte, brennende Kerzen hielt man vor den Knienden, und der Priester sprach ein Schutzgebet. Es lautete: „Durch die Fürbitte des heiligen Blasius bewahre dich der Herr vor allen Halsübeln!" Es heißt, dieser Heilige soll an einer Fischgräte erstickt sein. Darum wurde er gegen Halsleiden angerufen und um seine Fürbitte bei Gott angefleht.

Man ging gerne in der Vorweihnachtszeit zur Rorate in die Kirche. Um im Gebetbuch in dieser dunklen Jahreszeit etwas lesen zu können, stellte man ein bescheidenes Lichtlein vor sich auf das Betpult. Einen Wachsstock stellte man einfach hin. Hingegen mußte man bei einem Kerzerl etwas heißes, flüssiges Wachs auf die Bank träufeln lassen, um das Lichtlein aufkleben zu können. Die alten Kirchenbänke sind deswegen voller Brandflekken und Wachs. So war es auch bei der Christmette. Alles voller Kerzenlicht am Altar und in den Bänken! Wenn eine dunkle Nacht war, benützte man zum Mettengang die Laternen mit einer Kerze. Da besprach man es schon lange vorher, ob diesmal eine dunkle oder eine helle Mettennacht sein werde. Bei einer Mondscheinnacht blieben die Laternen daheim.

Als die Christbäume auch auf dem Land ihren Einzug hielten, gab es noch keine Kerzenhalter. So klebte man mühsam mit heißem Wachs die Kerzerln an den Zweigen an. Wir hatten auch eine schöne Aufhängekrippe in Kastenform. Hinten konnte man ein Öllichterl oder eine Kerze hineingeben, und alles wurde traumhaft beleuchtet. Diese schöne Krippe ist noch in meinem Besitz, und ich schätze sie sehr.

Bereits bei der Taufe wird der Mensch mit der geweihten Kerze in Verbindung gebracht. Die Patin oder

der Pate hält bei dieser feierlichen ersten Handlung die
brennende Kerze stellvertretend in der Hand.

Ich möchte einen alten kirchlichen Brauch anführen,
der bereits in Vergessenheit gerät. Nach der Geburt des
Kindes durfte die Wöchnerin zuerst nicht außer Haus
gehen. Sie durfte nicht den grünen Rasen betreten, bevor
sie nicht vom Priester „gesegnet" wurde. Nach einer
Woche, wenn die junge Mutter wieder bei Kräften war,
ging sie zum Sonntagsgottesdienst. In der Sakristei gab
man ihr eine brennende Kerze in die Hand. An der
anderen Hand führte sie der Priester hin zum Hochaltar,
wo er ein Segensgebet sprach. Das war eine alte Reini-
gungsgeste der Kirche. Man nannte dies das „Vürage-
hen".

Zu bemerken ist, diese Segnung wurde nur den verhei-
rateten Frauen zuteil. Ledigen Müttern mit ihren unehe-
lich geborenen Kindern, die es immer gab, wurde diese
Segnung nicht zuteil. Weiters ist anzuführen, daß mit
diesem Brauch viel Aberglauben verbunden war. Wenn
man eine Frau ertappte, wie sie vor der Segnung außer
Haus ging, bezichtigte man sie der bösen Unwetter. Wenn
da ein schweres Gewitter niederging oder gar Hagel-
schlag die Ernte vernichtete, gab man dieser Frau die
Schuld an solchen Naturereignissen. Die Geistlichkeit
war wohl sehr ungehalten über solch abergläubische
Ansichten und Vorurteile.

Die Osterkerze in der Kirche war schon immer in
Gebrauch und ist es heute noch.

Bei der Erstkommunion gab es in alter Zeit, wie auch
noch heute, die brennende Kerze in der Hand des
heranwachsenden Kindes. Kerzenspenden in den Kirchen
sind auch heute noch gebräuchlich. Zu Ehren der Mutter-
gottes werden vor ihrem Standbild Kerzen angezündet.
Dies auch bei Statuen gewisser Bauernheiliger, die man
auch heute noch verehrt. Das gilt für die Heiligen Florian,
Sebastian und Leonhard. Diese rief man zu jeder Zeit um
Schutz und Hilfe an und brachte ihnen Kerzenopfer dar.
So findet man heute noch in den Kirchen eiserne Gestelle,

wo man die Kerzen aufstecken und ohne Gefahr abbrennen kann.

Eine Totenkerze war einst in den Häusern aufbewahrt. In meiner Heimat war es durchwegs eine dunkle, oft schwarze, einfache Wachskerze. Da einst die Hausleute daheim verstarben, drückte man dem Sterbenden die Sterbekerze mit Rosenkranz in die gefalteten Hände. Beim Licht der Totenkerze verrichteten die Hausleute Gebete.

Da wird eine makabre Erzählung überliefert. Eine Frau konnte es nicht erwarten, den letzten Schnaufer ihres Mannes zu erleben, dessen Ende sich verzögerte. So meinte sie resigniert zu den anwesenden Leuten: „Die Zeit vergeht, das Licht brennt – und der Mann stirbt nicht." So kann es gehn, wenn das Lebenslicht nicht und nicht erlöschen will.

Auch bei den Begräbnissen hatten die Teilnehmer während des Seelengottesdienstes vor sich auf der Kirchenbank eine brennende Kerze. Zu Allerheiligen brannten immer Lichter auf den Gräbern. Dieser Brauch besteht heute noch, wohingegen andere Bräuche nicht mehr gepflogen werden.

Ottilie Schwab

wurde 1903 in Immstetten in Bayern geboren. Sie berichtet über die Einleitung des elektrischen Stroms in ihrem Wohnort Großtiefenbach bei Grafling in Bayern nach dem Zweiten Weltkrieg.

Man schrieb das Jahr 1948, als das Dorf Großtiefenbach das elektrische Licht bekam. Ich freute mich schon sehr, ja, wie müßte das alles praktisch sein. Ich ging zum Bahnmeister und bat ihn recht herzlich, er möchte uns das Licht einrichten lassen. Aber mein Bitten war vergebens. Das Bahnhäusl stand auf einem Hügel, also ein paar hundert Meter oberhalb des Dorfes. Wir brauchten noch ein paar Masten bis zu dem Häusl. Aber der Bahnmeister sagte: „Die Bahn hat kein Geld!" Wir sollten es selber bezahlen.

Wir konnten es uns nicht leisten, wir hatten auch nicht soviel Geld. Wenn ich abends ins Dorf hinunterschaute: Alles war so hell, wenn überall die Hoflampen brannten. Manchmal hatte ich einen argen Zorn auf den Bahnmeister. Und als der Herbst 1949 kam, faßte ich nochmals Mut und ging wieder zum Bahnmeister. Ich bat ihn nochmals recht herzlich, er möchte uns das Licht einrichten lassen. Er sagte mir, wenn noch Geld übrig wäre, dann bekämen wir das Licht.

Und wirklich, Anfang Dezember kamen zwei Elektriker-Männer, und wir bekamen das Licht noch vor Weihnachten. Ich war überglücklich, und auch die Kinder freuten sich sehr. Wenn ich abends in den Stall ging zum

243

Füttern, wie schön war das, die Hoflampe brannte so hell! Ich brauchte keine Laterne mehr. Ich konnte in das Waschhaus und in den Stadel gehen und auch in das Holzlager. Alles war hell erleuchtet. Auch im Stall hatten wir das Licht, und im Haus auch in jedem Zimmer. Die Kinder konnten jetzt auch abends lernen und die Hausaufgaben machen. Ich konnte dann auch stricken und flicken.

Zu Weihnachten 1950 kauften mir der Alfred und der Willi ein elektrisches Bügeleisen. Wie freute ich mich, wie schnell ging dann das Bügeln gegenüber dem Kohlenbügeleisen. Und wir brauchten kein Öl mehr heimzutragen, kein Karbid und keine Kerzen mehr. Es war einfach alles viel praktischer. Das Karbidlicht hat oft nicht funktioniert und das Öllicht gestunken, und das alles war vorbei.

Nun hätte ich gerne einen Kühlschrank gehabt, in jedem Haus hatte man schon einen Kühlschrank und einen Gefrierschrank. Ja, wie mußte das praktisch sein! Aber mein Mann wollte nichts hören. Da kam einmal ein Elektrikermeister, und ich sagte ihm, daß ich so gerne einen Kühlschrank möchte. Aber mein Mann hörte nicht auf mich. Aber dieser Mann verstand es, und er brachte es fertig, daß ich einen Kühlschrank bekam. Ich wollte auch gerne einen Gefrierschrank, aber mein Mann wollte nicht, und also bekam ich halt keinen. Als dann mein Mann 1978 starb, kaufte ich mir auch einen Gefrierschrank. Und wie praktisch ist so ein Gefrierschrank; man kann sich ja viel Gemüse einfrieren. Mein Sohn Willi, bei dem ich wohne, hat einen großen Gemüsegarten, und dadurch fällt auch für mich immer etwas ab: gelbe Rüben, Bohnen, Porree, Petersilie, alles kann man einfrieren. Und wie gut es dann im Winter ist, wenn man nur zum Gefrierschrank gehen und alles rausnehmen kann, was man braucht. Ich habe heute wieder Bohnensalat gegessen und gestern gelbes Rübengemüse vom Gefrierschrank. Wie praktisch, wenn man auch im Winter selber Gemüse hat, weil im Winter alles so teuer ist. Ich denke oft an die Männer, die das erfunden haben, wie gescheit müssen die gewesen sein.

Grete Loipl

wurde 1924 in Weichsberg bei Aigen in Oberösterreich geboren. Als sie 1939 eine Lehre als Damenschneiderin begann, gab es wohl an ihrem Arbeitsplatz, nicht aber in ihrem außerhalb des Ortes gelegenen Wohnhaus elektrisches Licht.

Auf dem Land kam die Elektrizität ja allmählich, es machte keinen Knall. Als ich meine Lehre im Jahr 1939 als Schneiderin anfing, da gab es dort im Ort schon Licht aus der Steckdose, also auch das elektrische Bügeleisen. Aber daheim – ich wohnte etwas außerhalb des Ortes –, da gab es noch keinen Strom, und die Petroleumlampe verrichtete noch ihren Dienst. Das Stagelbügeleisen wurde noch in der Ofenglut erhitzt.

Erst 1947 bekamen wir den Strom eingeleitet, aber sehr viel änderte sich auch damit nicht. Es wurde nicht sehr viel heller, weil die kleinste Glühbirne gekauft wurde, eine „Fünfundzwanziger", und im Jahr 1948 kam ein kleines Bügeleisen; aber man mußte noch immer sparen, und so stellte man das Stagelbügeleisen („Stachelbügeleisen") noch immer nicht ganz weg, sondern für kleine Sachen zwischendurch wurde es am Ofen erwärmt.

1948 zogen wir in Stadtnähe und bauten uns dort erst ein kleines Holzhaus, da wurde der Strom natürlich eingeleitet. Ein kleines Radio hatten wir uns inzwischen auch gekauft, der Wohlstand fing langsam zu wachsen an.

1950 heiratete ich. Unser erster Sohn wurde geboren. Eine Waschmaschine gab's noch nicht. Die Windeln waren ja auch noch keine richtigen Windeln, sondern aus alter Wäsche gerissene Tücher. Sie waren wohl gar nicht saugfähig, aber das Kind ist groß geworden in einer Zeit, wo der Wohlstand erst winkte und das Bescheidensein uns nichts ausmachte. Da konnte man sehr glücklich sein. Die Glühbirne wurde aber schon etwas stärker – eine Vierzigerbirne. Das Stachelbügeleisen vergaß man.

Das richtige Haus wurde etwa 1954 fertig, wir zogen ein. Da kam nun der Elektroherd in Sicht. Erst hatten wir noch den „Tischherd" in Betrieb und die alten Möbel; der Hausbau verzehrte noch alles. Aber allmählich kam ein Teil der alten Kindermöbel weg, auch der Herd.

Die Stromrechnung schaute nun schon etwas anders aus. Ins Bad kam ein „Boiler" hinein, da gab's nun einen rapiden Anstieg, aber wir hatten nun Warmwasser im Haus; es war etwa das Jahr 1960. Wir hatten nun zwei Söhne; der zweite, geboren 1958, hatte schon richtige Windeln und viel mehr Babywäsche. Er wuchs in den Wohlstand hinein. Die Waschmaschine kam, und auch der Kühlschrank war da.

Hatte der erste Bub noch Zeit, sich im Freien zu tummeln und zu spielen bis in die Nacht hinein, so hatte der zweite es schon schwerer. Aber er hatte ein kleines Radio, ein tragbares, und die Beatle-Musik dröhnte ihm die Ohren voll. Es kamen nun die siebziger Jahre, und der Wohlstand stieg und stieg. Hat es mit der Elektrizität angefangen? Oder war es umgekehrt? Ich weiß es nicht mehr. Erst war es das Fernsehen, das uns faszinierte, sodaß wir verlernten, miteinander zu reden – bis wir uns nichts mehr zu sagen hatten. Die Kinder von heute sitzen nun auch vor diesen furchtbaren Computer-Geräten und vergessen, wie die Blumen aussehen.

Dann denk' ich auch oft: „Vielleicht können wir Menschen nicht umgehen mit all dem Guten, das die Elektrizität uns gebracht hat, weil wir nicht Maß halten konnten im Wohlstand."

Mein erster Sohn kannte noch weniger Wohlstand, er ist seit ein paar Jahren Arzt. Der zweite kannte nur den

Wohlstand, hat auch studiert, aber ohne Abschluß und ist heute ein halber Aussteiger. Es ist, wie wenn man zuviel ißt und nicht mehr aufhören kann, weil man's ja hat. Ich weiß nicht, ob Sie mich verstehen und was all dies mit Elektrizität zu tun haben soll.

Und doch sind wir selber eines dieser „Geräte" geworden, an denen nur die Leistung zählt. Zu sagen hat man sich nichts mehr. Die vierzig Jahre Wachstum waren zu rasant. Ist mal ein Stromausfall, bricht alles zusammen. Strom und Auto sind unsere Gebieter.

Martha Willinger

wurde 1928 in Wien geboren. Ihre Wohngegend, in der Leopoldau im einundzwanzigsten Wiener Gemeindebezirk, erhielt erst nach dem Zweiten Weltkrieg endgültig das elektrische Licht.

Als man noch nicht aufs Knöpfchen drückte ... Wie schnell gewöhnt sich doch der Mensch an das Angenehme und Bequeme! Und wie gedankenlos drückt er heutzutage auf Knöpfchen, Hebel und Schalter, um sich die Welt ins Haus zu holen via Fernsehapparat und Rundfunkgerät. Mit Tonbandgerät und Videorecorder macht er sich sein eigenes Programm. Oder er erleichtert sich das Leben durch Wasch- und Geschirrspülmaschine, durch den Druck auf das Knöpfchen. Oder er setzt das Grillgerät und den Toaster in Betrieb, um für sich und seine Lieben Köstlichkeiten zu zelebrieren. Und wenn man abends die Stehlampe, den Luster oder etwas später die Nachtkästchenleuchte anknipst, um sich ein gutes Buch unter die Nase zu halten, denkt kein Mensch daran, daß dies einmal anders war – und das nicht einmal vor gar so langer Zeit. Sind die Zeiten des Kienspans und der Fackel längst dahin, abgelöst von Kerzen und Gasleuchten, so kann ich mich noch sehr gut an den Laternenanzünder in der Leopoldau, im einundzwanzigsten Wiener Gemeindebezirk, erinnern, wie er von Laterne zu Laterne schritt und sie „schneuzte" und entzündete.

Noch besser kann ich mich erinnern, wie unsere Familie bei der Petroleumlampe saß: Mutter flickend oder handarbeitend, da sie dazuverdienen mußte, Vater lesend oder auch heimwerkend, und ich machte die Aufgabe. Wir waren so vertieft dabei, daß wir es anfänglich gar nicht merkten, wie das Licht immer kleiner und kleiner wurde, weil der Sauerstoff im Zimmer ausging. Während Vater dann die Tür aufmachte, nahm die Mutter die Schere, drehte den Docht im „Mond" der Petroleumlampe hinunter, um den verrußten Docht zu „schneuzen". Die Lampe, solchermaßen erneuert, brannte dann wieder einige Zeit hell – nur der verrußte Gestank blieb noch einige Zeit im Raum haften. Solcherart mußten wir oft „die Augen in die Hand nehmen", um etwas zu sehen. Und es nimmt wunder, daß wir alle noch bis ins Alter hinein halbwegs gut sahen und nicht frühzeitig Brillen benötigten.

Vielbewundert und vielbeneidet waren die Besitzer der weißbrennenden Karbidlampen. Das Licht war bedeutend heller als das der Petroleumlampen; doch das Karbid stank auch mehr. Und weil man so viel von Explosionen beim Anzünden hörte, kam uns keine Karbidlampe ins Haus. Lediglich Vater montierte sich kurze Zeit eine solche aufs Fahrrad, eine sogenannte „Sturmlampe" – aber wir hatten alle kein gutes Gefühl dabei, wenn wir wußten, Vater war mit solch einer „Stinkadores" unterwegs. Wir atmeten allemal auf, wenn er wohlbehalten von seinen Ausfahrten nach Hause kam.

Ebenso bewundert und beneidet wurde unsere Nachbarin gegenüber. Denn sie besaß einen Volksempfänger, natürlich nur mit Akkumulatorenversorgung. Da konnte man gute, schöne Musik hören, ohne sich in ein Konzerthaus bemühen zu müssen, was damals unerschwinglich war. Die Eltern meiner Freundin Grete besaßen lediglich einen Detektor, selbst um den wurde sie beneidet. Dabei war es ein mühseliges Unterfangen, mit dem meist drückenden Kopfhörer bewaffnet und mit dem Stift auf einem Silberkristallstein suchend, oft nur krächzende Töne ins Ohr zu bekommen. Dennoch war man mit dieser Art „Unterhaltung" und „Musikgenuß" zufrieden.

Endlich den Krieg überstanden, landeten wir – noch immer – bei den Petroleumlampen. Und das, obwohl wir in der Stadtrandsiedlung Leopoldau – heute die Großfeldsiedlung mit Hochhäusern –, seit ich geboren war und denken kann, zum einundzwanzigsten Bezirk in Wien gehörten.

Als sich die Lage normalisierte, wurden eines Tages den Straßen entlang hohe Holzmasten aufgestellt. Mit Freude, Bewunderung und in Erwartung schauten wir daran hoch. Und als sich die Drähte spannten und Techniker und Elektriker wie Heuschrecken in die Häuser einfielen, wußten wir: Es ist soweit, wir bekommen – endlich, endlich! – elektrisches Licht! Mit wieviel Freude und Stolz ging man hübsche Luster und Leuchten, Sofitten, Lampen, Ampeln und – einen Radioapparat einkaufen! Alsbald prangte in jedem Raum ein Luster, und wenn man auf Schalter oder Knöpfchen drückte, erstrahlte jedes Zimmer in hellem Licht! „Ade!" „gute alte Zeit" mit ihren Petroleum- und Karbidlampen. „Ade!" alte, romantische Gaslaterne! Die Straßen wurden mit Neonlichtern beleuchtet, und eine neue Ära brach an. Man konnte Knopf und Knöpfchen drücken, Waschmaschinen anschließen, Geschirrspüler betätigen, Hühnchen am Grill machen, Brote toasten, Staubsauger und Rasierapparat, Mixer und Rührboy in Betrieb nehmen und Eiskästen und Gefriertruhen einstellen. Zum Fernsehapparat gesellten sich bald der Kopierapparat und der Computer, und, wohin man schaut, Knöpfchen, Knöpfchen und Schalter auf Schalter. Elektrisches Licht und Strom hatten die Welt erobert, und Petroleumlampen werden nur mehr hervorgeholt, wenn Stromstörung ist. Und Kerzen erhellen nur mehr Festtafeln, Altäre oder das Grablaternchen an der Endstation unseres Lebens . . .

Margarete Brix

wurde 1936 auf einem Bergbauernhof bei Kitzbühel in Tirol geboren. Im Jänner 1946 wurde auch ihr heimatlicher Hof an das Stromnetz der Umgebung angeschlossen.

Ich kann mich noch gut daran erinnern, als wir das elektrische Licht bekamen. Da unser Hof fast eine Gehstunde von der Stadt entfernt ist, dauerte es ziemlich lange, bis alle Höfe an den Strom angeschlossen waren. Es war jedenfalls nach dem Zweiten Weltkrieg, und ich ging noch zur Schule, die ich einmal einen Nachmittag schwänzte, weil ich so eifrig bei der Arbeit war und bei der Herstellung der Blechklammern half.

Alle Bauern, die den Strom bekamen, mußten sich an der Arbeit beteiligen. Da die einzelnen Höfe oft weit auseinander liegen und teilweise steiles, mooriges oder bewaldetes Gelände vorliegt, waren die Grabungsarbeiten für die Masten sehr mühsam, mußte doch alles mit der Hand gegraben werden. Einige Leute waren von der Gemeinde beziehungsweise vom E-Werk; diese mußten von den verschiedenen Bauern verköstigt werden. Das Essen war nicht überall zufriedenstellend, oft auch zu knapp, denn die Arbeit war schwer und die Männer sehr hungrig. Bei schlechtem Wetter kamen sie schmutzig und durchnäßt nach Hause. Es war zeitig im Frühjahr, bevor die Arbeit auf den Feldern begann, und daher oft noch kalt.

Bei einem Nachbarn war das Essen immer knapp, und die Männer wollten lieber bei uns essen, da meine Mutter sehr gut und schmackhaft kochte, obwohl wir eine sehr große Familie waren und überall gespart werden mußte. Aber wer selbst nicht soviel hat, der hat doch für andere mehr übrig.

Als die Masten gesetzt und montiert waren, ging es an die Installationen im Haus. Sie waren für heutige Verhältnisse natürlich sehr primitiv, um nicht zu sagen gefährlich. Die Kabel wurden alle außen verlegt. Die Bauernhäuser sind bei uns alle aus Holz gewesen, außen und innen. Die Wohnräume waren durchwegs vertäfelt, höchstens die Küche hatte innen einen dünnen Verputz auf Holzwatte. Mit Blechklammern wurden die Kabel befestigt. Die Klammern machten wir, wie erwähnt, selbst. Es wurden Streifen zugeschnitten, gebogen, Löcher gestanzt und mit kleinen Nägeln befestigt. Die Schalter waren plump und schwer und mußten nach rechts gedreht werden.

Als wir das erstemal den Schalter anknipsten, waren wir wie geblendet, so hell erschien uns dieses Licht! Vieles wurde dadurch leichter, besonders die Arbeiten in Küche und Stall. Wir hatten als Beleuchtung bis dahin nur Petroleumlampen und Kerzen gehabt. Die Lampen mußten täglich geputzt werden, da die Zylinder stets rußig wurden, was die Sicht sehr verminderte. Man mußte vorsichtig zu Werke gehen, denn die Glaszylinder brachen sehr leicht. Mit Zeitungspapier und einem Kochlöffel ging es am besten.

Im Stall hatten wir eine Lampe mit einem kleinen Blechschutz auf der Rückseite, und die wurde einfach an einem Nagel an der Wand aufgehängt. Die Sicht war natürlich minimal, man mußte die Arbeit wohl mehr „ergreifen". Wie feuergefährlich es damals war, braucht wohl nicht extra erwähnt zu werden.

In der Küche oder Stube wurde die Lampe ebenfalls an die Wand gehängt oder auf einen umgestürzten Kochtopf oder einen anderen erhöhten Platz gestellt, damit es mehr Licht gab. Unsere Schulaufgaben und Handarbeiten mußten wir möglichst bei Tageslicht machen, aber im

Winter, wenn es früh dunkel wurde, mußten wir auch die Lampen zu Hilfe nehmen. Gespart mußte natürlich auch werden, denn alles war knapp. Vater drehte abends den Docht immer so klein wie möglich, auch wenn er noch die Zeitung las. Ins Schlafzimmer nahmen wir meistens nur Kerzenleuchter, denn so viele Lampen gab es nicht. Da früher hauptsächlich das Tageslicht genützt wurde, ergab es sich von selbst, daß die Menschen früh zu Bett gingen und sehr früh aufstanden. Unser Vater sagte immer: „Früh nieder und früh auf, ist der beste Lebenslauf." Dies wäre auch heute noch gültig, doch ist es heute wohl eher umgekehrt.

Zum Bügeln hatten wir ein großes, schweres Eisen. Der Deckel wurde aufgekippt und mit glühender Holzkohle gefüllt. Natürlich mußte immer wieder neu nachgefüllt werden, denn die Glut kühlte bald ab, dies war eine lange Prozedur. Anfangs war es meist zu heiß, und man mußte aufpassen, daß man die Wäsche nicht versengte. Auch die ersten elektrischen Eisen waren ziemlich schwer und nicht regulierbar. Aber man hatte bald doch ein gleichmäßig heißes Eisen.

Eine Riesenarbeit war auch das Waschen. Im Haus gab es natürlich kein Fließwasser, auch der Brunnentrog für die Viehtränke stand am Fuße des Hügels. Dort stand auch das Waschhaus. Darin befanden sich ein großer, eingemauerter Kessel zum Aufheizen, einige Wannen aus Holz, ebenso Holzschaffeln, Waschtisch und -brett zum Bürsten der Wäsche. Waschmittel waren im und nach dem Krieg schlecht und knapp, so wurde die Wäsche oft noch mit Aschenlauge behandelt.

So ein Waschtag dauerte bis zu drei Tagen, da im Winter oft wegen Wassermangels lange Zeit nicht gewaschen werden konnte. Das Wasser mußte vom Trog ins Waschhaus getragen werden, Eimer für Eimer. Die schweren, leinernen Bettücher und Tischtücher mußten zu zweit ausgewrungen werden, so schwer waren sie. Frisches, neues Leinen wurde noch auf dem Rasen gebleicht. Mehrmals täglich besprühten wir die langen

Streifen auf dem Rasen und wendeten sie mehrmals, bis sie schön weiß wurden. Diese Arbeiten sind den jüngeren Leuten heute wohl alle unbekannt, da eben der Strom die Waschmaschine ermöglichte und heute weitgehend alles maschinell vor sich geht.

Im Haus selbst hatten wir nur Regenwasser, das von den Dachrinnen in ein Bassin geleitet wurde, von wo es mit einem sogenannten „Leierer" heraufgepumpt wurde. Dieser stand in der Küche, und das Wasser war nur für kleine Wäsche, Abwasch und Putzen zu gebrauchen. Trinkwasser mußten wir ebenfalls mit Kannen und Krügen vom Brunnen holen. Im Sommer bei der Feldarbeit holten wir auch Trinkwasser aus einer Quelle im Wald, die ganz besonders gutes Wasser hatte. Durch die Elektrifizierung hat sich alles grundlegend geändert.

War das Leben damals auch mühsamer und mußte körperlich schwerer gearbeitet werden, so waren wir doch zufrieden und schätzten dann jede Erleichterung umso mehr.

Dies sind in großen Zügen die Erinnerungen an die Zeit, als bei uns im Gebirge das elektrische Licht Einzug hielt.

Adolf Katzenbeisser

wurde 1941 in Hörmanns bei Litschau im Waldviertel in Niederösterreich geboren. Die zweite, endgültige Elektrifizierung seines Heimatortes hat er als Schulkind im Jahr 1948 erlebt.
Dieser Bericht ist seinen ausführlichen Lebenserinnerungen, die als Band 10 dieser Reihe erschienen,[1]) entnommen und wurde vom Autor aus Anlaß dieses Sammelbandes um einige Einzelheiten erweitert.

Meine Mutter, 1910 ebenfalls in diesem Haus geboren, war bis vor dem Zweiten Weltkrieg Heimarbeiterin gewesen. Sie hatte Komplettierungen an Strickwaren gemacht und oft bis in die späte Nacht hinein beim Licht einer Petroleumlampe gearbeitet. Nur rund ein Dutzend der Häuser des Ortes bezogen Strom vom privaten E-Werk des Müllers gegenüber von uns; wir waren auch angeschlossen. Diese erste Elektrifizierung hatte um 1920 stattgefunden. Am anderen Dorfende gab es noch zwei solcher „Lichthäuseln", eines gehörte zum Schloß, das zweite versorgte die Gabler-Mühle.
Das Lichthaus des Schlosses war 1923/24 zusammen mit diesem gebaut worden. Einer meiner Onkel hatte damals bei dessen Errichtung als Maurerlehrling im Winter in die 60-Zentimeter-Rohrleitung hineinkriechen und die Fugen mit Zementmörtel verschmieren müssen.

---

1 Adolf Katzenbeisser: Kleiner Puchermann lauf heim . . . Jugend im Waldviertel 1943–1950, Wien 1986

In der Dachkammer dieses rund zweihundert Meter vom
Schloß entfernten, etwa zwanzig Quadratmeter großen,
mit Holzschindeln gedeckten Lichthäusels wohnte eine
Familie, während unter ihr die Turbine surrte. Der
Tabakwaren-Verschleißer hatte über einem Wassergra-
ben neben dem Haus eine Fahrzeug-Lichtmaschine montiert und erhielt so den Strom für seine Beleuchtung.
    Licht wurde erst aufgedreht, wenn es für eine wichtige
Arbeit notwendig war, sonst saß man im Dunkeln. Es
kostete Geld. Zu früh wurde die Turbine ohnehin nicht
angelassen. Oft beobachtete ich in der Dämmerung vom
Stübelfenster aus den Müller bei seinem Gang zum
Lichthäusel. Wenn der Mühlbach, der auch die Turbine
antrieb, zuwenig Wasser führte, gab es keinen Strom.
Kerzen und Petroleumlampen mußten daher ständig
griffbereit sein. Abendliche Ausgänge erforderten Sturmlaternen, wenn es nicht gerade mondhell oder sternenklar
war. Das Reinigen und Warten der vielen Petroleumlampen erforderte viel Zeit und Sorgfalt.
    Petroleumlampen wurden, je nach Dochtstärke,
schlicht als Dreier-, Fünfer-, Achter- und Elfer-Lampen
bezeichnet. Wir verwendeten in den Wohnräumen Fünfer
und Achter. Elfer wurden wegen des großen Verbrauches
selten, höchstens zur Beleuchtung großer Ställe, verwendet. Damit das Licht besser reflektiert wurde, hatten die
Wandlampen einen Spiegel, die Hängelampe über dem
Stübeltisch einen weißen Porzellanschirm, auf den man
sehr heikel war. Vor dem Reinigen und Nachfüllen der
Lampe wurde er sachte abgenommen und an einen
sicheren Platz gestellt. Wäre er kaputtgegangen, so hätte
man als Ersatz nur mehr einen emaillierten Blechschirm
bekommen. Diese Lampe hatte in einiger Entfernung über
dem Glaszylinder einen Blechteil, der den aufsteigenden
Rauch auffing. Fürs „Heimleuchten" von Besuchern an
stockfinsteren Abenden standen eine kleine Sturmlaterne
und eine Glaslaterne, in der eine Kerze steckte, bereit.
Pünktlich um 22 Uhr wurde der Strom abgeschaltet, man
konnte die Uhr danach richten. Die Lampen gingen nicht

plötzlich aus. Das Licht wurde durch das Absperren der Wasserzufuhr zum Lichthaus allmählich schwächer, dann sah man nur mehr den Glühfaden der Birne, und Sekunden später saß man im Dunkeln.

Ansonsten stellte man die Uhren nach den Pfiffen des Zwölf-Uhr-Zuges oder nach dem Glockengeläute von Litschau, vorausgesetzt, daß der Wind aus der richtigen Richtung wehte. Eine neue Dorfglocke, welche die Zeit verkündete, bekamen wir erst später.

Unsere Uhren gingen mit Absicht einige Minuten, es konnte bis zu einer Viertelstunde sein, vor. In den Nachbarhäusern gingen sie wieder anders. Eine genaue Zeit war auch gar nicht nötig, man hatte ja keinen Zug oder Autobus zu erreichen. Wenn man aufs Feld ging, hatte man auch keine Uhr bei sich; man richtete sich nach der Sonne und nach dem Gefühl.

Ein großes Ereignis war die Elektrifizierung um 1948. Die alte Stromversorgung der wenigen Häuser reichte nicht mehr und war veraltet. Außer ein paar Glühlampen konnte man nichts anschließen. Es handelte sich vermutlich um Gleichstrom niederer Spannung. Die stoffisolierten, zusammengedrehten Leitungen waren mit kleinen Glasisolatoren frei an Wänden und Decken verlegt.

Aus den Reihen der Einwohner wurde ein Lichtausschuß – mit einem ehemaligen Bürgermeister als Obmann – gewählt, dem auch Vater angehörte. Dieser organisierte und koordinierte zusammen mit den Leuten von der Elektrifizierung das Vorhaben. Vater war bei den Vermessungen der Trassen dabei. Die fremden Arbeiter und Techniker mußten im Dorf untergebracht werden, und auch bei uns im Stübel schlief ein Mann.

Als einmal der Ausschuß zusammenkam, wurde angekündigt, daß demnächst der Transformator kommen werde. Einer vermutete in diesem Wort eine Berufsbezeichnung und sagte prompt, der könne bei ihm schlafen. Das Holz für die Masten wurde von den Waldbesitzern geliefert. Auf bestimmten Plätzen türmten sich die Stangen, die an Ort und Stelle bearbeitet und mit Isolatoren versehen wurden. Jahrelang wuchs auf diesen Stellen kein Gras, die Imprägnierungsmittel hatten sich dort tief in den Boden eingesaugt.

In unserem Stübel wurde gerätselt, wo der Stecker, die Steckdose, hinkommen werde. Ich kannte diesen Begriff nicht und meinte, sie würden von einem „Stecken", einem Stock, sprechen. Beim Demontieren alter Leitungen stürzte ein Monteur in Steigeisen samt dem morschen Mast um und brach sich beide Beine. Von den Einrichtungen der alten Stromversorgung lagen dann viele Teile herum, mit denen ich „elektrifizieren" spielte. Im Hof verlegte ich bei den Holzstößen kreuz und quer Leitungen, montierte Schalter, Isolatoren und alte Lampen. Unser Lehrer fragte später einmal die Schüler der Reihe nach nach ihren Berufswünschen – ich sagte Elektriker.

Das Unter-Spannung-Setzen des Netzes erfolgte mit der Trafoweihe. Daran beteiligten sich auch die Schüler. Einzelne Kinder trugen Symbole einstiger Beleuchtungsgegenstände, die aus Pappe angefertigt und bemalt waren: an Kienspan, Öllicht, Kerze und Laterne kann ich mich noch erinnern. Dazu sagten die Schüler kleine Sprüche, die der Lehrer gereimt hatte. Im Bereich des Trafos waren frischgehackte Birken aufgestellt, die ihren Duft verbreiteten. Dies erinnerte an die Fronleichnamsumzüge in Litschau, wo den ganzen Stadtplatz entlang Birken aufgestellt wurden.

Noch bevor der Strom eingeschaltet wurde, kam schon ein Vertreter für Elektrogeräte. Er sprach auch von Staubsaugern und machte die Leute neugierig. Wir bestellten bei ihm ein Bügeleisen. Bis dahin hatten wir zwei Bügeleisen mit einem Wechselgriff, die abwechselnd auf die Herdplatte gestellt wurden. Mutter kaufte sie einmal in Neubistritz. Für schwere Stoffe hatten wir ein ganz altes Eisen, dessen stählerner Stagel in die Ofenglut gelegt wurde, bis er glühte.

Fast alle Hausbesitzer ließen sich von den Vorteilen des Stroms überzeugen und brachten die Geldmittel für die Zuleitungen und Installationen auf. Für die weit abseits gelegenen Höfe wäre es eine zu große finanzielle Belastung gewesen, sie wurden erst Jahre später angeschlossen. Eine Bäuerin mitten im Ort befürchtete, daß die Lichtleitung Gewitter anziehen könnte; sie stimmte erst nach längerem Zureden zu. Dieser Hof und viele andere Häuser waren aus diesem Grund schon bei der Erstelektrifizierung im Jahre 1920 nicht angeschlossen worden.

An der Neuelektrifizierung schätzte Mutter am meisten die in Höhe unseres Hauses an einem Mast angebrachte Straßenbeleuchtung. Sie erhellte den Hügel vor unserem Haus und ersparte außerdem das Einschalten der Lampe über der Haustür, die es auch schon vorher gab.

Die wenigen Leute, die vor der Elektrifizierung Rundfunkempfänger besessen hatten, betrieben diese sparsam mit einer Anzahl Blockbatterien. Diese teerigen Würfel sah man dann in den Scherbengruben an den Waldrändern herumliegen.

Viele Häuser hatten an der Rückseite ihre Scherbenhaufen, wo alles Glumpert, das nicht brenn- oder verrottbar war, hingeworfen wurde. Die übrigen Leute warfen ihre Abfälle einfach in den Bach. Der meiste Unrat sammelte sich dann im Schilfgürtel bei der Einmündung des Baches in den Herrenteich.

Diese Scherbengruben hatten für mich große Anziehungskraft, sie wurden zu einer wahren Fundgrube. In regelmäßigen Abständen machte ich die Runde von einer zur anderen und trug Sachen heim, die andere weggeworfen hatten. Für mich war vieles wertvoller als das schönste gekaufte Spielzeug. Ebenso blühte der verbotene Schacher mit diesen Gegenständen.

Schachern wurde mir streng verboten – daraufhin „fand" ich kurzerhand die so erstandenen Sachen, wie Angeln, Steinschleudern und ähnliches. Später bastelte ich selbst mit Vaters Werkzeugen Holzgegenstände und „verdrehte" sie anderen Buben. Einfache Armbrüste und Erbsenpistolen waren meine Spezialität. Dazu brauchte ich ständig die Gummidichtungen der Rexgläser und kam dadurch mit Mutter in Konflikt.

Weiters stellte ich Pfeiferln aus Weidenzweigen her. Die astfreien Stücke wurden zu- und eingeschnitten, durch Beklopfen ließ sich die Rinde herunterziehen, der hohle Körper ergab laute Töne. Schnitt man mehrere Kerben, so entstand eine kleine Flöte. Für diese Arbeiten kaufte ich mir am jährlichen Jakobimarkt in Litschau einen Taschenfeitel, später ein richtiges Taschenmesser mit Glasschneider. Die Pfeiferln hielten nicht sehr lang, außer man legte sie zeitweise ins Wasser zum Aufquellen. Ich litt schon an Komplexen, weil ich noch nicht wie die anderen Buben mit dem Mund pfeifen konnte; vielleicht schnitzte ich deshalb ständig Pfeiferln, um auch Töne hervorbringen zu können.

Die in die Scherbengruben geworfenen kleinen Medizinfläschchen sammelte ich und bekam dafür vom Apotheker, je nach Größe, ein bis zwei Schilling pro Stück. Er selbst animierte mich zu dieser Tätigkeit, als ich für Großmutter einmal das Abführmittel Darmol holen mußte.

Gute Geschäfte machte ich mit den vielen Fläschchen von Liköressenzen. Beim Greißler bekam man diese Essenzen in allen Geschmacksrichtungen. Sie ergaben, abgekocht mit Wasser und Zucker sowie der Beigabe von Weingeist, die fertigen Liköre, die weit billiger als die gekauften kamen, aber mild und picksüß waren.

Vom Lehrer erfuhr ich, daß die Wolframfäden in den Lampenbirnen aus einem wertvollen Material bestehen. Er nannte sogar den Kilopreis dieses Metalls – für mich ein astronomischer Betrag. In den Scherbengruben zerschlug ich vorsichtig alle aufgefundenen Lampen und sammelte die Fäden in einem Zündholzschachterl. Die Leute verwendeten aus Spargründen fast nur Fünfzehnerund Fünfundzwanzigerbirnen, die dünne Fäden hatten; die Ausbeute war daher gering. Wenn ein Elektriker ins Dorf kam und auf die Masten stieg, um die schadhaften Lampen der Straßenbeleuchtung auszuwechseln, hatte ich mehr Glück, denn diese hatten ganz dicke Wendeln. Groß war die Enttäuschung, als ich einem herumfahrenden

Altwarentandler den Inhalt meiner Zündholzschachtel zeigte und er mir sagte, daß dieser keinen Pfifferling wert sei. Ich hatte schon Pläne gehabt, was ich mir für das Geld kaufen würde: eine Mundharmonika und eine Heftmaschine, wie sie der Nachbar, der alte Bürgermeister, hatte.

Dank der Elektrifizierung konnten auch wir ein Radio aufstellen. Vater hatte in seinem Elternhaus einen unbenutzten Volksempfänger – er wurde unser erstes Gerät. Trotz einer über die ganze Dachlänge gespannten Antenne blieb der Empfang schlecht. Wegen der Blitzgefahr war in der Antennenleitung ein Umschalter eingebaut, der vor Gewittern umgelegt wurde und den Blitz in die Erde ableiten sollte.

Wir bekamen bald einen neuen Eumig-Mittelwellenempfänger, der später auf UKW umgerüstet wurde. Leider hatte er kein „magisches Auge", wie es der Apparat eines Nachbarn aufwies, an dem ich in unbeobachteten Augenblicken gern am Abstimmknopf herumdrehte und dabei das grüne Licht beobachtete. Vater bastelte ein dreieckiges Brett mit Konsole, auf dem das Gerät in einer Stübelecke in entsprechender Höhe aufgestellt wurde. So wie im Dorf die Uhren hoch oben hingen, standen auch die Empfänger meist oben auf Kredenzen und Kästen, geschützt vor den Zugriffen Unbefugter.

Nichts Vergleichbares veränderte die Lebensgewohnheiten der Dorfbewohner so einschneidend wie das Radio, nicht einmal die Elektrifizierung selbst. Zuerst merkten es die Wirte, weil so mancher Stammgast ausblieb. Die Leute hatten auf einmal auch nicht mehr die Zeit, auf der Straße beisammenzustehen und zu plaudern – und wenn, so wurden Gespräche abrupt abgebrochen, um nach Hause zu eilen, um ein Hörspiel oder eine Volksmusiksendung nicht zu verpassen. Was ihnen lange Zeit vorenthalten geblieben war, wollten sie nun auf einmal nachholen.

Das Radio brachte die ganze Welt nach Hörmanns. Sogar der Kirchgang litt, die Sonntagmorgensendungen von Heinz Conrads wollte der eine oder der andere auf keinen Fall versäumen. Vermutlich nahm das Radio sogar aufs Federnschleißen Einfluß, denn ab diesem Zeitpunkt hörte es sich schön langsam auf damit. Fertige Tuchent- und Polsterfüllungen bekam man schon in einem Geschäft in Litschau. Wer nahm da noch die Mühe und die Kosten des Bewirtens der Gesellschaft auf sich. Die zwischennachbarlichen Beziehungen, wo man sich noch ausgiebig mitteilen konnte, gingen damit aber verloren. Wenn man noch Zeit für Gespräche fand, so bezogen sich diese häufig wieder auf das Gehörte aus dem Radio.

Beim Hören der Nachrichten verlangte Vater absolute Stille. Großmutter wiederum achtete überhaupt nicht auf die Stimmen aus dem „Kastl". Sie konnte den schnellen Gesprächen nicht folgen. Immerhin ging sie schon auf die Achtzig zu, außerdem hörte sie schlecht. Blechmusik gefiel ihr schon. Da gab sie mit einem Fuß den Takt dazu. Die Funktion eines Radios begriff sie nie, sie stellte sich darunter eine Art modernes Grammophon vor.

Auf dem Dachboden stand so ein altes Trichtergrammophon. Großvater kaufte es in den zwanziger Jahren und hatte eine Menge Schellack-Platten dazu. Beim Abspielen ließ er den Trichter beim offenen Fenster hinausschauen, und so kam der ganze Unterort in den Genuß von Musik. Vor dem Haus sammelten sich junge Dorfbewohner und hörten zu. Eine Cousine aus Haugschlag holte das Gerät einmal samt Platten ab. Vor dem Abtransport wurde noch eine der oft abgespielten Platten aufgelegt, und aus dem Blechtrichter krächzte es: „Es war im Böhmerwald . . .".

Judith Schachenhofer

wurde 1933 in Annaberg in Niederösterreich geboren. Frau Schachenhofer hat in ihren Aufzeichnungen jene Eindrücke wiedergegeben, die sie in einem Gespräch mit Bewohnern des Hofes Groß-Brand im Waldviertel in Niederösterreich gewonnen hatte. In Groß-Brand wurde der elektrische Strom erst 1979 eingeleitet.

Ich weiß nicht, ob es heute noch viele Häuser ohne elektrisches Licht gibt. Jedenfalls kommt mir vor, daß auch das Jahr 1979 – genau: der 17. Dezember 1979 – ein sehr junges Datum für die Einführung des elektrischen Lichtes ist, wie das in Groß-Brand der Fall war.

Die Erinnerung daran müßte noch sehr frisch sein, vor allem an das Leben ohne dieses Wunder, dachte ich mir, deshalb sprach ich mit diesen schlichten Bauernbuben.

Nun sieht das in Wirklichkeit etwas anders aus, als wir uns das vielleicht vorgestellt hatten. Auf die Frage, was sich seither geändert habe, zuckt man in der Runde um den alten Bauerntisch nur leicht die Schultern. Es ist schon dämmrig, aber das Licht wird nicht aufgedreht. Aus Gewohnheit? Aus Ersparnisgründen? „Na ja, wegdenken könnten wir uns das Licht nicht mehr, aber wir haben noch immer unsere Petroleumlampe griffbereit: für den Fall des Falles." So versicherte uns dies die Altbäuerin. „Am meisten aber ,spinnen' alle, wenn es mit dem Strom Schwierigkeiten gibt – und wenn es kein Fernsehen gibt." – „Aha, Fernsehen haben Sie also auch", wundere ich mich. „Freilich, aber ferng'sehn haben wir vorher auch schon – mit Batterien; genauso Radio g'hört. Die Kinder haben das alles von der Schule kennt, aber die Aufgaben haben sie beim Petroleumlicht gemacht."

Auf die Frage, was die erste Neuerung nach dem 17. Dezember 1979 war, erfuhren wir: „Eine Tiefkühltruhe, denn vorher haben wir alles immer zum Nachbarn auf den Berg aufitragen müssen. Auch eine Waschmaschine und ein elektrisches Bügeleisen haben wir jetzt. Sonst aber hat sich nicht viel geändert: Wir gehen noch immer früh zu Bett und stehen, wenn es licht wird, auf."

In der Zwischenzeit kramte die Altbäuerin ein Photo, schon sehr vergilbt, vom Jahr 1929 hervor und meinte: „Da sieht man drauf, daß sich fast nichts geändert hat." Damit meinte sie in erster Linie den alten Bauernhof. Sie sind also sozusagen als Nachzügler in die neue Zeit hineingewachsen, ohne Streß, und haben alles kommen lassen, wie es kommt. Wenngleich sich diese Leute auch noch recht gut daran erinnern können, wie mühevoll es war, vor Jahren mit dem Ochsenfuhrwerk – gleichsam als Tagesausflug – ins zivilisierte Donautal hinunterzufahren, um den Petroleumvorrat zu erstehen oder gegen Butter und ähnliche Naturalien einzutauschen, um für längere Zeit wieder „Futter" für die drei stolzen Petroleumlampen (eine für das Haus, zwei für den Stall) zu haben. Leichter und schneller ging es all die Jahre danach mit dem Traktor, seit 1949.

Die kleinen Fenster in den hundertzehn Zentimeter dicken Mauernischen lassen fast kein Licht mehr herein, da wird das elektrische Licht aufgedreht, und die Bäuerin bekennt ehrlich, daß seit dem elektrischen Licht eine Angst bei ihnen eingekehrt ist: „Wenn es ein Gewitter gibt, haben wir jetzt immer Angst, denn einmal sind schon die Blitze bei den Steckdosen herausgefahren." Ich glaube, in einem solchen Fall würden sich die Leute sicherlich fragen: „Ist dies alles wirklich ein lohnender Fortschritt?"

Barbara Waß

*wurde 1944 in Scheffau im Tennengebirge in Salzburg
geboren und wuchs dort auf dem Hof „Kleingrillseiten" auf.
Mit zwölf Jahren zog sie mit ihrer Familie in den Wallingwinkl bei Abtenau, wo ihr Elternhaus 1956 das elektrische
Licht bekam.*

In unserer Gegend kam die Elektrifizierung erst ziemlich spät. In Abtenau selbst gab es schon vor dem Krieg
Strom, doch die Außengebiete kamen erst viel später
dran. In Rigaus, wo ich zur Schule ging, kam der Strom
1950, gerade ehe ich eingeschult wurde. Wir auf unserem
Berg oben bekamen jedoch auch dann noch keinen Strom,
als unsere Ortschaft, der Wallingwinkl, elektrifiziert
wurde. Unser unterer Nachbar hatte ziemlich viel Wald
und konnte dadurch die Kosten aufbringen. Unser Haus-
herr hätte die Kosten zwar ohne Schwierigkeiten aufbringen können, doch er befürchtete, daß wir eines Tages die
Pacht aufgeben könnten. Er ahnte wohl, daß er dann
niemanden mehr bekommen würde.

Die beiden Bauern über uns schlossen ebenfalls nicht
an. Für uns blieben die Petroleumlampe und die Laterne
die einzige Beleuchtung. In regelmäßigen Abständen
mußten wir auf dem Schulweg die Petroleumkanne
mitnehmen und gefüllt wieder nach Hause bringen. Das
war eine unangenehme Sache. Nicht nur, daß die Kanne
auf dem langen Weg von eineinhalb Stunden ganz schön
schwer wurde, man mußte auch sehr aufpassen, daß man
nicht mit den Kleidern ankam, denn sonst stank man

265

überall nach Petroleum. Manchmal ließ sich das trotz Aufpassen nicht vermeiden.

Für die Petroleumlampe mußte man immer einen Reservezylinder im Haus haben, denn es kam vor, daß der Zylinder plötzlich sprang. Dieser Zylinder wurde bei uns oft von Jägern ausgeliehen und sehr zweckentfremdet verwendet. Wenn man nämlich richtig in einen solchen Zylinder schreit, dann klingt es sehr ähnlich dem Röhren der Hirsche in der Brunftzeit.

Doch nicht nur bei uns auf dem Berg, sondern auch im Tal war lange nicht bei jedem Haus Strom. Auch in dem Häuschen, das meine Eltern 1955 kauften, mußten wir uns vorerst noch mit der Petroleumlampe behelfen. Erst ein Jahr später bekamen wir das elektrische Licht.

Von den beiden Bauern, die noch über uns am Berg waren, zog der eine ebenfalls weg, der zweite bekam den Strom erst 1982! In dem Haus waren damals elf Personen in der Familie. Kein Strom hieß: keine Waschmaschine, kein E-Herd, kein Kühlschrank, kein Fernsehen, kein elektrisches Bügeleisen, kein Mixer, kein Staubsauger oder irgendein anderes Haushaltsgerät; natürlich auch keine Melkmaschine, kein Werkzeug, wie Bohrmaschine oder ähnliches, kein Elektromotor für Kreissäge oder andere Maschinen in der Landwirtschaft.

Für diesen Hof hat der Strom eine richtige Revolution gebracht, weil in kurzer Zeit nun alle Maschinen und Geräte auf den Hof kamen, die an den anderen Orten im Lauf von Jahrzehnten eingezogen sind.

Als es noch kein elektrisches Licht gab, war man auf Petroleumlampen, Laternen und Kerzen angewiesen. Wenn man mit der Laterne aus dem Haus oder dem Stall ging, wurde sie oft ausgelöscht und man stand im Dunkeln da. Eine Petroleumlampe gab es nur in der Stube oder in der Küche. In allen anderen Räumen war es finster. Auf den Bauernhöfen hatten die Dienstboten in der Regel kein Licht in der Kammer, auch keine Kerze. Sie mußten sich im Dunkeln ausziehen und ins Bett gehen. Das war normal, und niemand dachte sich etwas

266

dabei. Kein Wunder, daß sich besonders die Frauen oft
fürchteten, denn wenn sie irgendein Geräusch hörten,
konnten sie nicht nachsehen, was es war.

Im Stall gab es, wenn er größer war, zwei Laternen.
Trotzdem sah man lange nicht überall etwas. Das Werkzeug, wie die Mistgabel, der Striegler und die Bürste zum
Küheputzen, mußte immer genau auf seinem Platz liegen,
damit man es fand, ohne es zu sehen.

Im Stadel, wo das Heu geholt werden mußte, gab es
keine Laterne, das wäre zu gefährlich gewesen. Da mußte
man schon alles greifen. Dasselbe galt für den Hof
beziehungsweise für die Hütte, wo die Streu war. Mit dem
Strom hat sich dann alles geändert. Nun gab es überall
Licht. Die Leute konnten es am Anfang gar nicht fassen.
Es war wie ein Wunder. Man brauchte nur den Schalter
zu drehen, und alles war hell.

Manche alten Leute trauten sich diesen Schalter gar
nicht anrühren, denn sie meinten, da könnte nur der
Teufel dahinterstecken. Viele Leute konnten sich unter
Strom gar nichts vorstellen. Als in Gaißau eine Leitung zu
den höhergelegenen Bauern gebaut wurde, meinte eine
Bäuerin entsetzt: „Na, jetzt teans deacht gar zu uns aufa a
Masten setzen. Dös brauchns nit tuan, wei da rinnt der
Strom nia net aufa."

Die Elektrifizierung selbst war ein großer Einschnitt
ins ländliche Leben. In den Dörfern tauchten Bautrupps
auf, die die Leitungen bauten. Die Männer waren oft bei
Bauern einquartiert und bekamen dort auch das Essen.
Diese zusätzliche Einnahmequelle konnten die Bauern
gut gebrauchen, denn das Stromeinleiten kostete Geld.
Wer nicht Holz verkaufen konnte, mußte meistens die
Kosten auf Raten abstottern. Meistens wurden Interes-
sentengenossenschaften gegründet. Wer am Anfang nicht
mitmachte, bereute es meistens. Denn wenn alle das Licht
hatten, dann sah man erst, wie praktisch das war, und wer
dann allein anschließen mußte, zahlte oft mehr als die
anderen.

Wenn die Männer vom Leitungsbau wieder weggingen,

ließen sie manchmal auch etwas zurück. So erinnert sich eine Frau, daß bei ihrer Großmutter ein paar Decken zurückblieben. Diese Decken hießen dann immer die „Stromdecken".

Doch auch die Männer von den Bautrupps erlebten allerhand. So waren ein paar bei einem Bauern einquartiert, bei dem jeden Abend der Rosenkranz gebetet wurde. Das war für sie ungewohnt, und sie beteiligten sich auch nicht daran. Nur einer dachte, daß es nicht schaden könnte, und betete mit. Das gefiel der Altbäuerin, und in Zukunft steckte sie dem Mann heimlich immer etwas zu.

Die Tatsache, daß mit den Bautrupps fremde Leute in einen Ort kamen, hatte aber auch andere Folgen. In Golling wurde eine Hochspannungsleitung gebaut, die direkt über einen Berg führte. Das war ein großes und schwieriges Unternehmen. Damals gab es noch nicht so viele Maschinen und Geräte für den Bau. Die Kabelrollen mußten mit Pferden und teilweise mit menschlicher Muskelkraft aufgerollt werden. Besonders schwierig war es, alles auf den Berg zu bringen, denn es wurde in sehr unwegsamem Gelände gebaut. Heute würde halt für den Transport ein Hubschrauber eingesetzt werden.

Der Bau dauerte sehr lange, und die Männer blieben natürlich nicht immer in ihren Unterkünften. Sie kamen in die örtlichen Gasthäuser, und so mancher von ihnen hat auch ein Auge auf ein einheimisches Mädchen geworfen. Es gab dadurch immer wieder handgreifliche Auseinandersetzungen mit den einheimischen Burschen. So manche wüste Rauferei war die Folge. Drei Männer blieben schließlich in Golling zurück und heirateten einheimische Mädchen. Heute, dreißig Jahre später, spricht kein Mensch mehr davon. So hat die Elektrifizierung Auswirkungen nicht nur insofern gebracht, daß es in den Häusern hell wurde, sondern auch in vielen anderen Lebensbereichen.

Ein Sektor, auf dem der elektrische Strom ebenfalls große Änderungen, ja, eine regelrechte Revolution gebracht hat, ist der Unterhaltungssektor. Nicht nur, daß

268

dadurch das Radio und später auch das Fernsehen kamen; wenn man heute in einem Saal eine Musikergruppe sieht, dann stehen dort eine ganze Menge von Geräten und Verstärkern. Ohne das scheint es nicht mehr zu gehen. Früher wurde ganz ohne das Musik gemacht, und die Leute haben sich mindestens genauso gut unterhalten. Heute scheint es ja fast so, als seien diese Geräte wichtiger als die Instrumente. Früher fand man sich auch in Häusern zusammen, in denen es ein Grammophon gab. Das Grammophon mußte nach jeder Platte mit einer Kurbel aufgezogen werden. Auch mußte jedesmal die Nadel ausgewechselt werden, denn mehr als eine Platte konnte man damit nicht spielen. Die Nadeln wurden aufgehoben, und man konnte sie wieder spitzen lassen.

Der Strom hat aber auch eine große Veränderung im Leben der Menschheit überhaupt gebracht. Ältere Menschen sagen oft, mit dem elektrischen Licht hätten die Geister aufgehört. Früher, mit der Laterne, war ja nur ein kleiner Teil beleuchtet gewesen. Was dahinter war, blieb im Dunkeln. Man sah es nicht und wußte nichts davon. Unwissenheit aber hat Unsicherheit zur Folge. Es war nicht besonders schwer, Menschen zu erschrecken, ohne selbst dabei gesehen zu werden. Was man aber nicht sah, wurde leicht als Geist angesehen.

Ich hatte als Kind selber einmal ein solches Erlebnis. Wir Kinder durften allein nicht mit der Laterne umgehen, denn es war alles aus Holz, und die Eltern befürchteten, es könnte zu einem Feuer kommen. So tastete ich mich halt, wenn es unbedingt sein mußte, im Dunkeln aufs Klo. Ich ließ dabei immer die Tür offen, um wenigstens die Geräusche von unten zu hören. Plötzlich gab es vor der Tür einen furchtbaren Krach, und die Tür flog mit lautem Knall zu. Ich begann zu schreien, und so schauten die Eltern nach. Es stellte sich heraus, daß das vermeintliche Ungeheuer nur zwei Katzen gewesen waren, die sich vor der Tür mit dem üblichen Geheul aufeinandergestürzt hatten. Obwohl sich die Sache geklärt hatte, hatte ich in Zukunft noch mehr Angst als vorher. So ähnlich mag es öfter gewesen sein, und wenn nicht festgestellt werden konnte, was es war, dann waren es früher eben Geister.

Ein wichtiger Abschnitt ist noch zu bedenken, wenn man den Einfluß des Stroms auf die Menschen beachtet. In einer gewissen Weise mag er auch auf die Sprache Einfluß gehabt haben. Zwar gab es vorher schon Batterieradios, doch den wirklichen Siegeszug hat das Radio doch erst mit der Elektrifizierung gemacht. Durch das Radio wurde die Landbevölkerung erstmals mit der Hochsprache konfrontiert.

Vorher hörten die Kinder vor der Schule nur Mundart. Dort lernten sie Hochdeutsch fast wie eine Fremdsprache, und sie lernten es oft kaum richtig, denn außerhalb der Schule wurde es nirgends gesprochen. Durch das Radio kam nun Hochdeutsch ins Haus. Kinder und Erwachsene hörten es nun täglich und wurden damit vertraut. Vielleicht ist gerade das ein Punkt, wo der elektrische Strom auch in kultureller Hinsicht besonders auf die Landbevölkerung großen Einfluß nahm.

Licht hatte früher im kultischen Bereich einen festen Platz. Es ist wohl ein Hinweis dafür, wie wertvoll Licht für die Menschen war. In allen Religionen werden ja Dinge geopfert, die für die Gläubigen einen hohen Wert haben. So wurden in christlichen Religionen Kerzen, also Licht, geopfert. Dieser Brauch ist ja teilweise noch erhalten, wenn er auch nicht mehr jene Bedeutung hat wie früher.

Früher gab es in jedem Haus vor dem Herrgottswinkel ein „Nachtlichtl". Das war ein Gefäß, das meist an einer Kette von der Decke hing. Das Gefäß wurde zur Hälfte mit Wasser und zur Hälfte mit „gläutertem Schmalz" – zerlassener Butter – gefüllt. Später wurde dann statt Butter Öl verwendet. Darauf schwamm das „Schwimmerl". Das war ein dünnes, dreieckiges Blech, an dessen Ecken Korkstücke waren. Das Blech hatte in der Mitte ein Loch für das „Dachtl". Die „Dachtl" gab es in kleinen runden Dosen zu kaufen. Es waren kleine Wachsdochte mit einem Blättchen in der Mitte, damit sie auf dem

„Schwimmerl" auflagen. Dieses Nachtlichtl wurde jeden Samstag und auch an Abenden vor Feiertagen angezündet, und es brannte die ganze Nacht. Das „Nachtlichtl" war das einzige Licht, das unbeobachtet brennen durfte, aber es konnte dabei auch wirklich nichts passieren.

Ein anderer wichtiger Kultgegenstand war die Mettenkerze. Das war eine einfache, weiße Kerze, die im Advent geweiht wurde. Sie wurde am Heiligen Abend mit einem Band und einem Tannenzweiglein geschmückt und zum erstenmal angezündet. Die Mettenkerze wurde jeden Samstag beim Rosenkranzbeten angezündet, aber auch wenn ein schweres Gewitter ging. Sie sollte gegen Blitzschlag schützen. Diese Kerze mußte jedoch auch sparsam gebraucht werden, denn sie mußte ein ganzes Jahr halten.

Kerzen spielten aber auch zu Lichtmeß und zu Allerheiligen eine Rolle. Teilweise sind ja auch diese Bräuche noch erhalten. Ein wichtiger Gegenstand war und ist immer noch die Kommunionkerze. Sie wurde früher besonders aufgehoben und, wenn sie noch da war, als Sterbekerze verwendet. Wenn jemand im Sterben lag, wurde eine Kerze angezündet, damit dieses Licht den Sterbenden in die Ewigkeit begleiten möge. So betet man in der katholischen Kirche immer noch: „Herr, gib ihm die ewige Ruhe, und das ewige Licht leuchte ihm ..."

Theresia Schmutzer

wurde 1944 in Malta in Kärnten geboren. Da man in den alten Hof ihrer Familie aus technischen Gründen keine elektrischen Installationen einbauen konnte, mußte er 1961 verlassen werden; ein neues Haus wurde gebaut.

Ich wurde im Oktober 1944 in meinem Heimathaus Steiger in Obermalta geboren. Das Haus war groß, und aus Holz war es erbaut; es stand schon zirka dreihundert Jahre! Von Kind an wuchs ich bei Petroleumlicht auf. Da es als große Gefahr galt, im alten Haus ein Elektrolicht einzuleiten, durften wir es von der Behörde aus nicht. Es war eine Zeit, an die ich mich so gerne zurückerinnere. Obwohl wir in einem neuerbauten Haus sind und alles besitzen an elektrischen Dingen, so möchte ich alles dafür eintauschen, um noch einmal so zu leben, wie damals als Kind bis zum vierzehnten Lebensjahr!

Der Wind pfiff um das Haus, und in der Zeit, als es früher finster wurde, mußten wir infolgedessen, daß Petroleum schwer zu haben war, fest sparen mit dem Petroleumlicht. So saßen wir halt etwas länger im Dunkeln, Großmutter erzählte so schaurige Geschichten von früher.

Oft saßen wir, Großvater, Großmutter, meine Mutter, mein Cousin und ich, auf der Ofenbank und sangen stundenlang alte Lieder. Wir besaßen einen großen Kachelofen, auf den Ofenhals konnte man sich hinauflegen. So lag ich im Winter mit meiner Katze Mungo oft oben. Es war so schön warm. Großmutter nahm dann das

Spinnrad, rückte näher an das Petroleumlicht heran und fing zu spinnen an. Mein Cousin spielte mit der Harmonika, und ich betrachtete die vom Schein der Petroleumlampe beleuchteten Gesichter und die Schatten an der Wand. Es war so beruhigend, und ein Gefühl von Zufriedenheit überkam uns dabei.

Die Petroleumlampe mußte schön geputzt werden, und der Zylinder wurde mit Zeitungspapier vom Ruß befreit, der dadurch entstand, wenn man den Docht hinaufdrehte, um mehr Licht zu bekommen! Als ich zur Schule ging, waren wir die einzigen, die noch ein Petroleumlicht hatten. Alle anderen besaßen schon Elektrolicht und Radio. Aber nie wurden wir ausgespottet, sondern meine Freundinnen hielten sich gerne in unserem Haus auf – weil wir uns verstecken konnten beim Spielen. Meine Aufgaben von der Schule mußte ich halt gleich erledigen, weil ich sonst abends zuviel Licht gebraucht hätte. Da wir in Malta kein Petroleum mehr bekamen, mußten wir in die Großstadt Spittal an der Drau fahren, um welches zu besorgen. Das war dann mit vielen Unkosten verbunden. Zum Schluß bekamen wir nirgends mehr Zylinder für unsere Küche – wir kochten noch am offenen Herd – und für die große Stube!

So waren sie gezwungen, ein neues Haus zu bauen, in dem wir alles haben, nur keine Großeltern mehr, die so schöne Sagen erzählen konnten. Ich vermisse immer mehr die gute alte Zeit, wo wir nichts hatten, aber wo wir so eine glückliche Kindheit verbrachten. Wo wir noch selber sangen und uns unterhalten konnten, ohne Fernsehen und Radio. Ich bin noch nicht so alt, aber ich erzähle so manche Geschichte von Großmutter auch meinem Kind und vielen Bekannten, sodaß öfters Kinder zu uns kommen und mich bitten, ihnen doch Geschichten zu erzählen. Sie hören mir dann ebenso gespannt zu. Nur eben beim Elektrolicht und leider nicht mehr bei der Petroleumlampe. Ich besitze eine Petroleumlampe und zünde sie öfters abends an und denke dabei an früher.

Anhang

Wien, im März 1986

Sehr geehrte Damen und Herren,
liebe Freunde unserer Sammlung von Lebensgeschichten!

Wir wenden uns heute erstmals mit einem Rundbrief an Sie. Dafür gibt es mehrere Gründe:

- Vor allem glauben wir, daß wir Ihnen, die Sie uns Aufzeichnungen über Ihre Lebensgeschichte zugesandt haben, berichten sollten, was mit diesen wertvollen Informationen unsererseits gemacht wird.

- Die Aktivitäten sind inzwischen schon so umfangreich, daß wir sie nicht in jedem einzelnen Schreiben unserer Korrespondenz anführen können.

- Wir verbinden damit unseren herzlichen Dank an alle, die uns mit so viel persönlichem Einsatz geholfen haben.

- Darüber hinaus gibt es Informationen über Bücher, Rundfunk- und Fernsehsendungen, vor allem über das Angebot in dem von uns gestalteten Medienverbundprogramm „Alltagsgeschichte".

- Schließlich haben wir noch einige Anfragen an Sie, vielleicht können Sie uns weiterhin helfen. Dieser Rundbrief soll Sie aber in keiner Weise dazu verpflichten.

Zunächst wird es Sie interessieren, wie unsere Sammlung lebensgeschichtlicher Aufzeichnungen zustande gekommen ist. Das ist inzwischen schon eine lange Geschichte. Am Anfang stand eine Rundfunkreihe im „Familienmagazin" über Lebensverhältnisse ländlicher Unterschichten, in denen aus Autobiographien vorgelesen und mit den Autoren gesprochen wurde. Sie begann im Herbst 1982 und hat viele Hörer angeregt, selbst ihre Lebensgeschichte aufzuzeichnen. Wir baten damals, uns Kopien davon zu senden. Das war der Grundstock der Sammlung.

Eine wertvolle Starthilfe waren auch die Kindheitsgeschichten, die uns Frau Dr. Eugenie Hanreich vom „Kinderweltmuseum" auf Schloß Walchen in Oberösterreich zur Verfügung stellte. Dann wurde die Lebensgeschichte von Frau Maria Gremel veröffentlicht: „Mit neun Jahren im Dienst. Mein Leben im Stübl und am Bauernhof 1900 – 1930". Dieses eindrucksvolle Buch hat vielen Menschen gezeigt, wie wichtig es ist, die Erinnerung an die Alltagswelt vergangener Zeiten zu bewahren. Viele haben daraufhin zu schreiben begonnen und uns davon Kopien gesandt. Zugleich begannen wir mit Frau Gremels Lebenserinnerungen eine Buchreihe unter dem Titel „Damit es nicht verlorengeht . . . ". In jedem Band wiederholen wir den Aufruf, Autobiographien einzusenden. Frau Maria Gremel schulden wir für ihre Hilfe ganz besonderen Dank. Auch die Besprechungen der Bücher unserer Reihe haben die Anregung, Lebensgeschichte zu schreiben, weitergegeben. So hat ein Bericht über den Band „Kreuztragen" eine Aktion im „Frauenblatt" ausgelöst, durch die inzwischen schon 38 Kindheitsgeschichten veröffentlicht wurden. Ein Aufruf in der Zeitschrift „Sozialversicherung" hat besonders unter Gewerbetreibenden ein lebhaftes Echo ausgelöst. Auch dadurch erhielten wir viele Aufzeichnungen. Schließlich hatten dann auch die Sendungen im Medienverbundprogramm „Alltagsgeschichte", die seit November 1985 ausgestrahlt wurden, viele Einsendungen zur Folge.

So sind in diesen dreieinhalb Jahren unserer Arbeit insgesamt 350 Manuskripte zusammengekommen — zwei Kästen voll im Zimmer von Professor Mitterauer im Institut für Wirtschafts- und Sozialgeschichte. Die Aufzeichnungen haben ganz unterschiedliche Längen und sehr verschiedenen Charakter. Wir haben Lebensgeschichten mit mehr als tausend Seiten; aber auch Berichte von zwei oder drei Seiten enthalten oft eindrucksvolle Schilderungen mit wichtigen Informationen zu den Verhältnissen des Alltagslebens in früherer Zeit. Manche Autoren gehen mehr auf die äußeren Lebensumstände ein: Wie wurde gearbeitet und gefeiert, wie hat man gewohnt, was hat man gegessen, was hat man angezogen. In anderen Aufzeichnungen steht das innere Erleben im Vordergrund: Freude und Leid, Hoffnungen, Erfolge und Enttäuschungen. Gerade solche persönlichen Stellungnahmen sind oft besonders eindrucksvoll und lehrreich. Wir wissen, wie sehr wir den Verfassern solcher Aufzeichnungen dafür verpflichtet sind, daß sie uns so viel Persönliches anvertraut haben, und werden damit auch besonders vertraulich umgehen.

Wir haben sehr viele handschriftliche Aufzeichnungen — oft noch in Kurrentschrift, womit sich die jüngeren von uns manchmal etwas schwertun. Aber gerade Handgeschriebenes vermittelt uns viel an persönlichem Eindruck über die Autorinnen und Autoren. Manche Verfasser verweisen entschuldigend darauf, daß ihre Volksschulzeit, in der sie Rechtschreiben gelernt haben, schon sehr weit zurückliegt. Für uns ist das wirklich kein Problem. Im Gegenteil — wir freuen uns, daß gerade auch Menschen ohne lange Schulausbildung zu schreiben beginnen. Grundsätzlich geht es uns in erster Linie um die Inhalte und nicht so sehr um die sprachliche Gestaltung. Eine besonders ausgefeilte Sprache ist leider sogar manchmal dazu geeignet, die Inhalte zu verzerren.

Insgesamt ist es für uns ein Erfolg, daß sich Menschen aus den verschiedensten Bevölkerungsgruppen mit ihren Lebensgeschichten an uns gewandt haben. Eindeutig in der Überzahl sind dabei die Frauen. Für unsere alltagsgeschichtliche Dokumentation, die auch zur Frauengeschichte einen Beitrag leisten will, ist das sehr wertvoll. Wir möchten allerdings auch die Männer ermutigen, genauso offen über ihr Leben zu berichten.

Was geschieht mit den vielen wertvollen Aufzeichnungen, die Sie uns zugesandt haben? Die Dokumentation wurde in erster Linie für Zwecke der wissenschaftlichen Forschung angelegt. Sie soll als Materialsammlung zur Alltagsgeschichte dienen, über die es sonst ja nur sehr wenige schriftliche Quellen gibt. Die Sicherung des Wissens über frühere Lebensverhältnisse ist in wissenschaftlicher Hinsicht unser zentrales Anliegen. Diesbezüglich haben wir den uns zugesandten Quellen eine Fülle wichtiger Einzelheiten entnommen, etwa zur Geschichte der Kindheit, des Gesindes, der geschlechtsspezifischen Arbeitsteilung auf dem Land usw. Ein Beispiel einer solchen wissenschaftlichen Studie wird Ihnen in der Beilage zu diesem Rundbrief vorgestellt: Viktoria Arnold arbeitet an einer Dissertation über die Veränderungen, die das elektrische Licht im Alltagsleben gebracht hat. Unsere Sammlung enthält zwar schon viele Informationen, es wäre aber wichtig, dazu noch mehr zu erfahren. Durch persönliche Interviews ist dieses Thema schwer zu bewältigen, denn Frau Arnold müßte dann sehr abgelegene Gegenden aufsuchen, in denen die Elektrifizierung erst spät erfolgte. Dafür fehlen aber im Rahmen einer Dissertation die finanziellen Mittel. Sie könnten Frau Arnold daher sehr helfen, wenn Sie ihr ein paar Seiten zum Thema Licht und Elektrifizierung schreiben. Tun Sie es aber bitte nur, wenn Sie Spaß daran finden können; vielleicht ist es für Sie auch persönlich interessant, sich einmal sehr bewußt an die Zeit zurückzuerinnern, in der es noch kein elektrisches Licht gab.

Im Lauf unserer Arbeit erkannten wir immer mehr, wie wichtig die uns zugesandten Quellen für die Erwachsenenbildung sind. Die meisten von Ihnen werden den „Leitfaden" des Medienverbundprogramms „Alltagsgeschichte" bekommen haben — wer ihn noch nicht erhalten hat, kann ihn über das Institut gratis anfordern. Diese Broschüre „Auch Lebensgeschichte ist Geschichte" wäre ohne unsere umfangreiche Dokumentation nicht anzufertigen gewesen. Da das Buch sehr großen Anklang gefunden hat, wollen wir es um eine zweite Broschüre erweitern, in der noch mehr mit Zitaten aus Lebensgeschichten gearbeitet werden wird. Entlang der Lebenslinie sollen in dieser Broschüre Alltagsverhältnisse in verschiedenen sozialen Milieus einander gegenübergestellt werden. Auch der Wandel der Lebensverhältnisse in den letzten

Jahrzehnten soll darin zum Ausdruck kommen. Die Dokumentation bietet für dieses Vorhaben reiches Material. Reinhard Johler wird die Textstellen und den Kommentar zusammenstellen. Seitens der Institutionen der Erwachsenenbildung besteht für eine solche Einführung in Themen der Alltagsgeschichte großer Bedarf.

Der Erwachsenenbildung dienen auch die Publikationen lebensgeschichtlicher Aufzeichnungen, die auf der Basis unserer Dokumentation entstanden sind. Auf das Buch von Frau Maria Gremel, das in dieser Hinsicht eine Initialzündung bedeutet hat, wurde schon verwiesen. Der Böhlau-Verlag hat in seiner Reihe unter dem Titel „Damit es nicht verlorengeht . . . " bereits sechs weitere Bände herausgebracht: „Kreuztragen. Drei Frauenleben"; Therese Weber (Hg.), „Häuslerkindheit"; Maria Horner, „Aus dem Leben einer Hebamme"; Therese Weber (Hg.), „Mägde. Lebenserinnerungen an die Dienstzeit bei Bauern"; Barbara Waß, „Mein Vater. Holzknecht und Bergbauer" und Eva Tesar (Hg.), „Hände auf die Bank. Erinnerungen an den Schulalltag". Diese Publikationsreihe umfaßt also zwei Typen von Veröffentlichungen — zunächst einzelne Lebensgeschichten, vor allem solche, die ein bestimmtes soziales Milieu oder einen Berufsstand dokumentieren, dann Sammelbände, die auf der Grundlage von mehreren Biographieausschnitten verfaßt und mit einer wissenschaftlichen Einleitung der Herausgeberin versehen wurden. Beide Typen sollen fortgesetzt werden. Als nächster Band erscheint noch vor Ostern Leo Schuster, „Und immer mußten wir einschreiten . . . Ein Leben im Dienste der Ordnung". Es handelt sich hier um die Lebensgeschichte eines Gendarmeriebeamten, der 1889 in Nordmähren geboren wurde, eine Kindheit in heute nicht mehr vorstellbaren Verhältnissen erlebt hat, im Wien der Jahrhundertwende Lehrling wurde und hier als Arbeitsloser eine sehr schwierige Zeit durchmachte, dann zur Armee ging, deren Verhältnisse er sowohl in der Vorkriegs- als auch in der Kriegszeit mit schonungsloser Kritik schildert, und schließlich durch mehrere Jahrzehnte als Gendarmeriebeamter in verschiedenen Orten des nördlichen Niederösterreich seinen Dienst tat. Vor allem die Berichte über die Tätigkeit als Gendarmeriebeamter geben interessante Einblicke in die Lebensverhältnisse der Zeit. Wie alle Bücher der Reihe ist auch dieses für Verfasser von Autobiographien unserer Dokumentation über uns um 20 % verbilligt zu erwerben.

Bezüglich solcher Veröffentlichungen von Lebensgeschichten aus unserer Sammlung möchten wir eines betonen: Die Publikation ist nicht primäres Ziel unserer Arbeit, und wir wollen niemandem raten, seine Lebensgeschichte in Hinblick auf eine mögliche Veröffentlichung abzufassen. Der wesentliche Sinn einer Niederschrift von Erinnerungen liegt unserer Meinung nach in einer persönlichen Beschäftigung mit der eigenen Vergangenheit. Von Menschen, die uns schreiben, erfahren wir immer wieder, daß sie durch das Zu-Papier-Bringen ihre Vergangenheit aufarbeiten konnten und sich gerade nach der Aufzeichnung leidvoller Erfahrungen erleichtert fühlten. Ebenso wichtig ist sicher die Überlieferung der Erinnerung für die Familie. Für Kinder, Enkel und Urenkel kann es von großer Bedeutung sein, in dieser Form vom Leben der Eltern, Großeltern und Urgroßeltern zu erfahren. Die Gespräche, die dadurch in Familien zustandekommen, können die Beziehung zwischen „den Alten" und „den Jungen" beleben.

Im Rahmen des Medienverbundprogramms „Alltagsgeschichte" haben wir aus dem Kreis unserer Korrespondenzpartner schon viele Mitarbeiter gewonnen. Allein in den Ausbildungsseminaren für Erwachsenenbildner haben Josefine Kluger in Wien und Niederösterreich, Hedwig Duscher in Oberösterreich, Barbara Waß und Barbara Passrugger in Salzburg und Maria Horner in der Steiermark vorgetragen. Alle, die darüber hinaus in Volkshochschulen, in anderen Institutionen der Erwachsenenbildung oder in Schulen gesprochen und gelesen haben, können wir hier gar nicht aufzählen. Wir möchten bei dieser Gelegenheit nochmals allen jenen danken, die sich grundsätzlich zu einem solchen Mitwirken in der Bildungsarbeit bereit erklärt haben. Im weiteren Verlauf des Medienverbundprogramms wird diese Mitarbeit sicher noch an Bedeutung gewinnen.

Über die verschiedenen Aktivitäten im Rahmen des Medienverbundprogramms werden wir jeweils noch im einzelnen informieren. Die nächsten Rundfunksendungen zum Thema Schulzeit finden im Juni statt. Sie erhalten dazu noch eigens schriftliche Verständigungen, ebenso bezüglich der alltagsgeschichtlichen Fernsehsendungen, die von Frau Dr. Elizabeth Spira gestaltet werden. Die beiden nächsten Sendungen beschäftigen sich voraussichtlich mit städtischen Dienstmädchen und ländlichen Dienstboten. Gesprächsgruppen, in denen im Anschluß an solche Sendungen beziehungsweise nach alltagsgeschichtlichen Gesprächseinstiegen über lebensgeschichtliche Erfahrungen diskutiert wird, gibt es inzwischen in ganz Österreich: In Wien im Amerlinghaus, an den Volkshochschulen Nord, Ottakring und Favoriten, im Pensionistenheim Alszeile, im Katholischen Bildungswerk und im Seniorenzentrum Währinger Straße, in Graz in verschiedenen Pensionistenheimen, in Salzburg an der Volkshochschule, in Oberösterreich vor allem in verschiedenen Gruppen der „Grabe wo du stehst"-Bewegung. Wenn Sie an solchen Aktivitäten interessiert sind, lassen wir Ihnen gerne weitere Informationen zukommen.

Für alle, die uns lebensgeschichtliche Aufzeichnungen zugesandt haben, wird es von Interesse sein, wie die Manuskripte geschützt sind. Wie schon erwähnt, ist die Sammlung im Zimmer von Professor Mitterauer am Institut für Wirtschafts- und Sozialgeschichte der Universität Wien aufbewahrt und kann ohne seine ausdrückliche Bewilligung nicht benützt werden. Diese wird nur für wissenschaftliche Zwecke bzw. für Aktivitäten der Bildungsarbeit erteilt. Ganz besondere Vorsicht gilt bei der Benützung für Rundfunk- oder Fernsehsendungen. Wie alle von Ihnen wissen, die an solchen Sendungen mitgewirkt haben – dieser Kreis ist inzwischen schon ziemlich groß –, sind wir uns unserer Verantwortung in diesem Zusammenhang besonders bewußt. Insgesamt gilt für alle Formen der Veröffentlichung, daß kein Satz ohne Zustimmung des Verfassers publiziert wird, wenn gewünscht, auch nur anonym.

Wir hoffen, daß wir diesbezüglich aufgrund der bisherigen Praxis weiterhin Ihr Vertrauen haben. Es versteht sich von selbst, daß die allgemeinen Bedingungen des Datenschutzes für unsere Dokumentation Geltung haben.

Wenn Sie zu einzelnen Themen weitere Aufzeichnungen machen beziehungsweise an Ihrer Lebensgeschichte insgesamt schreiben, so möchten wir Sie bitten, uns auch weiterhin die Möglichkeit zu geben, für unsere Dokumentation Kopien anzufertigen. Ebenso möchten wir Sie ersuchen, uns darauf aufmerksam zu machen, wenn jemand aus Ihrem Bekanntenkreis schon geschrieben hat oder zu schreiben beginnt. Gerne schicken wir diesen Rundbrief, soweit Interesse daran besteht, auch an Ihre Bekannten. Teilen Sie uns gegebenenfalls die Adressen solcher Interessenten mit.

Im Zusammenhang mit lebensgeschichtlichen Aufzeichnungen sind wir natürlich auch an alten Photos interessiert. Wir haben im Rahmen des Medienverbundprogramms diesbezüglich eine kleine Sammlung angelegt. Allerdings sind wir aus Kostengründen nicht in der Lage, umfangreicheres Photomaterial zu kopieren. Ein solches Vorhaben plant Herr Professor Fielhauer am Institut für Volkskunde der Universität Wien, 1010 Wien, Hanuschgasse. Hinweise auf weitere Stellen, die Photos und anderes historisch wertvolle Quellenmaterial sammeln, können Sie dem Anhang des Leitfadens „Auch Lebensgeschichte ist Geschichte" entnehmen. Bei der eventuellen Übersendung von Photos dürfen wir bitten, uns nähere Informationen dazu zu geben: Wer oder was stammt das Photo? Wer ist darauf abgebildet? In welcher Situation wurde das Bild aufgenommen? Welche Bedeutung hat das Bild im Zusammenhang Ihrer Lebensgeschichte? Wegen unserer begrenzten finanziellen Möglichkeiten möchten wir uns derzeit auf ausgewählte Themen beschränken. Von besonderem Interesse sind für uns etwa Photos aus dem alltäglichen Arbeitsleben. In Hinblick auf den in Vorbereitung befindlichen Fernsehfilm von Frau Dr. Elizabeth Spira bestünde besonderes Interesse an alten Photos von Mägden und Knechten in ihrer Arbeitssituation. Eine große Hilfe wären uns derzeit auch Photos von Sennerinnen; Frau Barbara Waß bereitet einen Band unserer Publikationsreihe zu diesem Thema vor. Bilder aus diesem Arbeitsmilieu sind unserer Information nach äußerst selten.

Wir bitten Sie, uns bei allen Zusendungen das Material „eingeschrieben" zu schicken. Wir retournieren es in derselben Weise. Es ist uns bewußt, daß für manche unserer Autorinnen und Autoren eingeschriebene Sendungen eine finanzielle Belastung bedeuten, die kaum zumutbar ist. Wir laden Sie ein, in solchen Fällen den Vermerk: „Porto beim Empfänger einheben" zu machen. Wir glauben, diese finanzielle Belastung in begrenztem Umfang derzeit übernehmen zu können.

278

Seien Sie bitte nicht ungehalten, wenn manchmal unsere Antwort etwas länger auf sich warten läßt. Wir alle sind im wissenschaftlichen Betrieb und zum Teil noch durch das Studium sehr ausgelastet, werden uns aber bemühen, stets möglichst rasch zu antworten. Bitte wundern Sie sich auch nicht, wenn Sie persönliche Antworten von verschiedenen Mitarbeitern unserer Arbeitsgruppe bekommen. Wir müssen untereinander eine gewisse Arbeitsteilung vereinbaren. Damit Sie die einzelnen Mitarbeiter ein wenig kennenlernen, ein paar Worte der Vorstellung:

Prof. Michael Mitterauer hat mit der Dokumentation vor dreieinhalb Jahren begonnen. Er ist Professor für Wirtschafts- und Sozialgeschichte und hat als akademischer Lehrer und Forscher noch eine Menge anderer Verpflichtungen. Dementsprechend wird er an der Korrespondenz nur eingeschränkt mitwirken können.

Dr. Therese Weber betreut primär die Dokumentationsarbeit im Rahmen der Sammlung. Im Medienverbundprogramm „Alltagsgeschichte" ist sie für Korrespondenz und Photosammlung zuständig. Die Besitzer des Leitfadens „Auch Lebensgeschichte ist Geschichte" kennen sie von dort als Autorin und nicht zuletzt durch das Photo auf der Rückseite der Broschüre.

Mag. Elisabeth Wappelshammer ist vielen unserer Korrespondenzpartner in gleicher Weise als Autorin dieser Publikation bekannt. Sie betreut vor allem die vielen Arbeitsgruppen im Rahmen des Medienverbundprogramms. Dasselbe gilt für

Heinz Blaumeiser, der die Vorarbeiten für die zweite Broschüre „Lebensgeschichtliche Materialien zur Alltagsgeschichte" geleitet hat, die jetzt von

Reinhard Johler fortgeführt wird.

Margit Sturm hat ebenfalls an diesen Vorarbeiten mitgewirkt. In den kommenden Monaten wird sie vor allem die Korrespondenz mit älteren Gewerbetreibenden betreuen, die dem Aufruf in der Zeitschrift „Sozialversicherung" gefolgt sind.

Christa Hämmerle hat im Jänner dieses Jahres als Mitarbeiterin in der Projektgruppe des Medienverbundprogramms „Alltagsgeschichte" begonnen und wird primär hier mit der Korrespondenz beschäftigt sein.

Viktoria Arnold hat den Spezialaufruf zum Thema elektrisches Licht in diesem Rundbrief verfaßt. Sie wird die dazu einlangenden Schreiben beantworten.

Peter Paul Kloß ist mit der Bearbeitung und Korrektur jener Autobiographien, die gedruckt werden, befaßt.

Wir möchten abschließend nochmals allen sehr herzlich danken, die durch Ihre Hilfe zum Zustandekommen unserer Dokumentation beigetragen haben. Wir hoffen, daß wir Ihnen für Ihre viele Mühe in geeigneter Weise ein wenig zurückgeben können, zumindest durch gelegentliche Informationen und Berichte, wie sie dieser Rundbrief enthält.

Sehr herzlich grüßen
für die Arbeitsgruppe

Michael Mitterauer

Therese Weber

Elisabeth Wappelshammer

Heinz Blaumeiser

Reinhard Johler

Margit Sturm

Christa Hämmerle

Viktoria Arnold

Peter Paul Kloß

Zu unserem Projekt „Elektrifizierung in Österreich"

Erlauben Sie, daß ich mich Ihnen vorstelle: Ich heiße Viktoria Arnold und bin Dissertantin bei Prof. Dr. Michael Mitterauer am Institut für Wirtschafts- und Sozialgeschichte. Das Thema meiner Dissertation ist die Elektrifizierung Österreichs in alltagsgeschichtlicher Hinsicht, d.h., ich möchte wissenschaftlich betrachten, was sich im alltäglichen Leben der Menschen in Österreich durch die Einführung des elektrischen Stroms verändert hat.

Wie sich die Lebensumstände der Menschen − ihr Arbeitsplatz in Stadt und Land, ihr Wohnen, die Umgebung, die alltäglichen Gewohnheiten − durch die Verwendung des elektrischen Stroms gewandelt haben, ist nicht in Tabellen verzeichnet. Die Verhältnisse des Alltags kennen nur die Menschen genau, die diesen Alltag erlebt haben.

Nun enthalten manche der Lebensgeschichten in der Dokumentation am Institut für Wirtschafts- und Sozialgeschichte bereits sehr aufschlußreiche Bemerkungen darüber, wie das elektrische Licht eingeführt wurde und was es verändert hat. Hier ein Beispiel, das mir viele wertvolle Informationen geliefert hat. Es stammt von Herrn Adolf Katzenbeisser, der aus seiner Kindheit in Hörmanns bei Litschau im Waldviertel berichtet:

Ein großes Ereignis war die Elektrifizierung um 1948. Die alte Stromversorgung der wenigen Häuser reichte nicht mehr und war veraltet. Außer ein paar Glühlampen konnte man nichts anschließen. Es handelte sich vermutlich um Gleichstrom niederer Spannung. Die stoffisolierten, zusammengedrehten Leitungen waren mit kleinen Glasisolatoren frei an Wänden und Decken verlegt.

Aus den Reihen der Einwohner wurde ein Lichtausschuß, mit einem ehemaligen Bürgermeister als Obmann, gewählt, dem auch Vater angehörte. Dieser organisierte und koordinierte zusammen mit den Leuten von der Elektrifizierung das Vorhaben. Vater war bei den Vermessungen der Trassen dabei. Die fremden Arbeiter und Techniker mußten im Dorf untergebracht werden, und auch bei uns im Stübel schlief ein Mann. Als einmal der Ausschuß zusammenkam, wurde angekündigt, daß demnächst der Transformator kommen werde. Einer vermutete in diesem Wort eine Berufsbezeichnung und sagte prompt, der könne beim ihm schlafen. Das Holz für die Masten wurde von den Waldbesitzern geliefert. An bestimmten Plätzen türmten sich die Stangen, die an Ort und Stelle bearbeitet und mit Isolatoren versehen wurden. Jahrelang wuchs auf diesen Stellen kein Gras, die Imprägniermittel hatten sich dort tief in den Boden eingesaugt.

In unserem Stübel wurde gerätselt, wo der Stecker (Steckdose) hinkommen werde. Ich kannte diesen Begriff nicht und meinte, sie würden von einem „Stecken" (Stock) sprechen. Beim Demontieren alter Leitungen stürzte ein Monteur in Steigeisen samt dem morschen Mast um und brach sich beide Beine. Von den Einrichtungen der alten Stromversorgung lagen dann viele Teile herum, mit denen ich „Elektrifizieren" spielte. Im Hof verlegte ich bei den Holzstößen kreuz und quer Leitungen, montierte Schalter, Isolatoren und alte Lampen. Unser Lehrer fragte später einmal die Schüler nach ihren Berufswünschen − ich sagte Elektriker.

Die Unterspannungsetzung des Netzes erfolgte mit der Trafoweihe. Daran beteiligten sich auch die Schüler. Einzelne Kinder trugen Symbole einstiger Beleuchtungsgegenstände, die aus Pappe angefertigt und bemalt wurden. An Kienspan, Öllicht, Kerze und Laterne kann ich mich noch erinnern. Dazu sagten die Schüler kleine Sprüche, die vom Lehrer gereimt wurden. Im Bereich des Trafos waren frischgehackte Birken aufgestellt, die ihren Duft verbreiteten. Dies erinnerte an die Fronleichnamsumzüge in Litschau, wo den ganzen Stadtplatz entlang Birken aufgestellt wurden. (. . .)

Noch bevor der Strom eingeschaltet wurde, kam schon ein Vertreter von Elektrogeräten. Er sprach auch von Staubsaugern und machte die Leute neugierig. Wir bestellten bei ihm ein Bügeleisen. Bis dahin hatten wir zwei Bügeleisen mit einem Wechselgriff, die abwechselnd auf die Herdplatte gestellt wurden. Mutter kaufte sie einmal in Neubistritz. Für schwere Stoffe hatten wir ein ganz altes Eisen, dessen stählerner Stagel in die Ofenglut gelegt wurde, bis er glühte.

Fast alle Hausbesitzer ließen sich von den Vorteilen des Stroms überzeugen und brachten die Geldmittel für die Zuleitungen und Installationen auf. Für die weit abseits gelegenen Höfe wäre es eine zu große finanzielle Belastung gewesen, sie wurden erst Jahre später angeschlossen. An der Neuelektrifizierung schätzte Mutter am meisten die in Höhe unseres Hauses an einem Mast angebrachte Straßenbeleuchtung. Sie erhellte den Hügel vor unserem Haus und ersparte außerdem das Einschalten der Lampe über der Haustür, die es auch schon vorher gab.

Ein anderes Beispiel für die Bedeutung des elektrischen Lichtes hat uns Frau Rosa Erler zur Verfügung gestellt:

Eine Nachbarin, Weißnäherin ihres Zeichens, eine liebe kleine Person, hielt in der Dämmerung immer mit ihrer Arbeit inne, bis es ganz dunkel war, um nicht im Zwielicht zu viel Strom oder Petroleum zu brauchen. Sie nannte diese Zeit die „Hennenstunde", denn diese gehen bei Anbruch der Dämmerung schlafen.

So mancher unter Ihnen wird sich noch an jene Zeit erinnern, als es noch kein elektrisches Licht gab, und daran, als dieses Licht eingeleitet wurde. Schreiben Sie mir doch bitte Ihre Erinnerungen. Erzählen Sie, wie das elektrische Licht eingeleitet wurde, ob und wie sich Ihr Tagesablauf, Ihre Arbeit, Ihre Freizeit, das Zusammenleben in der Familie dadurch geändert hat, was Sie und andere, die Sie kannten, von dieser Neueinführung hielten usw. − eben alles, was Sie zu diesem Thema berichten möchten. Denken Sie auch an Kleinigkeiten: Wie war es denn, bei Dunkelheit außerhalb des Hauses zu sein oder im Keller!? Ist man am Abend bei elektrischem Licht länger aufgeblieben, und wie hat man da die Zeit genützt?

Auch mit einem Brief von zwei, drei Seiten helfen Sie mir bei meiner Arbeit, die ohne Ihre Beiträge gar nicht verfaßt werden kann; und vielleicht macht es auch Ihnen Freude, Ihrer Familie und uns allen, die wir die Zeit vor der Elektrifizierung nicht erlebt haben, davon zu erzählen, wie das war, als das elektrische Licht kam.

Mit freundlichen Grüßen

Viktoria Arnold

Wien, im Mai 1986

Sehr geehrte Damen und Herren,
liebe Freunde unserer Sammlung von Lebensgeschichten!

Unser erster Rundbrief im März hat ein lebhaftes Echo gefunden. Wir freuen uns darüber sehr und möchten allen, die schriftlich oder mündlich Kontakt aufgenommen haben, für ihre Beiträge, Hinweise und Anregungen herzlich danken. Auch Ihre kritischen Hinweise, daß der Text zu eng geschrieben war und daß wir ihn zu wenig gegliedert haben, wollen wir in Zukunft berücksichtigen. Daß die Vorstellung der Mitarbeiter durch Fotos nicht so ganz geglückt ist, haben wir selbst schon gemerkt, als wir den Rundbrief vervielfältigten. Die Idee war gut gemeint: Wir wollten uns etwas persönlicher bei Ihnen bekannt machen. Dann hat uns aber die Technik einen Streich gespielt. Beim Kopieren bekamen manche der Paßfotos eher den Charakter von Steckbriefbildern. Bei unseren beschränkten Geldmitteln ging's nicht besser. Wir hoffen, wir können Ihnen durch unsere Zuschriften zeigen, daß wir freundlicher sind, als wir auf den Bildern aussehen.

Ganz besonders danken wollen wir all jenen, die unserer Einladung gefolgt sind und einen Beitrag zum Thema „Licht in früherer Zeit" geschrieben haben. Die Zuschriften sind so zahlreich und so interessant, daß Viktoria Arnold über ihre Forschungsarbeiten hinaus daraus einen Sammelband „Als das Licht kam" gestalten wird. Er soll schon im Herbst als Band 10 der Reihe „Damit es nicht verloren geht" herauskommen. In ihrem Begleitschreiben zu diesem Rundbrief gibt sie darüber nähere Informationen. Wer bei diesem Vorhaben mitmachen möchte, ist herzlich eingeladen, in den nächsten Wochen einen Beitrag zu schreiben. Wenn auch sicher nicht alle Zuschriften gedruckt werden können, so möchten wir doch möglichst viele dieser Beiträge über die früheren Beleuchtungsverhältnisse und die Veränderungen durch die Elektrifizierung in diesem Sammelband aufnehmen. Frau Arnold wird sich mit allen Autoren in Verbindung setzen und sie über die Entwicklung des Bandes auf dem laufenden halten.

Es wird heute in der Geschichtswissenschaft viel von einer neuen „Geschichte von unten" gesprochen. Das Entstehen unseres „Licht-Bandes" zeigt − so glauben wir − in überzeugender Weise, daß eine solche „Geschichte von unten" wirklich möglich ist: Die Betroffenen selbst kommen zu Wort; ihre Erlebnisse, Wahrnehmungen und Empfindungen stehen im Vordergrund; ihre Erzählungen bieten die Grundlage, auf der ein wissenschaftlicher Überblick über einen wichtigen Prozeß des technischen und sozialen Wandels entsteht. Dieses gemeinsame Schreiben zu einem ganz bestimmten Thema erscheint für das Hauptanliegen unserer Dokumentation besonders interessant, Spurensicherung für eine neue Alltagsgeschichte zu betreiben. Unsere positiven Erfahrungen beim Thema Licht bestärken uns in diesem Weg, und so werden wir uns wahrscheinlich bald wieder mit einer solchen Einladung an Sie wenden.

Wir wollen Sie auch diesmal wieder über Aktivitäten im Rahmen unserer Dokumentation und des Medienverbundprogramms „Alltagsgeschichte" informieren:

RUNDFUNKTERMINE:
Ö1, jeweils von 9.05 bis 9.30 Uhr im Radiokolleg:
„Jeder macht Geschichte. Expeditionen in den Alltag".
23. Juni 1986:
Von braven Kindern und schlimmen Fratzen
24. Juni 1986:
Zöpfe und Lederhosen
25. Juni 1986:
„Der Apfel fällt nicht weit vom Stamm"
26. Juni 1986:
Die Welt der Kleinen, die Welt der Großen

Die Rundfunksendungen behandeln die Lebensphase von 6 bis 14 Jahren, also die Pflichtschulzeit. Hierzu wurde bereits aus unserer Dokumentation ein Sammelband mit Schulerinnerungen aus verschiedensten Regionen und Milieus herausgebracht: Eva Tesar (Hg.), Hände auf die Bank (Böhlau Verlag: Wien 1985)

FERNSEHTERMIN:
Am 1. Juni von 22.55 bis 23.55 Uhr in FS 2 in der Reihe „Alltagsgeschichte":
Ein Leben für die Herrschaft – vom Glück und Elend der dienstbaren Geister
Die Sendung wird am 3. Juni um 12.00 Uhr in FS 1 wiederholt.

Der Fernsehfilm zeigt die früheren Lebensverhältnisse städtischer Dienstmädchen anhand lebensgeschichtlicher Interviews.

Vielleicht wecken diese Sendungen auch Ihre diesbezüglichen Erinnerungen und regen Sie zum Schreiben an.

Zum Schluß unseres Rundbriefes nochmals unsere herzliche Bitte: Falls Sie an Ihren lebensgeschichtlichen Aufzeichnungen weiterschreiben, würden wir gerne Kopien für unsere Sammlungen anfertigen. Wenn Sie jemanden kennen, der gerne schreiben möchte oder schon geschrieben hat, so stellen Sie bitte Verbindung zu uns her. Wir freuen uns, wenn der Kreis jener, die sich für unsere Anliegen einsetzen, noch größer wird. Selbstverständlich wird jede Zuschrift persönlich beantwortet, wenn es auch manchmal länger dauern sollte.

Mit herzlichem Dank für die viele Hilfe, die wir bekommen haben und mit freundlichen Grüßen

Viktoria Arnold	Heinz Blaumeiser	Christa Hämmerle
Reinhard Johler	Peter Paul Kloß	Michael Mitterauer
Margit Sturm	Elisabeth Wappelshammer	Therese Weber

Über die Arbeit in Haus und Hof, über die Tätigkeiten nach Sonnenuntergang und die Atmosphäre in der abendlichen Stube schreibt Therese Egger aus St. Johann im Pongau. Dabei berichtet Frau Egger über die Schwierigkeiten mit spärlichen Lichtquellen und das Sparen, das beim Licht neben der Vermeidung der Brandgefahr oberstes Gebot war:

Die Mägde hatten einst als Stallbeleuchtung ein kleines Öllicht, das wenig Licht spendete. Dieses armselige Lichtlein beleuchtete nur die nächste Umgebung. Das Vieh, das weiter weg seinen Stand hatte, konnten die Mägde nur erahnen. Da mußten sie im Finstern tappen. Meine Ziehmutter erzählte mir, wie sie als Magd bei so einem schlechten Licht in den frühen Morgenstunden Kartoffel- und Getreidesäcke ausbessern mußte. Dabei überkam oft der Schlaf die Mägde und sie nickten ein bei ihrer Arbeit. Als sie später eine kleine Wirtschaft ihr eigen nannte, mußte sie während des ersten Weltkriegs Milch abliefern. Da sie kaum Petroleum zugeteilt erhielt, war ihr dies in den langen dunklen Wintermonaten kaum möglich. So wetterte sie auf der Gemeinde und beklagte sich bitter. Sie sagte: ,,Wenn ich keine Zuteilung an Petroleum bekomme, kann ich nicht liefern".

Ich erinnere mich, wie sie zum Nähen auf der Tischplatte gesessen ist, nicht auf der Bank. Der Grund war, weil von dieser Stelle der Lichteinfall vom kleinen Fenster her besser war als auf der Bank. Wie beschwerlich war doch damals der Haushalt! Wir hatten ein schweres Schneiderbügeleisen, das auf der Herdplatte erhitzt wurde; weiters ein Messingbügeleisen, wovon man den Stagel in der Glut erhitzen mußte. Als ich schon aus der Schule war, kaufte ich ein Kohlebügeleisen. Dieses Stück ist noch heute als Andenken an jene beschwerliche Zeit in meinem Besitz.

In der Stube hatten wir eine Petroleumlampe und für den Stall einen Öltegel. Natürlich war immer ein Kerzenleuchter zur Hand. Damit ging man sogar auf den Heuboden. Mich wundert es heute noch, daß nie das Haus abbrannte ob dieser waghalsigen Handlungen. Größere Bauern hatten wohl eine feuersichere Sturmlaterne. Beim Maschindreschen taten solche Lampen ihren Dienst. Wir hatten lediglich eine kleine Laterne mit einer Kerze, um bei Dunkelheit außer Haus gehen zu können. Meine Zieheltern erlebten auf dem Lande den Lichtanschluß nicht mehr.

Als Schülerin und auch nachher besuchte ich im Vaterhaus öfters die alte Großmutter. Im hohen Alter verfertigte sie noch große Strickarbeiten, wie Westen und Pullover. Auch ich hatte meistens eine Handarbeit bei mir. Wenn die Dunkelheit hereinbrach, sagte die Großmutter immer: ,,Jetzt machen wir eine Weile Schluß. Halten wir Schneiderfei(r)." Es sollte wohl Schneiderfeier geheißen haben. Bei den Bauern werden die Schneider und Nahterinnen auf der Stör abends ums Dunkelwerden eine Zeit die Arbeit hingelegt haben, um das kostbare Licht zu sparen. Stricken konnten die Frauen auch, ohne lang hinzuschauen. Bei einfachen Strümpfen und Socken war das Licht nicht so wichtig. Auch besagt ein Spruch: ,,Im Dunkeln ist gut Munkeln". So mancher Bursch wird liebeshungrig die Dirn etwas abgetatscht haben.

Zum Sammelband über Elektrizität in der Alltagsgeschichte

Als Reaktion auf den ersten Rundbrief von Ende März sind zum Projekt „Elektrizität" zahlreiche Einsendungen eingelangt. Dafür herzlichen Dank! Die Aufzeichnungen sind so interessant, daß sie jetzt nicht nur die Grundlage meiner Dissertation bilden, sondern auch in Form eines Sammelbandes veröffentlicht werden sollen.

Die Autoren haben sich in ihren Aufzeichnungen mit Erfolg bemüht, auf meine Fragen einzugehen, und haben auch viele Aspekte angesprochen, an die ich noch nicht gedacht hatte, die aber wichtig sind. Ich möchte Ihnen als eine Art Zwischenbilanz anhand einiger Beispiele einen Eindruck davon geben, was die eingelangten Texte u.a. enthalten. Gleichzeitig sollen diese Beispiele auch dazu dienen, Sie an eigene Erlebnisse, Erfahrungen und Empfindungen zu erinnern, von denen Sie mir noch berichten könnten. Beim ersten Erfassen der Einsendungen sind etliche interessante Aspekte zutage gekommen, von denen ich meine, daß sie noch weiter betrachtet werden sollten. Dabei bin ich wieder auf Ihre Mitarbeit angewiesen, da ja Sie es sind, die mir mit Ihren Erinnerungen das Material zur Verfügung stellen.

Ein Großteil der Einsendungen betrifft die Geschichte der Elektrizität im ländlichen Alltag. Flora Gappmaier aus Haiden bei Tamsweg berichtet vom Licht vor der Elektrifizierung auf einem Bauernhof im Lungau. Bis zur Einführung des elektrischen Stromes in den frühen vierziger Jahren benützte man Span und Kerze als Lichtquellen. Frau Gappmaier beschreibt, wie diese Beleuchtungsmethoden im täglichen Leben angewandt wurden:

In der Stube stand auf dem Tisch ein Blechtegerl mit Glaszylinder – das war ja das vornehmste Licht im Haus; wir mußten den Zylinder immer schön putzen und hatten auch Angst dabei, daß er nicht bricht. In der Küche stand nur ein kleines Tegerl mit freiem Lichterl, nichts darüber, und zum Stall- und Scheunegehen hatten wir Petroleumlaternchen mit außen vier Glasfenstern und innen ein kleines Tegerl. Ins Heu wurde eine Gabel gesteckt und auf den Stiel der Laterne gehängt; im Stall das gleiche. Auch war an einem Holzbalken ein Bretterl befestigt und darauf stand auch ein offenes Tegerl – mich wundert's, daß nicht mehr passiert ist. Heute würden wir mit dieser Beleuchtung fast nichts mehr sehen, es war doch nur einige Meter ums Licht hell, alles andere nur so heller Schatten. Man mußte halt alles so am Griff machen, und es ging. Dazu wurde früher bei den Bauern so früh aufgestanden, überall so halb vier bis vier. Wenn es da bei den Häusern noch finster war, dann hieß es: „Diese faulen Hucker". Es hätte sich jeder geschämt, länger zu schlafen. Das war Bauernstolz, und so mußten wir – im Winter fast bis acht Uhr – in unseren finsteren Ställen mit den kleinen Lichtlein arbeiten. Wie froh waren wir, wenn der Tag länger wurde und wir nicht mehr soviel Licht brauchten. Der Stall war ja meistens ein Stück vom Haus entfernt, und wir mußten viel vom Haus in den Stall und auch umgekehrt – Milch herauf und Schweinefutter hinunter – tragen. In einer Hand war die Laterne, und so mußten wir mit der anderen Hand so am Knie alles Schwere tragen oder auf dem Kopf, dann waren die Hände frei – es ging halt alles mühselig und langsamer. Es wundert mich nur, daß nicht mehr angezündet wurde durch die offenen Lichter; es war richtig gefährlich überall in Stall und Scheune. Mutter hat uns ja noch erzählt, wie sie mit dem Holzspan als Beleuchtung gearbeitet haben. In der Küche waren ja noch die Eisenzarken, wo die Späne hineingesteckt wurden. Auch war die Mutter noch immer gewohnt, wenn wir in den Keller oder in die Futterküche gingen und kein übriges Tegerl da war: „Nehmt's halt an Span!" Mir ging da immer das Feuer aus, aber Mutter konnte den Span richtig halten, bei ihr ging es ganz gut.

Aus der Geschichte der Elektrizität in der Großstadt berichtet Karl Klein aus Wien. Er schildert Feierlichkeiten bei der Einführung der Straßenbeleuchtung, die einen Eindruck davon geben, was das elektrische Licht damals bedeutete:

Ein helles Wien — 1924 begann die Gemeinde die Straßenbeleuchtung mit Glaslaternen auf elektrisch umzustellen. Die ersten Straßenzüge wurden Silvester 1924 um Mitternacht eingeschaltet. Die Felberstraße vom Westbahnhof bis Schweglerbrücke war elektrisch ausgerüstet, von der Schweglerbrücke bis Johnstraße blieb noch die Gasbeleuchtung. Viele Menschen kamen zur Brücke um Mitternacht, und als Schlag zwölf Uhr die Beleuchtung eingeschaltet wurde, hörte man ein lautes „Oh!": die Felberstraße vom Westbahnhof eine Flut von Helligkeit, zur Johnstraße trotz der Gaslampen Finsternis. Der Finsternis war aber der Kampf angesagt. Die 1000ste Straßenlampe wurde mit Tannenreisig und einer goldenen 1000 geschmückt, am Margaretengürtel, Abzweigung Eichenstraße, montiert und unter den Klängen einer Musikkapelle in Betrieb genommen.

Einen anderen Aspekt — nämlich Licht als Quelle von Sicherheit und Geborgenheit in einer nächtlichen Welt — zeigt Barbara Waß aus Garnei bei Kuchl auf. Anhand eines Kindheitserlebnisses stellt Frau Waß Überlegungen dazu an, wie Anlässe zur Furcht durch das elektrische Licht aufgehoben wurden:

Der Strom hat aber auch eine große Veränderung im Leben der Menschheit überhaupt gebracht. Ältere Leute sagen oft, mit dem elektrischen Licht hätten die Geister aufgehört.

Früher mit der Laterne war ja nur ein kleiner Teil beleuchtet gewesen. Was dahinter war, blieb im Dunkeln. Man sah es nicht und wußte nichts davon. Unwissenheit aber hat Unsicherheit zur Folge. Es war nicht besonders schwer, Menschen zu erschrecken, ohne selbst dabei gesehen zu werden.

Was man aber nicht sah, wurde leicht als Geist angesehen. Ich hatte als Kind selber einmal ein solches Erlebnis. Wir Kinder durften alleine nicht mit der Laterne umgehen, denn es war alles aus Holz und die Eltern befürchteten, es könnte zu einem Feuer kommen. So tastete ich mich halt, wenn es unbedingt sein mußte, im Dunkeln aufs Klo. Ich ließ dabei immer die Türe offen, um wenigstens die Geräusche von unten zu hören. Plötzlich gab es vor der Tür einen furchtbaren Krach, und die Tür flog mit lautem Knall zu. Ich begann zu schreien, und so schauten die Eltern nach. Es stellte sich heraus, daß das vermeintliche Ungeheuer nur zwei Katzen gewesen waren, die sich vor der Tür mit dem üblichen Geheul aufeinander gestürzt hatten. Doch obwohl sich die Sache geklärt hatte, hatte ich in Zukunft noch mehr Angst als vorher.

So ähnlich mag es öfter gewesen sein, und wenn nicht festgestellt werden konnte, was es war, dann waren es früher eben Geister.

Ich möchte Sie nun nochmals bitten, mir Ihre Erinnerungen an die Zeit vor dem elektrischen Licht und nach der Umstellung zu schreiben. Es gibt noch viele Punkte, die interessant sind und zu denen Sie sicher etwas zu erzählen hätten.

287

Durch die Aufzeichnungen, die bisher eingelangt sind, haben sich für mich neue Fragen ergeben, die Sie mir vielleicht beantworten können, z.B.: Wie war das mit der Beleuchtung von öffentlichen Gebäuden, wie Fabrik, Amt, Kirche, Schule, Gasthaus? Wie hat man vor der Elektrifizierung etwa einen Gasthaussaal beleuchtet, und wie sah dieser Lichtschein aus? Auch die Brandgefahr und wie man sich vor ihr zu schützen versuchte, ist ein wesentlicher Punkt; ebenso die Methoden und Regeln, um Licht zu sparen. Etwas, das Menschen, die nur noch das elektrische Licht kennen, nicht wissen, ist, wie man Kienspäne und Kerzen hergestellt und wie man eine Petroleumlampe sachgemäß behandelt hat.

Es ist wichtig, daß Sie auch Kleinigkeiten, die Ihnen selbstverständlich sind, beschreiben. Gerade die Einzelheiten sind es, die Vergangenes für jemanden, der es nicht mehr erlebt hat, erst anschaulich und verständlich machen. Für meine Arbeit ist nicht nur Beschreibung von Dingen und Geschehnissen von Bedeutung, sondern auch in hohem Maße die Schilderung Ihrer Überlegungen und Meinungen zu den Gegenständen und Ereignissen, von denen Sie berichten; damit kann viel ausgesagt werden.

Sollten Sie Photos oder sonstige Abbildungen besitzen, die mit unserem Thema ,,Elektrizität in der Alltagsgeschichte" zu tun haben – es wäre eine große Hilfe, wenn Sie mir diese für ein paar Tage zum Kopieren überließen. Es gibt leider wenig Bildmaterial zu diesem Thema.

Aus organisatorischen Gründen muß ich alle Beiträge, die für den Sammelband in Frage kommen, bis Ende Juni beisammen haben. Es werden schon allein aus Platzgründen nicht alle Einsendungen zum Thema ,,Elektrizität" im Buch vorkommen können; für meine Dissertation aber wird jeder Beitrag verwendet, wie auch jede Ihrer Einsendungen – zu diesem und zu jedem anderen Thema – am Institut für Wirtschafts- und Sozialgeschichte bearbeitet, in die Dokumentation aufgenommen und beantwortet wird.

Ich hoffe, daß Sie Zeit für mein Anliegen finden können und danke Ihnen für Ihre Mitarbeit!

Mit freundlichen Grüßen

Viktoria Arnold

288

Die Reihe „Damit es nicht verlorengeht…" will darauf aufmerksam machen, wie wichtig es ist, alltägliche Lebensverhältnisse früherer Zeiten zu überliefern. Dies gilt insbesondere für Bevölkerungsgruppen und Themenbereiche, die bisher in der Geschichtswissenschaft wenig Beachtung gefunden haben. Die Reihe will damit dazu anregen, lebensgeschichtliche Erinnerungen niederzuschreiben. Freilich wird es der Ausnahmefall sein, daß solche Aufzeichnungen auch gedruckt werden können. Unveröffentlichte Autobiographien werden in erster Linie für die eigene Familie wertvoll sein. An diesen Kreis ist daher bei der Abfassung wohl primär zu denken.

Darüber hinaus sind aber gerade solche für einen privaten Kreis niedergeschriebene Lebenserinnerungen auch für die Wissenschaft von großem Wert. Im Rahmen einer neuen alltagsgeschichtlich orientierten Sozialgeschichtsforschung gewinnen sie zunehmend an Bedeutung. Aus diesem Grund wurde am Institut für Wirtschafts- und Sozialgeschichte der Universität Wien (1010 Wien, Dr.-Karl-Lueger-Ring 1) im Rahmen eines Forschungsprojekts zur Sozialgeschichte der Familie mit einer Sammlung unveröffentlichter Autobiographien begonnen.

Die Leser dieses Bandes werden eingeladen, zu dieser Sammlung dadurch beizutragen, daß sie auf private lebensgeschichtliche Aufzeichnungen aufmerksam machen beziehungsweise Kopien solcher Aufzeichnungen zur Verfügung stellen.

Es ist daran gedacht, zum Thema „Elektrizität im Alltagsleben" eine Dissertation zu verfassen. Bei dieser Arbeit soll auch in hohem Maß von Informationen, die in lebensgeschichtlichen Aufzeichnungen vorhanden sind, ausgegangen werden. Leser, die über ihre Erinnerungen an die Zeit vor dem elektrischen Strom, über Licht, Geräte, das Radio und dergleichen berichten wollen, werden gebeten, ihre Aufzeichnungen an Viktoria Arnold (1090 Wien, Marktgasse 47/36) zu senden. Auch Photographien zu diesem Thema werden gesucht (die Originale gehen selbstverständlich sofort an den Einsender zurück). Allen jenen, die zur Materialsammlung für diese Dissertation beitragen, sei schon vorweg herzlich Dank gesagt.